요한계시록으로 보는
복음의 세계

요한계시록으로 보는 복음의 세계

발행일   2021년 1월 29일

지은이   오성한
펴낸이   손형국
펴낸곳   (주)북랩
편집인   선일영   편집   정두철, 윤성아, 배진용, 이예지
디자인   이현수, 한수희, 김민하, 김윤주, 허지혜   제작   박기성, 황동현, 구성우, 권태련
마케팅   김회란, 박진관
출판등록 2004. 12. 1(제2012-000051호)
주소   서울특별시 금천구 가산디지털 1로 168, 우림라이온스밸리 B동 B113~114호, C동 B101호
홈페이지 www.book.co.kr
전화번호 (02)2026-5777   팩스   (02)2026-5747

ISBN   979-11-6539-593-3 03230 (종이책)   979-11-6539-594-0 05230 (전자책)

요한계시록으로 보는 복음의 세계

The world of the Gospel in the Revelation

오성한 지음

북랩 book Lab

이미 승리했음을 보여 주는 책

휴거를 준비하거나 대환란을 피하려고 준비하는 삶을 살아서는 안된다. 하나님은 요한계시록을 통해 복음을 전하는 기간에 일어나는 승리를 말씀해 주셨다. 믿음을 가지고 전도자로 이 땅을 사는 우리에게 '이기는 자에게' 주신 복을 알려 준다. 우리가 이기는 자임을 알게 되면 감격으로 복음을 전하며 행복하게 살 수 있다.

우리의 힘으로 이길 수 없는 줄 아시고 예수께서 이겨 주셨다. 요한계시록은 두려움이나 공포의 책이 아니다. 감격을 안겨 주는 예수 그리스도의 계시다. 요한계시록은 미래에 이루어질 일만 기록한 책이거나 과거의 일만 기록한 책이 아니다. 요한계시록은 오늘의 이야기다. 승리한 예수 그리스도를 통해 믿는 우리가 누구인지 알려 주고, 하나님의 놀라운 비밀을 밝혀 주는 책이다. 예수께서 이루어 주신 일을 알고 증인으로, 능력의 삶을 살게 만드는 책이다.

건물을 볼 때는 창문이 몇 개가 있고 비상구가 몇 개 있고, 액세서리가 얼마나 붙어 있는지를 몰라도 된다. 요한계시록도 그렇게 접근해야 한다. 열 뿔, 일곱 머리, 네 생물, 곰의 발, 일곱 별 이런 것을 알려고 고민하기보다는 전체적인 그림이 중요하다. 성경은 흐름 속에서 이해해야

5

하고, 성경을 성경으로 해석하려고 애쓰면 성경이 쉬워질 것이다.

요한계시록은 사백 네 구절로 쓰였는데 그중에 삼백 구절 가까이가 구약의 내용에서 가져온 것이다. 이미 구약에서 말씀하셨던 말씀을 다시 말씀하시는 것이 요한계시록이다. 하나님의 완벽한 계획이 성취되었음을 말씀하시는 책이 요한계시록이다.

이 책을 읽으면 요한계시록이 단순해지고 쉬워질 것이다. 임마누엘의 영광을 누리며 행복하게 살게 해 줄 것이다.

이 책이 나오기까지 함께해 주신 웅천교회 성도님께 감사드린다. 김영주 사모의 내조가 큰 힘이 되었음을 고백하지 않을 수 없다. 교정해 주고 다듬어 준 김진혁 집사님과 제기숙 집사님, 조열방 목사와 한국영 전도사님과 사모님께 감사드린다. 이 책을 통해 복음의 조명이 밝아지는 고국교회가 되길 간절히 바라며 복음으로 부흥하는 때를 기다리며 선포한다.

오상한

프롤로그 - 이미 승리했음을 보여 주는 책 … 5

시작하며-요한계시록을 이렇게 읽으십시오!

1. 창조의 완성을 쓴 책 … 20

2. 복된 자임을 알리는 책 … 21

3. 승리했음을 보여 주는 책 … 22

4. 어린 양의 신부인 교회에 관한 책 … 23

5. 같은 사건을 반복한 책 … 24

6. 세 가지 장르로 기록한 책 … 25

1부. 보여 주신 세계(1:1-20)

1장 기록하라 … 30

1. 반응하자(1-7) … 30

   1) 들어보라(1:1-3) … 30

   2) 넘치는 은혜와 평강이 있다(1:4-6) … 33

   3) 하나님께 영광을 돌리자(1:5하-6) … 36

   4) 다시 오신다(1:7) … 37

2. 요한이 본 예수 그리스도(8-20) … 38

　　1) 하나님은 스스로 계시하신다(1:8) … 38

　　2) 우리의 사명(1:9-11) … 41

　　3) 인자 같은 이(1:12-18) … 44

　　4) 아홉 가지로 묘사된 예수님(1:13-16) … 48

　　5) 하나님을 본 사람은 죽은 자다(1:17-18) … 53

　　6) 기록하고 잊지 말라(1:19-20) … 57

2부. 일곱 부분(2:1-22:5)

2부 첫째 부분. 일곱 교회(2:-3:) … 63

2장. 에.서.버.두. … 64

1. 에베소 교회여 처음 사랑을 회복하라(2:1-7) … 64

　　1) 촛대 사이를 거니시는 하나님(2:1) … 64

　　2) 촛대를 옮기기 전에 회개하라(2:2-6) … 66

　　3) 이기는 자에게 생명나무 열매를 먹게 한다(2:7) … 73

2. 서머나는 가난하지만 부요했다(2:8-11) … 75

　　1) 처음이며 마지막이요 죽었다가 살아나신 이가 쓴 편지(2:8) … 75

　　2) 궁핍에도 부유한 서머나여 충성하라(2:9-10) … 77

　　3) 이기는 자는 영원히 산다(2:11) … 81

3. 버가모여 니골라 당에 속지 마라(2:12-17) … 83

　　1) 좌우에 날 선 검을 가지신 분의 편지(2:12) … 83

　　2) 니골라 당의 교훈에 속지 마라(2:13-16) … 84

　　3) 이기는 자에게는 이름이 새겨진 만나와 흰 돌을 주겠다(2:17) … 89

4. 두아디라 교회여
　　이세벨의 행음에서 벗어나 굳게 잡으라(2:18-29) … 91

　　1) 눈이 불꽃 같고 발이 주석 같은 분의 편지(2:18) … 91

　　2) 이세벨의 음행을 피해 굳게 잡으라(2:19-25) … 92

　　3) 이기는 자에게 만국을 다스리는 권세, 새벽 별을 주겠다(2:26-28) … 97

3장. 사.빌.라. ··· 100

1. 사데 교회 죽었구나(3:1-6) ··· 100

   1) 일곱 영과 일곱 별을 가지신 이가 쓴 편지(3:1) ··· 100

   2) 깨어라, 굳건하게 하라, 회개하라(2-4) ··· 103

   3) 흰 옷을 주고 생명책에 기록하겠다(3:5) ··· 105

2. 빌라델비아 교회(3:7-13) 인내의 말씀 ··· 106

   1) 다윗의 열쇠를 가지신 이가 쓴 편지(3:7) ··· 106

   2) 작은 능력으로 내 말을 지켰으니 시험의 때를 면하리라(3:8-11) ··· 108

   3) 이기는 자의 이름을 성전 기둥에 기록(3:11-13) ··· 112

3. 라오디게아 교회(3:14-22) 미지근? ··· 114

   1) 아멘이신 분과 라오디게아 교회(3:14) ··· 114

   2) 흰 옷으로 가리고 눈을 뜨라(3:15-19) ··· 116

   3) 치료 방법을 알려 주신다(3:18) ··· 118

   4) 책망은 사랑이다(3:19) ··· 119

   5) 이기는 자는 보좌에 함께 앉게 하겠다(3:20-22) ··· 120

2부 둘째 부분. 일곱 인(4장-7장) ··· 123

4장. 성부: 하나님께 찬양 ··· 124

1. 열린 하늘 문(4:1-3) ··· 124

   1) 올라오라(4:1) ··· 124

   2) 성령에 감동되어 성부 하나님을 보다(4:2-3) ··· 130

2. 보좌 주변을 보라(4:4-9) ··· 132

3. 이십사 장로들과 함께 찬양(4:10-11) ··· 138

5장. 성자: 어린 양께 ··· 140

1. 일곱 인으로 봉한 책(5:1) ··· 141

2. 어린 양만이 봉한 책을 떼신다(5:5-7) ··· 146

3. 어린 양을 찬양하라(5:8-14) ··· 148

6장. 인(6:1-17): 누가 능히 서리요? … 153

1. 첫째인, 흰 말-정복자(6:1-2) … 154

2. 둘째인, 붉은 말-전쟁(6:3-4) … 157

3. 셋째인, 검은 말-기근(6:5-6) … 158

4. 넷째인, 청황색 말-사망(6:7-8) … 160

5. 다섯째인, 순교자들-심판 호소(6:9-11) … 162

6. 여섯째인, 어린 양-진노와 공포(6:12-17) … 165

7장. 십사만 사천(7:1-17) … 170

1. 네 천사(7:1) … 170

2. 인을 가진 천사(7:2-3) … 171

3. 십사만 사천(7:4-8) … 173

4. 찬양과 경배(7:9-12) … 175

5. 흰 옷 입은 자들(7:13-14) … 177

6. 흰 옷 입은 자의 복(7:15-17) … 178

2부 셋째 부분. 일곱 나팔(8장-11장) … 183

   8장. 나팔(1-13) 첫째~넷째 … 184

1. 일곱 나팔(8:1-2) … 184

2. 성도의 기도(8:3-5) … 187

3. 첫 나팔(8:6-7) … 191

4. 둘째 나팔(8:8-9) … 195

5. 셋째 나팔(8:10-11) … 198

6. 넷째 나팔(8:12) … 199

7. 화, 화, 화(8:13) … 200

9장. 나팔(9:1-21) 다섯째와 여섯째

1. 다섯째 나팔(9:1-12) … 202

    1) 무저갱을 여니(9:1-6) … 202

    2) 황충(9:7-12) … 206

2. 여섯째 나팔(9:13-21) … 207

    1) 풀려난 네 천사와 마병대(9:13-19) … 207

    2) 회개하지 않음(9:20-21) … 210

10장. 작은 두루마리(10:1-11) … 212

1. 펴 놓인 작은 두루마리(10:1-7) … 212

    1) 큰소리로 외치니(10:1-4) … 212

    2) 그 비밀이 이루어지리라(10:5-7) … 215

2. 갖다 먹어 버리니(10:8-11) … 216

    1) 갖다 먹어 버리라(10:8-10) … 216

    2) 다시 예언하라(10:11) … 217

11장. 측량하지 말고 그냥 두라(11:1-19) … 219

1. 두 증인(11:1-6) … 219

    1) 측량(11:1-2) … 219

    2) 일천이백육십일(11:3-6) … 223

2. 죽었다 일어나 하늘로(11:7-13) … 227

    1) 죽임(11:7-10) … 227

    2) 일어나 하늘로(11:11-13) … 230

3. 일곱째 나팔(11:14-19) … 233

    1) 일곱째 나팔과 찬양(11:14-18) … 233

    2) 성전이 열림(11:19) … 236

2부 넷째 부분. 일곱째 나팔로 하늘이 열림(12:~14:) ··· 239

12장. 여자와 용(12:1-17) ··· 240

1. 여자와 붉은 용(12:1-6) ··· 240

1) 한 여자(12:1) ··· 240

2) 아이 밴 여자(12:2) ··· 241

3) 큰 붉은 용(12:3-4) ··· 242

4) 여자가 아들을 낳으니(12:5-6) ··· 245

2. 미가엘과 용의 싸움(12:7-12) ··· 247

1) 하늘에 전쟁(12:7-9) ··· 247

2) 하늘에 큰 음성(12:10-12) ··· 249

3. 여자와 용의 싸움(12:13-17) ··· 250

1) 물을 강같이 토함(12:13-16) ··· 250

2) 싸우려고 바다 모래 위에(12:17) ··· 253

13장. 두 짐승(13:1-18) ··· 255

1. 바다에서 한 짐승이 나오는데(13:1-10) ··· 255

1) 뿔이 열, 머리가 일곱(13:1-2) ··· 255

2) 상처가 나으매(13:3-4) ··· 258

3) 다 그 짐승에게 경배(13:5-8) ··· 260

4) 성도들의 인내와 믿음(13:9-10) ··· 263

2. 다른 짐승이 땅에서 올라오니(13:11-18) ··· 265

1) 어린 양 같이(13:11-12) ··· 265

2) 우상을 만들라(13:13-15) ··· 266

3) 육백육십육(13:16-18) ··· 269

14장. 십사만 사천과 천사들(14:1-20) ··· 274

1. 십사만 사천의 노래(14:1-5) ··· 274

1) 십사만 사천(14:1) ··· 274

2) 십사만 사천만 배울 수 있는 노래(14:2-5) ··· 276

2. 세 천사의 말(14:6-13) ⋯ 278

　1) 천사 1 : 영원한 복음(14:6-7) ⋯ 278

　2) 천사 2 : 무너졌도다(14:8) ⋯ 280

　3) 천사 3 : 짐승의 표(14:9-11) ⋯ 280

　4) 성도의 인내와 복(14:12-13) ⋯ 282

3. 두 추수(14:14-20) ⋯ 284

　1) 익은 곡식 추수(14:14-16) ⋯ 284

　2) 포도주 틀 추수(14:17-20) ⋯ 285

2부 다섯째 부분. 일곱 대접(15장~16장) ⋯ 289

15장. 일곱 대접을 받음(15:1-8) ⋯ 290

1. 모세의 노래, 어린 양의 노래(15:1-4) ⋯ 290

　1) 마지막 재앙(15:1-2) ⋯ 290

　2) 경배하는 노래(15:3-4) ⋯ 292

2. 일곱 재앙을 가진 일곱 천사(15:5-8) ⋯ 294

　1) 증거 장막(15:5-6) ⋯ 294

　2) 일곱 재앙이 마치기까지(15:7-8) ⋯ 295

16장. 마지막 대접 심판(16:1-21) ⋯ 298

1. 첫째부터 네 번째 대접(16:1-9) ⋯ 298

　1) 첫째 천사: 독한 종기(16:1-2) ⋯ 298

　2) 둘째 천사: 바다가 피(16:3) ⋯ 299

　3) 셋째 천사: 물 근원이 피(16:4-7) ⋯ 300

　4) 넷째 대접 : 불(16:8-9) ⋯ 302

2. 다섯째에서 일곱째 대접(16:10-21) ⋯ 303

　1) 다섯째 천사: 종기(16:10-11) ⋯ 303

　2) 여섯째 천사: 아마겟돈(16:12-16) ⋯ 306

　3) 일곱째 천사: 큰 지진과 큰 우박(16:17-20) ⋯ 309

2부 여섯째 부분. 일곱 대접 보충 설명(17장~21장 8절) ··· 315

17장. 큰 음녀가 받은 심판 ··· 316

1. 심판받는 이유(17:1-6) ··· 316

   1) 큰 음녀가 받은 심판(17:1-2) ··· 316

   2) 여자의 모습(17:3-4) ··· 319

   3) 여자의 이름(17:5) ··· 322

   4) 피에 취한 여자(17:6) ··· 323

2. 음녀와 짐승(17:7-12) ··· 323

   1) 여자와 짐승의 비밀(17:7-12) ··· 323

   2) 한뜻으로 싸우다(17:13-14) ··· 328

3. 음녀의 멸망(17:15-18) ··· 329

   1) 분열(17:15-16) ··· 329

   2) 기다리심(17:17-18) ··· 330

18장. 큰 성 바벨론(18:1-24) ··· 332

1. 무너졌도다(18:1-8) ··· 332

   1) 멸망한 바벨론(18:1-3) ··· 332

   2) 내 백성아(18:4-6) ··· 335

   3) 갚아 주라(18:7-8) ··· 337

2. 즐거워하라(18:9-20) ··· 339

   1) 삽시간에 이른 심판(18:9-10) ··· 339

   2) 장사가 안돼서 애통(18:11-16) ··· 340

   3) 부가 한 시간에 망함(18:17-19) ··· 342

   4) 즐거워하라(18:20) ··· 343

3. 다시 보이지도 들리지도 않음(18:21-24) ··· 344

   1) 다시 보이지 않음(18:21) ··· 344

   2) 다시 들리지 않음(18:22-23) ··· 344

   3) 순교자 발견(18:24) ··· 346

19장. 혼인 잔치(19:1-21) ··· 347

1. 혼인 잔치(19:1-10) ··· 348

    1) 첫 번째 할렐루야(19:1-2) 심판을 찬양한다 ··· 348

    2) 두 번째 할렐루야(19:3-5) 통치를 찬양한다 ··· 348

    3) 세 번째 할렐루야(19:6-8) 혼인을 찬양한다 ··· 349

    4) 청함을 받은 자들은 복(19:9-10) ··· 352

2. 백마 탄 자(19:11-16) ··· 353

    1) 백마 탄 자(19:11-13) ··· 353

    2) 세마포 입고 백마(19:14-16) ··· 356

3. 유황불 붙는 못에(19:17-21) ··· 358

    1) 새의 밥(19:17-18) ··· 358

    2) 둘이 산 채로 유황불 붙는 못에(19:19-21) ··· 359

20장. 혼인 잔치(20:1-15) ··· 362

1. 첫째 부활에 참여하는 자의 복(20:1-6) ··· 362

    1) 잠깐 놓이리라(20:1-3) ··· 362

    2) 천년 왕국(20:4) ··· 366

    3) 첫째 부활(20:5-6) ··· 368

2. 사탄의 종말(20:7-10) ··· 370

    1) 천 년이 차매(20:7-9) ··· 370

    2) 불과 유황 못(20:10) ··· 375

3. 사탄을 따르던 자의 종말(20:11-15) ··· 375

    1) 땅과 하늘이 간 데 없음(20:11) ··· 375

    2) 생명책(20:12-15) ··· 376

2부 일곱째 부분. 신부(21장 1절~27절) ··· 381

21장. 신부(21:1-27) ··· 382

1. 이기는 자(21:1-8) ··· 382

    1) 새로운 피조물(21:1-2) ··· 382

    2) 함께(21:3-5) ··· 384

    3) 샘물과 둘째 사망(21:6-8) ··· 387

2. 신부, 예루살렘 성(21:9-21) … 390

　1) 어린 양의 아내(21:9-10) … 390

　2) 열두 지파(21:11-14) … 391

　3) 측량(21:15-17) … 393

　4) 성곽, 문, 길(21:18-21) … 395

3. 새 예루살렘(21:22-27) … 397

　1) 성전을 보지 못함(21:22-25) … 397

　2) 생명책에 기록된 자들만(21:26-27) … 399

3부. 속히 오리라

22장. 마라나타(22:1-21) … 402

1. 속히 될 일(22:1-7) … 402

　1) 생명수의 강(22:1-5) … 402

　2) 속히 오리니(22:6-7) … 406

2. 시작과 마침(22:8-15) … 407

　1) 하나님께 경배하라(22:8-9) … 407

　2) 인봉 하지 말라(22:10-13) … 408

　3) 두루마기를 빠는 자(22:14-15) … 410

3. 오시옵소서(22:16-21) … 411

　1) 교회를 위하여(22:16-17) … 411

　2) 더하면, 버리면(22:18-19) … 412

　3) 속히 오리라(22:20-21) … 413

요한계시록을 잘못 이해하면 많은 재산과 시간을 탕진하기도 한다. 666, 베리칩, 일루미니안주의, 휴거, 이스라엘 회복 운동 등에 빠져 평생을 허송세월할 수 있다.

모든 성경은 예수 그리스도에 관한 이야기이다. 요한계시록도 그렇다. 요한계시록을 신비로 풀거나 수수께끼로 풀지 말아야 한다. 성경은 마음을 열고, 복음의 눈으로 읽으면 쉽게 이해할 수 있도록 기록되어 있다. 어린아이가 읽어도, 할머니가 읽어도 알 수 있도록 쓴 책이 성경책이다.

요한계시록을
이렇게 읽으십시오!

1. 창조의 완성을 쓴 책

요한계시록은 예수를 통해 창조의 완성을 보여 준다. 지금 우리가 요한계시록 속에 있다. 교회의 능력과 사명을 알려 주는 말씀이다. 임마누엘, 즉 하나님이 함께하심을 말씀한다. 어떤 일을 당해도 승리하고, 백마 타신 주님을 우리도 백마 타고 따르고 있음을 알려 준다.

"하늘에 있는 군대들이 희고 깨끗한 세마포 옷을 입고 백마를 타고 그를 따르더라(요한계시록 19:14)"

하나님의 계획은 사탄에 의해 취소되거나 변할 수 없다. 하나님의 계획하신 바는 그대로 이루어졌고, 그대로 이루어진다. "보기에 심히 좋았더라"라고 하신 일이 사탄에 의해 절대 방해받지 않는다.

요한계시록 21장과 22장을 보면 하나님의 창조 계획이 아름답게 완성된다. 창세기의 하늘과 땅이 계시록에서 새 하늘과 새 땅으로 완성되었다. 창세기에서 아담을 속였던 사탄은 계시록에서 지옥에 던져진다. 에덴동산이 계시록에서 완전한 낙원으로 완성됨을 볼 수 있다.

범죄로 하나님을 떠났던 인간이 어린 양의 신부가 되어서 사랑하는 신랑과 영원히 함께한다. 창세기에서 생명나무 과실을 먹지 못하게 되었지만, 요한계시록의 기록을 보면 마음껏 생명나무 열매를 먹을 수 있다. 에덴에 흐르던 강물이 요한의 기록에는 보좌로부터 생명수로 흐르고 있다.

창조의 완성이 계시록 21장과 22장이다. 완전히 타락한 인간을 회복시켜, 우리를 어린 양의 신부로 완성하셨다. 요한계시록을 읽을 때 지엽적인 낱말 등에 집중하지 말고, 예수 그리스도를 통한 복음의 숲을 보고 이해해야 한다.

2. 복된 자임을 알리는 책

"이 예언의 말씀을 읽는 자와 듣는 자와 그 가운데에 기록한 것을 지키는 자는 복이 있나니 때가 가까움이라(요한계시록 1:3)"

여기에 복음의 비밀이 있다. 예수를 믿는 자는 복된 자다. 누가 "그 가운데에 기록한 것을 지키는 자"일까? 아무도 지킬 수 없다. 예수 그리스도께서 지켜주셨다. 지키는 자의 복이라는 말은 믿는 자의 복을 말한다. 예수 그리스도를 믿을 때 '하나님의 의'가 되기 때문이다.

"하나님 앞에서는 율법을 듣는 자가 의인이 아니요 오직 율법을 행하는 자라야 의롭다 하심을 얻으리니(로마서 2:13)"라는 말씀과 "의인은 없나니 하나도 없으며(로마서 3:10)", "그러므로 율법의 행위로 그의 앞에 의롭다 하심을 얻을 육체가 없나니(로마서 3:20)"라는 말씀에서 보면, '의롭다 하심'을 얻을 육체가 없다. 그래서 하나님께서 하셨다는 것이 복음이다.

성경은 복음으로 풀어야 한다. "율법이 육신으로 말미암아 연약하여 할 수 없는 그것을 하나님은 하시나니 곧 죄로 말미암아 자기 아들을 죄 있는 육신의 모양으로 보내어 육신에 죄를 정하사(로마서 8:3)"라고 하셨다.

"하나님이 죄를 알지도 못하신 이를 우리를 대신하여 죄로 삼으신 것은 우리로 하여금 그 안에서 하나님의 의가 되게 하려 하심이라(고린도후서 5:21)"

"읽는 자와 듣는 자와 그 가운데에 기록한 것을 지키는 자의 복"은 예수 믿는 자에게 주신 복이 틀림없다.

3. 승리했음을 보여 주는 책

잘 살아야 휴거가 될 수 있고, 대환란을 피할 수 있는 것이 아니다. 요한계시록은 이기는 자에게 주시는 복을 알려 준다. 두려움이나 공포의 책이 아닌 감격의 책이다. '하나님의 의'가 된 사람의 승리를 그린 책이다.

요한계시록은 사 분의 삼 정도가 구약에서 인용되었다. 하나님의 계획이 우리에게 약속되었는데 그 약속은 이루어졌다. 요한계시록은 수수께끼가 아니라 믿는 자의 승리를 보여 준다.

4. 어린 양의 신부인 교회에 관한 책

요한계시록은 어린 양의 신부에 관한 이야기다. 요한계시록은 일곱 교회에 하신 말씀으로 일곱 교회는 어린 양의 신부다. 부족한 것 같고 모순투성이 같은 교회지만, 아름다운 새 예루살렘 성으로 단장하여 주셨다. 새 예루살렘 성은 아름답게 완성된 신부다(요한계시록 21:10 참고).

어린 양의 신부, 즉 교회의 다양한 모습을 보여 준다. 4장과 5장에 나오는 이십사 장로, 7장의 십사만 사천과 셀 수 없는 무리, 11장의 성전과 두 증인, 12장의 여인, 14장에 다시 나오는 십사만 사천, 15장의 승리자들, 19장의 어린 양의 신부 등은 전부 하나님의 백성, 즉 교회인 어린 양의 신부를 상징하고 있다.

유배 중인 요한은 영원한 교회인 어린 양의 신부가 자신임을 알고 큰 힘을 얻었을 것이다. 우리도 요한이 본 것을 보고 힘 있는 복음 증거자가 되라고 주신 말씀이다.

요한계시록에서는 교회의 기간을 1,260일, 42개월, 한 때, 두 때, 반 때, 삼 년 반의 기간 등으로 여러 번 반복해서 설명한다. 이 기간에 교회 속에서 일어나는 영적인 일들을 상징적으로 표현하고 있다.

요한계시록은 예수를 통해 승리한 신부인 교회의 이야기이다.

5. 같은 사건을 반복한 책

'후천년설'을 주장하는 사람은 요한계시록이 AD 70년 이전에 기록되었고, 환란과 고난은 AD 70년 전에 끝났다고 보며, 종국에 지상의 낙원이 된다고 주장한다. 후천년설을 근거로 지상낙원을 주장하는 이단도 있다.

한국 교회가 영향을 많이 받은 '세대주의적 전천년설'은 일곱 교회를 시대별로 구분한다. 그래서 요한계시록 4장을 휴거의 기점으로 본다. 요한계시록 4장 이후를 7년 대환란 기간에 일어날 일로 해석한다. "이리로 올라오라(요한계시록 4:1)"라고 한 말씀을 휴거로 보는 것이다. 휴거 후 7년 대환란과 천년 왕국이 세워진다고 주장한다.

그러나 요한계시록을 시간순으로 보면 안 된다. 시간순으로 보면 뒤죽박죽이 되고 만다.

여섯 번째 인을 뗄 때 최후의 심판이 일어나는데 아직 일곱 나팔과 일곱 대접의 재앙이 남아 최후의 심판 다음에도 무언가가 있다는 말이 된다. 이렇게 시간순, 연대기적으로 해석하면 상충하는 부분이 많이 생긴다. 또 사탄의 세력으로 상징되는 바벨론도 몇 번씩 망하는 것으로 보이고, 구원도 반복해서 받아야 하는 것처럼 보인다.

16장의 아마겟돈 전쟁에서도 사탄이 불못에 던져지고, 이들이 19장에서 다 죽었는데, 20장에서 옥에서 또 풀려나는 이상한 현상으로 인해 내용이 뒤죽박죽되어 해석이 불가하다.

요한계시록은 시간 순서대로 기록한 성경이 아니다. 아마겟돈 전쟁과 곡과 마곡의 전쟁은 기록된 순서대로 일어나는 전쟁이 아니라, 한 전쟁을 반복해서 표현한 것이다.

이것이 묵시 문학의 특징이다. 반복 기법을 쓴 것은 분명한 일임을 강조하기 위함이다. 교회 시대 전체에 실제 역사적으로 일어나는 일과 교회 전체에 영향을 미치는 일을 기록하고 있다.

6. 세 가지 장르로 기록한 책

글은 장르에 맞게 읽어야 한다. 성경은 역사서, 예언서, 시가서 등으로 나누어 볼 때, 시는 시처럼 읽어야 하고, 소설은 소설처럼 읽어야 한다. 편지 문서, 지혜 문서, 묵시 문학도 있다. 장르를 잘 파악하고 거기에 맞게 읽는 것은 성경을 이해하는 데 도움이 된다.

요한계시록은 크게 세 가지 문학 형태를 띠고 있다. 요한계시록은 묵시 문학적 요소, 예언적 요소, 서간문의 요소, 즉 편지의 형식을 가지고 있다.

첫째, 묵시적이란 말을 이해하는 것이 중요하다.
계시, 즉 묵시는 시공간을 초월한다. 천사의 세계와 범우주적인 것을 다루는 묵시적인 요소를 말한다.

요한계시록은 묵시적이다. 짐승, 음녀, 인, 나팔, 대접들을 퍼즐 맞추듯이 짜 맞추려 시도하는 것은 시간 낭비이다. 짜 맞추다 보면 그 환상 전체가 주는 메시지를 놓치는 수가 있다. 여자가 탄 붉은 빛 짐승, 일곱 머리, 열 뿔, 자줏빛과 붉은빛 옷 등 묵시적 이야기로 보지 못하면 핵심을 놓칠 수 있다.

둘째, 요한계시록은 예언이다.

"이 예언의 말씀을 읽는 자와 듣는 자와 그 가운데에 기록한 것을 지키는 자는 복이 있나니"라고 예언한다.

예언은 과거의 하나님 역사를 보여 주고, 미래를 사는 지혜를 준다. 과거를 잊지 말고, 기억하라고 하신다. 예언은 점쟁이처럼 "6월에 무슨 일이 일어난다."라는 식의 단순히 미래에 대한 예견(豫見)을 말하는 것이 아니다.

예언은 하나님의 말씀을 잘 해석하여 현재에 경험되고, 미래에 완성될 하나님의 구속 사건과 하나님 나라를 설명하는 것이다. 십자가의 은혜를 잘 설명하여 지금 임마누엘을 누리며 살게 하는 데 목적이 있다.

셋째, 요한계시록은 서신이다.

수신자는 소아시아의 일곱 교회이다. 에베소, 서머나, 버가모, 두아디라, 사데, 빌라델비아, 라오디게아 등 일곱 교회에 문제가 있음을 보여 주는 편지다. 교회의 문제를 풀어 줄 분이 어린 양의 성취에 있음을 보여 준다. 편지를 통해 교회의 형편에 딱 맞게 해결하시는 하나님을 소개한다.

성경은 예수 그리스도에 관한 이야기다. 요한계시록도 그러하다. 예수께서 우리와 함께 십자가에 돌아가시고, 함께 부활하시고, 함께 하나님 우편에 앉으셨다.

주님은 우리를 '하나님의 의'로 만드셔서 영원히 함께하신다. 임마누엘 하셨다. 이것을 영생이라고 한다.

아들이 있는 자에게는 생명이 있고 아들이 없는 자에게는 생명이 없는데 성경을 기록한 목적은 너희에게 영생이 있음을 알게 하려고 기록했다고 한다.

요한계시록에서도 우리가 영생, 즉 임마누엘의 교회임을 선포하고 있다.

요한은 하나님께서 보여 주시는 세계를 보았다. 요한계시록은 요한이 본 것을 기록한 것이다. 우리도 이 세계를 보고 있다. 지혜와 계시의 눈, 믿음으로 성경을 보면 볼 수 있다. 하나님은 요한이 본 세계를 보기를 원하신다.

"그러므로 네가 본 것과 지금 있는 일과 장차 될 일을 기록하라 네가 본 것은 내 오른손의 일곱 별의 비밀과 또 일곱 금 촛대라 일곱 별은 일곱 교회의 사자요 일곱 촛대는 일곱 교회니라(요한계시록 1:19-21)"

1부

보여 주신 세계
(1:1-20)

1장 기록하라

I. 반응하자(1-7)

1) 들어보라(1:1-3)

(1:1상) 예수 그리스도의 계시라 이는 하나님이 그에게 주사

요한계시록은 종말에 관한 이야기라기보다는 예수 그리스도에 대한 계시다. 1장 1절의 시작이 요한계시록의 주제를 명쾌하게 선포하고 있다. 666을 주제로 만들지 마라. 종말을 주제로 만들지 마라. 예수가 주제다. 성경 전체는 예수를 계시한다. 노아를 통해 방주 되신 예수를 계시하셨고, 아브라함을 통해 모리아산의 예수 그리스도를 계시하셨다. 출애굽의 열 가지 재앙을 통해서도, 구원은 어린 양의 보혈에 있음을 선포한다. 신구약 전체는 일관성을 가지고 예수 그리스도를

계시한다. 요한계시록도 예수 그리스도를 계시한다.

> (1:1중) 반드시 속히 일어날 일들을 그 종들에게 보이시려고

속히 될 일을 보이셔서, 담대하게 복음을 알리라고 하신다.

> (1:1하) 그의 천사를 그 종 요한에게 보내어 알게 하신 것이라

하나님을 본 사람은 없다(요한복음 1:18 참고). 구약에도 하나님께서 직접 나타나시지 않고 천사를 통해 나타나셨다.

"이는 아버지를 본 자가 있다는 것이 아니니라 오직 하나님에게서 온 자만 아버지를 보았느니라(요한복음 6:46)"라고 하셨고, "천사들을 통하여 하신 말씀이 견고하게 되어(히브리서 2:2)"라고 하셨다. "모든 천사들은 섬기는 영으로서 구원받을 상속자들을 위하여 섬기라고 보내심이 아니냐(히브리서 1:14)"라고 하셨다.

천사를 요한에게 보내셨듯이 당신에게도 수많은 천사가 돕고 있다. 천사들의 날갯짓이 당신 주변에 항상 있다. 신나지 않는가! 천군 천사가 당신을 돕고 있다.

> (1:2) 요한은 하나님의 말씀과 예수 그리스도의 증거 곧 자기가 본 것을 다 증언하였느니라

본 것을 증언해야 한다. 당신은 보았기에 증인이다. 천국과 지옥이 분명하기에 복음을 말하지 않을 수 없다. 복음의 조명을 본 사람은 말씀이 입에는 달지만, 복음을 전하고 싶은 마음 때문에 속에선 쓰게 된다.

> (1:3) 이 예언의 말씀을 읽는 자와 듣는 자와 그 가운데에 기록한 것을 지키는 자는 복이 있나니 때가 가까움이라

누가 '지키는 자'인가?

"율법이 육신으로 말미암아 연약하여 할 수 없는 그것을 하나님은 하시나니 곧 죄로 말미암아 자기 아들을 죄 있는 육신의 모양으로 보내어 육신에 죄를 정하사(롬8:3)"

사람에게는 율법을 지킬 수 있는 능력이 없다. 그래서 예수님이 오셨다.

"그러므로 율법의 행위로 그의 앞에 의롭다 하심을 얻을 육체가 없나니 율법으로는 죄를 깨달음이니라(로마서 3:20)"

"기록된 바 의인은 없나니 하나도 없으며(로마서 3:10)"

그런데 여기 길이 있다.

"이제는 율법 외에 하나님의 한 의가 나타났으니 율법과 선지자들에게

증거를 받은 것이라 곧 예수 그리스도를 믿음으로 말미암아 모든 믿는
자에게 미치는 하나님의 의니 차별이 없느니라(로마서 3:21-22)"

예수를 믿기만 하면 누구에게나 '하나님의 의'가 차별 없이 주어진
다. 이것이 복음이다.
"지키는 자"는 "믿는 자"를 말한다. 예수께서 율법의 마침이 되셨기
에 예수를 믿으면 지킨 자로 보심이 큰 은혜다.

2) 넘치는 은혜와 평강이 있다(1:4-6)

> (1:4상) 요한은 아시아에 있는 일곱 교회에 편지하노니

일곱이라는 수는 창조를 완성한 안식의 수, 완전수다. 발신자이신
성령님은 완전한 일곱 교회에 편지하신다. 모든 교회에 주신 편지이
다. 우리에게 쓴 편지이다.

> (1:4중) 이제도 계시고 전에도 계셨고 장차 오실 이시며
> ☞ 성부 하나님은 영원하시다.

'이제도, 전에도, 장차'라는 말은 항상 함께하시고, 역사하시는 임마
누엘의 표현이다(이사야 41:1-6 참고).

> (1:4하) 그의 보좌 앞에 있는 일곱 영과
>
> ☞ 성령님은 교회와 함께하신다.

일곱 영은 온전하신 성령님이시다. 성령께서 우리와 영원히 함께하신다. 성령께서 예수를 통해 이루신 임마누엘을 알게 하시고, 기억나게 하시고, 정확히 가르치신다.

요한계시록 내용의 사 분의 삼 가까이가 구약을 인용하고 있다. 스가랴 선지자는 "이 일곱은 온 세상에 두루 다니는 여호와의 눈"이라고 말씀한다(스가랴 4:10 참고).

스가랴 선지자는 일곱 번의 환상 중 다섯 번째 환상에서 '일곱 순금 등잔대 양옆에 두 감람나무가 있어서 계속 기름이 흘러 불이 꺼지지 않는 것'을 보았다.

"주여, 이것이 무엇입니까?"하고 물을 때 "만군의 여호와께서 말씀하시되 이는 힘으로 되지 아니하며 능력으로 되지 아니하고 오직 나의 영으로 되느니라(스가랴 4:6)"라고 말씀한다.

성전 재건의 엄청난 방해가 있는 가운데 성전의 완성을 도우실 분이 성령님이시다.

우리 몸인 성전이 성령의 역사로 세워졌음을 보여 주신 말씀이다. 보좌 앞에 있는 일곱 영인 성령께서 거하시는 성전이 우리 몸에 있다는 사실이 놀랍다. 일곱 영인 성령께서 우리와 영원히 함께하신다. 할렐루야!

> (1:5상) ① 또 충성된 증인으로 ② 죽은 자들 가운데에서 먼저 나시고
> ③ 땅의 임금들의 머리가 되신 예수 그리스도로 말미암아
>
> ☞ 성자 예수님은 그리스도 되신다.

① 예수는 선지자 되신다. '충성된 증인'으로 바른길을 제시하신다.
  예수를 따라가야만 구원이 있다. 승리가 있다.
② 예수는 제사장이시다.

"예수는 우리가 범죄한 것 때문에 내줌이 되고 또한 우리를 의롭다 하시
기 위하여 살아나셨느니라(로마서 4:25)"

예수께 가면 우리가 행한 모든 일은 견고한 믿음의 일이 된다. 육으
로는 이해할 수 없는 놀라운 영의 일이 벌어진다.

③ 예수는 만왕의 왕이시다. 참 왕과 거짓 왕의 전쟁이 이 땅의 전
  쟁이다. 이미 우리가 승리한 전쟁이다.

"이제 이 세상에 대한 심판이 이르렀으니 이 세상의 임금이 쫓겨나리라
(요한복음 12:31)"

> (1:5중) 은혜와 평강이 너희에게 있기를 원하노라

은혜와 평강이 당신에게 넘쳐나고 있다. 주께서 주신 은혜를 인정
하는 것이 믿음이다. 믿음은 하나님을 설득하는 것이 아니다. 믿음은

은혜, 즉 값없이 주신 하나님의 선물에 내가 설득되는 것이다. 은혜에 설득된다면 놀라운 평강이 임한다. 하나님의 은혜에 설득되자. 당신에게 은혜와 평강이 넘쳐나고 있다. 감격하라!

3) 하나님께 영광을 돌리자(1:5하-6)

> (1:5하) 우리를 사랑하사 그의 피로 우리 죄에서 우리를 해방하시고

우리의 죄를 완전히 해결하신 천국 어린 양 예수 그리스도를 보는 순간 영원히 찬양할 수 있는 힘이 생긴다. 그리스도께서 하신 일을 보게 되면 그렇게 된다. 이 일은 이 땅에서도 가능한 일이다. 천국이 이미 우리에게 임했기 때문이다. 예수를 통해 복음의 조명이 밝아지면 영원한 찬양할 수밖에 없다.

> (1:6) 그의 아버지 하나님을 위하여 우리를 나라와 제사장으로 삼으신 그에게 영광과 능력이 세세토록 있기를 원하노라 아멘

'삼으신' 영광의 주님을 어찌 찬양하지 않겠는가? 우리가 어떤 자격이 있어서 '삼으신' 것이 아니다. 우리의 모든 행위를 견고하다고 '삼으신' 주님을 보는 눈이 열리면 감격 외엔 없다. 복음의 소식에 감격하는 사람이 필요하다. 복음의 감격이 있는 사람은 가르치게 되고, 누리게 되고, 전하게 되고, 다른 사람을 보내게 된다.

"찬송하리로다 하나님 곧 우리 주 예수 그리스도의 아버지께서 그리스도 안에서 하늘에 속한 모든 신령한 복을 우리에게(에베소서 1:3)" 주셨음에 감격하며 찬양하자.

4) 다시 오신다(1:7)

> (1:7상) 볼지어다 그가 구름을 타고 오시리라

'볼지어다'라는 말은 강조하는 표현이다. '타고'라는 말은 헬라어 '메타(μετά)'라는 말로 '함께'라는 뜻이다. 영광의 구름과 더불어 오신다는 말이다.

하나님은 구름 기둥과 불기둥으로 임재하셔서 이스라엘 백성을 인도하셨다. 주님은 솔로몬의 성전이 완공되었을 때도, 변화산에서도 영광의 구름 가운데 나타나셨다. 우리가 하나님께 나갈 수 없었기에 하나님께서 우리에게 오신 것이다.

주님은 우리와 영원히 함께하시고 싶으셔서 재림하신다. 주님은 영원한 임마누엘로 이미 오셨고, 다시 오신다.

구름을 타고 '오시리라'는 '엘코마이(ἔρχομαι)'로 시제가 현재형이라는 사실에 놀란다. 지금도 오고 계신다. 주님은 영광 가운데 오셨고, 오고 계시고, 다시 오실 것이다. 환영하자. 맞이하자. 반응하자. 주님과 함께 살고 있음을 알자.

> (1:7하) 각 사람의 눈이 그를 보겠고 그를 찌른 자들도 볼 것이요 땅에 있는 모든 족속이 그로 말미암아 애곡하리니 그러하리라 아멘

갈라진 홍해를 건너겠다고 들어간 결과는 완전히 달랐다. 한 무리는 구원을 얻었고, 한 무리는 멸망을 받았다.

예수 안에 있는 자만 영광스러움에 참여한다. 그를 찌른 자가 볼 것이다. 애곡해도 소용없는 때를 보게 될 것이다. 영원한 지옥이 있다. 우리는 결사적으로 전해야 한다.

각 사람의 눈이 그를 볼 것이다. 그를 찌른 자들도 볼 것이다. 땅에 있는 모든 족속이 그로 말미암아 애곡할 날이 올 것이다. 회개하고 싶어도 회개할 수 없는 무서운 날이 오고야 말 것이다. 시간이 없다.

2. 요한이 본 예수 그리스도(8-20)

1) 하나님은 스스로 계시하신다(1:8)

> (1:8상) 주 하나님이 이르시되 나는 알파와 오메가라

하나님은 우리가 하나님을 바르게 알기를 원하신다. 하나님을 바르

게 이해하려는 열심을 내는 일은 중요한 일이다.

자신을 처음과 나중으로 스스로 계시하신다. 하나님께서 시작하시고 마치신다고 하신다. 창조를 시작하신 하나님은 창조를 마치셨다. 우리를 하나님의 형상으로 만드시는 일을 시작하시고 마치셨다.

우리 몸을 성전 삼으시고 영원히 함께하시고 싶으셔서 그렇게 하셨다. 이 일을 하나님께서 시작하셨고 하나님께서 마치셨다.

창조하실 때 안식을 시작하셨고 안식을 완성하셨고, 안식이 계속되게 하셨다. 인간은 창조되자마자 안식을 살았다. 사탄은 안식을 방해하고 싶었으나 방해할 수가 없다. 하나님의 일은 완벽하시다. 시작하면 그분의 계획대로 완성하시는 분이시다.

요한계시록 22장을 보면 장엄하게 창조를 시작하셨던 분이 장엄하게 어린 양의 신부인 새 예루살렘 성과 함께 창조를 마치셨다. 하나님의 창조는 완벽하시다.

(1:8중) 이제도 있고 전에도 있었고 장차 올 자요

---

① '이제도 있고'의 헬라어는 '온(ὤν)'으로 '에이미' 동사의 현재분사형이다. 하나님은 현재도 계시지만 계속하여 계신다. 모든 것을 통치하시고, 영원히 임마누엘 하신다.
② '전에도 계시고'의 헬라어는 '엔(ἦν)'으로 '에이미' 동사의 미완료 시제이다. 하나님은 시작도, 끝이 없는 영원하신 분이라는 의미이다. 우리와 영원히 함께하시는 분이 되셨다. 깨달은 요한은 힘을

얻었음이 틀림없다. 우리도 영원한 힘을 얻었다.

③ '장차 올 자'의 헬라어는 '엘코메노스(ἐρχόμενος)'로 '오다'라는 단어인 '엘코마이(ἔρχομαι)'의 중간태 현재분사로 '지금도 오시고 계신 이'라는 말이다. 지금도 우리 안에 역사하시는 분이다.

요한계시록을 나와 상관없는 성경으로 보지 말라. 임마누엘을 발견하라. 요한계시록과 자신을 연관지어 읽도록 성령님께 요청하라. 힘을 얻어라. 영원한 찬양이 터지게 하라.

하나님은 가만히 계시는 분이 아니시다. 현재도, 과거에도 미래에도 변함없이 영원하신 분으로 당신과 함께하신다. 지금도 당신은 하나님의 임재 안에 있다. 이런 조명이 분명한 당신은 성령으로 흥분된 사람이 될 것이다.

(1:8하) 전능한 자라 하시더라

'판토크라토르(παντοκράτωρ)'는 '만물을 지배하는 통치자'라는 말로 전능자시라는 말이다.

밧모섬에 유배되어 강제 노동을 하며, 공포 속에 있던 요한과 함께하신 하나님이 이런 분임을 요한은 깨닫게 되었다. 깨닫게 되면 힘이 나고, 마음에 밝은 조명이 비친다.

전능하신 하나님과 함께함을 조명받고 요한은 힘을 얻었다. 당신에게도 이 조명이 있다. 전능하신 하나님과 함께하는 당신을 보라. 복음이 마음에 조명되게 하라.

2) 우리의 사명(1:9-11)

> (1:9상) 나 요한은 너희 형제요

복음의 조명이 밝아지면 교회가 보인다.

"평안의 매는 줄로 성령이 하나 되게 하신 것을 힘써 지키라(에베소서 4:3)"라는 말씀이 사실이 된다. 하나 되려고 힘쓰는 것이 아니라 하나로 살게 된다.

교회 안에서 어떤 일이 있어도 갈등 구조로 보지 않고 이해하며 해결점을 찾아서 평화를 유지한다. 하나임을 알기에 쉽게 해결하고 사랑하며 하나 됨을 자연스럽게 지킨다.

"거룩하게 하시는 이와 거룩하게 함을 입은 자들이 다 한 근원에서 난지라 그러므로 형제라 부르시기를 부끄러워하지 아니하시고 이르시되 내가 주의 이름을 내 형제들에게 선포하고 내가 주를 교회 중에서 찬송하리라 하셨으며(히브리서 2:11-12)"

우리는 한 하나님에게서 나온 형제자매다. 기쁜 일이나 슬픈 일이나 즐거움이나 고통도 함께하는 한 핏줄이다. 당신과 나는 영원히 함께하는 행복한 형제자매다. 이런 교회는 믿는 자의 표적이 상식이 되는 교회가 된다. 표적은 사랑이 바탕이 될 때 일어난다. 모든 치유는 사랑에서 나온다.

> (1:9중) 예수의 환난과 나라와 참음에 동참하는 자라

'엔 크리스토'라는 말이 있는데 '예수 안에서'라는 말이다. 예수 안에 모든 것이 있다. 환란 중에도 기쁨이 된다.

바울 신학의 중심은 '예수 안에서', 'union Christ'이다. 우리는 예수로 인해 하나 되었다. 예수와 함께 죽고, 함께 장사 지낸 바 되었다가 함께 살아났다. 우리는 주님과 함께 이긴 자다.

"그 날에는 내가 아버지 안에, 너희가 내 안에, 내가 너희 안에 있는 것을 너희가 알리라(요한복음 14:20)"

"너희가 환난을 당하나 담대하라 내가 세상을 이기었노라(요한복음 16:33)"

> (1:9하) 하나님의 말씀과 예수를 증언하였음으로 말미암아 밧모라 하는 섬에 있었더니

요한은 예수를 증언한 이유로 지금 밧모섬에 있다. 그러나 혼자가 아니었다. 혼자가 아님을 아는 것이 중요하다. 주님이 함께하신다는 것이 모든 것을 할 수 있게 하기 때문이다.

요셉도, 다니엘도 세상이 모르는 임마누엘을 알았기에 믿음으로 살 수 있었다.

"볼지어다 내가 세상 끝날까지 너희와 항상 함께 있으리라(마태복음 28:20)"

> (1:10하) 주의 날에 내가 성령에 감동되어 내 뒤에서 나는 나팔 소리 같은 큰 음성을 들으니

주의 날, 즉 주일에 성령에 감동되어 음성을 들었다. 주일에 주님은 특별한 관심이 있으심을 알 수 있다. 주일에 우리는 성령의 감동을 사모하고 기대하며 예배해야 한다. 성령의 감동은 성도가 마땅히 침노해야 할 영역이다.

"모든 성경은 하나님의 감동으로 된 것으로 교훈과 책망과 바르게 함과 의로 교육하기에 유익하니(디모데후서 3:16)"

"예언은 언제든지 사람의 뜻으로 낸 것이 아니요 오직 성령의 감동하심을 받은 사람들이 하나님께 받아 말한 것임이라(베드로후서 1:21)"

성령님을 '얼대모도'하자. 얼굴을 구하고, 대화하고, 모시고 있음을 알고, 도움을 구하자. "나는 성령의 사람이다."라고 자주 각인시키고 말해 보라. 성령님께서는 생각과 마음을 지켜주시고 감동으로 인도하실 것이다.

"그리하면 모든 지각에 뛰어난 하나님의 평강이 그리스도 예수 안에서 너희 마음과 생각을 지키시리라(빌립보서 4:7)"

로렌스 형제가 쓴 『하나님의 임재연습』이라는 책에서 그는 영의 세계에 들어가는 방법을 제시한다. 말씀대로 상상하며 들어갈 수 있다

고 고백한다.

기록된 대로 영의 세계를 그림으로 그려 보좌 앞에 있는 당신을 말씀대로 상상해 보라. 자주 주님 앞에 서 있는 당신의 모습을 그림으로 그려 보라. 풍성함과 감격이 넘칠 것이다. 당신이 천군 천사와 함께 경배와 찬양을 올리는 모습을 상상하면서 경배해 보라.

당신의 몸을 성전 삼으시고 영광의 구름으로 가득 채우셨다. 요한은 성령에 감동되어 큰 음성을 들었다. 성령님께 감동되어 임마누엘의 큰 음성을 듣는 임재연습을 하자.

> (1:11) 이르되 네가 보는 것을 두루마리에 써서 에베소, 서머나, 버가모, 두아디라, 사데, 빌라델비아, 라오디게아 등 일곱 교회에 보내라 하시기로

온 땅에 선포하라는 말씀이다. 일곱 교회는 온 세상의 교회를 말한다. 우리의 사명은 온 천하에 다니며 복음을 선포하는 것이다.

3) 인자 같은 이(1:12-18)

> (1:12) 몸을 돌이켜 나에게 말한 음성을 알아보려고 돌이킬 때에 일곱 금 촛대를 보았는데

음성을 알아보려고 돌이킬 때 일곱 교회를 보았다.

"네 본 것은 내 오른손에 일곱 별의 비밀과 일곱 금 촛대라 일곱 별은 일곱 교회의 사자요 일곱 촛대는 일곱 교회니라(요한계시록 1:20)"

하나님의 음성이 교회를 통해 들린다. 하나님은 교회인 우리를 통해 일하신다. 하나님의 관심은 우리에게 있다.

요한은 일곱 금 촛대를 보았다. 기억하자. 일곱 금 촛대는 우리 몸 안에 있다. 예수 안에 교회가 있고, 우리 안에 교회가 있다. 일곱 금 촛대가 성소 안을 비춘다. 7개의 등잔이 달린 촛대에서 밝히는 빛은 완벽한 빛이다. 일어나 빛을 발하라고 하신다. 우리는 본래 빛이 아니었다. 빛이 이르렀다. 이제 우리는 빛이다(이사야 60:1).

성소 안에서 제일 먼저 볼 수 있는 것이 일곱 금 촛대다. 촛대가 없으면 성소 안은 너무 어두워 아무것도 볼 수 없다.

"내가 세상에 있는 동안에는 세상의 빛이로라(요한복음 9:5)"

예수께서 세상의 빛이다. 예수께서 교회가 되셨다. 예수가 일곱 금 촛대가 되셨다. 금 뭉치가 두들겨져 촛대가 되셨다. 주님이 두들겨져 교회가 되셨고, 우리 몸이 되셨다.

촛대는 금 한 달란트를 계속 두들겨서 만들었다. 예수께서 고난을 겪으시고, 십자가에서 처절하게 하나님의 진노를 받아 두들겨 맞으신 것이다.

주님은 우리를 교회로 만들기 위해 맞으셨다.

"이 등잔대의 제작법은 이러하니 곧 금을 쳐서 만든 것인데 밑판에서 그
꽃까지 쳐서 만든 것이라 모세가 여호와께서 자기에게 보이신 양식을 따
라 이 등잔대를 만들었더라(민수기 8:4)"

금 촛대 가운데 한 줄기에 6개의 가지가 달려 있다. 완전한 연합이
다. 주님과 우리 교회는 한 뭉치라는 말이다. 촛대는 성령의 기름으로
가득 차 있다(스가랴 4:1-6 참고). 성령의 기름을 통해서 빛이 발산된다.
제사장은 밝은 불빛을 위해 불똥을 제거한다. 금으로 만든 가위로
심지를 조심스럽게 잘라낸다. 성령께서는 왕 같은 제사장인 우리를
도와 이 일을 하시고, 당신은 당신 안에서 성령의 불이 잘 피어오르
도록 믿음으로 설득되어야 한다. 성령의 불꽃은 당신 안에서 활활 타
오르고 있다.

"아론이 그리하여 등불을 등잔대 앞으로 비추도록 켰으니 여호와께서
모세에게 명령하심과 같았더라(민수기 8:3)"

이 빛은 어린 양 자체다.

"그 열두 문은 열두 진주니 각 문마다 한 개의 진주로 되어 있고 성의 길
은 맑은 유리 같은 정금이더라 성 안에서 내가 성전을 보지 못하였으니
이는 주 하나님 곧 전능하신 이와 및 어린 양이 그 성전이심이라 그 성은
해나 달의 비침이 쓸 데 없으니 이는 하나님의 영광이 비치고 어린 양이

그 등불이 되심이라(요한계시록 21:21-23)"

금 촛대의 등잔은 마흔아홉 개다. 희년을 나타낸다. 안식을 의미한
다. 빛 되신 주님이 주신 안식이다. 인간은 창조되자마자 안식을 살았
다. 사탄이 방해했지만, 예수 그리스도를 통해 영원한 안식이 회복되
었다. 하나님의 계획은 실패할 수 없다. 당신은 안식 속에 있다. 안식
속에 있는 당신은 부족함이 없다.

"여호와는 나의 목자시니 내게 부족함이 없으리로다(시편 23:1)"

안식은 피곤해서 쉬는 것이 아니다. 더 필요한 것이 없기에 쉬는 것
이다. 점이라도 더 찍으면 오히려 작품을 버리기에 쉽다. 안식은 부족
함이 없는 완전함 속에 있는 상태다. 교회는 안식을 얻었다. 당신은
안식 속에 살고 있다.

(1:13상) 촛대 사이에 인자 같은 이가

교회 사이에 인자가 계신다. 다니엘도 이 장면을 보았다. 하나님의
사람은 촛대 사이에 계신 예수님을 보며 사는 사람이다. 하나님의 사
람은 임마누엘을 알고 사는 사람이다.

"내가 또 밤 이상 중에 보았는데 인자 같은 이가 하늘 구름을 타고 와서
옛적부터 항상 계신 자에게 나아와 그 앞에 인도되매 그에게 권세와 영
광과 나라를 주고 모든 백성과 나라들과 각 방언하는 자로 그를 섬기게

하였으니 그 권세는 영원한 권세라 옮기지 아니할 것이요 그 나라는 폐

하지 아니할 것이니라(다니엘 7:13-14)"

요한과 3년 동안 함께하셨던 분, 십자가에 돌아가시고, 다시 살아나

신 그 예수님을 보고 있다. 얼마나 반갑고 놀랐을까? 주님이 함께하

신다는 사실이 영원한 힘이요 기쁨이다.

4) 아홉 가지로 묘사된 예수님(1:13-16)

예수님을 아홉 가지로 묘사하고 있다. 예수께서 어떤 분이신지 알

려 주시려는 사랑의 표현이다.

> (1:13중) 발에 끌리는 옷을 입고

'포데레스(ποδήρης)'라는 말로 '발에 닿은, 발까지 이르는'이라는 표

현이다. 제사장의 옷을 상징한다.

죄된 인간의 몸은 어떤 부분도 보여서는 안 된다. 성막 아래 철저하

게 숨기시고 하나님의 의만 보이게 하셨다. 모든 죄를 예수로 덮으셨

기에 죄가 보이지 않게 되었다.

"그들이 지을 옷은 이러하니 곧 흉패와 에봇과 겉옷과 반포 속옷과 관과

띠라 그들이 네 형 아론과 그 아들들을 위하여 거룩한 옷을 지어 아론이

내게 제사장 직분을 행하게 하라(출28:4)"

"누구든지 그리스도와 합하기 위하여 세례를 받은 자는 그리스도로 옷 입었느니라(갈라디아서 3:27)"

(1:13하) 가슴에 금띠를 띠고

"에봇 위에 매는 띠는 에봇 짜는 법으로 금실과 청색 자색 홍색 실과 가늘게 꼰 베 실로 에봇에 정교하게 붙여 짤지며(출애굽기 28:8)"

가슴에 있는 금띠는 우리를 금과 같이 귀히 여기시며, 우리를 가슴으로 품고 있는 주님의 측량할 수 없는 사랑의 마음을 보여 준다. 우리는 영원히 주님의 가슴에 있다.

(1:14상) 그의 머리와 털의 희기가 흰 양털 같고

다니엘에게도 보여 주셨다.

"내가 보니 왕좌가 놓이고 옛적부터 항상 계신 이가 좌정하셨는데 그의 옷은 희기가 눈 같고 그의 머리털은 깨끗한 양의 털 같고 그의 보좌는 불꽃이요 그의 바퀴는 타오르는 불이며 불이 강처럼 흘러 그의 앞에서 나오며 그를 섬기는 자는 천천이요 그 앞에서 모셔 선 자는 만만이며 심판을 베푸는데 책들이 펴 놓였더라(다니엘 7:9-10)"

흰머리는 존경과 지혜를 말씀한다. 구원의 지혜에 감탄하고 감격한다.

"그 안에는 지혜와 지식의 모든 보화가 감추어져 있느니라(골로새서 2:3)"

(1:14하) 그의 눈은 불꽃 같고

주의 눈앞에는 아무것도 감출 수 없다. 두아디라 교회에 보낸 편지에서도 볼 수 있다.

"내가 네 사업과 사랑과 믿음과 섬김과 인내를 아노니 네 나중 행위가 처음 것보다 많도다 그러나 네게 책망할 일이 있노라 자칭 선지자라 하는 여자 이세벨을 네가 용납함이니 그가 내 종들을 가르쳐 꾀어 행음하게 하고 우상의 제물을 먹게 하는도다(요한계시록 2:18-20)"

또 원수를 멸하시고 재림 주로 오심을 말씀하신다.

"또 내가 하늘이 열린 것을 보니 보라 백마와 그것을 탄 자가 있으니 그 이름은 충신과 진실이라 그가 공의로 심판하며 싸우더라 그 눈은 불꽃 같고 그 머리에는 많은 관들이 있고 또 이름 쓴 것 하나가 있으니 자기밖에 아는 자가 없고(요한계시록 19:11-12)"

불꽃 같은 눈으로 세상을 바라보시는 주님은 마지막 날에 무시무시한 심판 주로 오실 것이다. 아무도 주님의 눈을 피할 수 없다.

"내가 주의 영을 떠나 어디로 가며 주의 앞에서 어디로 피하리이까 내가 하늘에 올라갈지라도 거기 계시며 스올에 내 자리를 펼지라도 거기 계시니이다 내가 새벽 날개를 치며 바다 끝에 가서 거주할지라도 거기서도 주의 손이 나를 인도하시며 주의 오른손이 나를 붙드시리이다(시편 139:7-10)"

(1:15) 그의 발은 풀무불에 단련한 빛난 주석 같고

에스겔과 다니엘도 보았고, 우리도 볼 수 있고 보고 있다. 주석은 능력과 권위와 주권을 상징한다. 예수님이 발 닿는 온 우주의 주인이시다. 모든 것을 통치한다는 의미이다.

"여호와께서 내 주에게 말씀하시기를 내가 네 원수들로 네 발판이 되게 하기까지 너는 내 오른쪽에 앉아 있으라 하셨도다(시편 110:1)"

풀무불에 단련된 주석이란 예수 그리스도께서 당하신 고난을 나타낸다.

(1:15) 그의 음성은 많은 물소리와 같으며

"이스라엘 하나님의 영광이 동쪽에서부터 오는데 하나님의 음성이 많은 물소리 같고 땅은 그 영광으로 말미암아 빛나니(에스겔 43:2)"

이처럼 하나님의 위엄과 영광은 예나 지금이나 거짓 없으신 맑은 물소리 같다.

주님의 손에 교회가 있다. 당신은 안전하다. 당신을 돕는 천사가 있다. 두려워 말라. 일곱 별은 일곱 교회의 일곱 천사를 말한다. 하나님의 오른손에 붙잡혀 안전하고 하나님의 능력으로 넘쳐난다.

"두려워하지 말라 내가 너와 함께 함이라 놀라지 말라 나는 네 하나님이 됨이라 내가 너를 굳세게 하리라 참으로 너를 도와주리라 참으로 나의 의로운 오른손으로 너를 붙들리라(이사야 41:10)"

(1:16중) 그의 입에서 좌우에 날 선 검이 나오고

말씀의 검, 임마누엘의 검은 좌우에 날 선 검처럼 악한 세력을 말씀으로 물리치신다. 말씀을 가진 우리는 엄청난 능력의 사람이다. 할렐루야! 말하고 명하는 연습을 계속하자.

"하나님의 말씀은 살아 있고 활력이 있어 좌우에 날 선 어떤 검보다도 예리하여 혼과 영과 및 관절과 골수를 찔러 쪼개기까지 하며 또 마음의 생각과 뜻을 판단하나니(히브리서 4:12)"

"내가 진실로 너희에게 이르노니 누구든지 이 산더러 들리어 바다에 던져지라 하며 그 말하는 것이 이루어질 줄 믿고 마음에 의심하지 아니하면 그대로 되리라(마가복음 11:23)"

> (1:16하) 그 얼굴은 해가 힘있게 비치는 것 같더라

"내가 또 보니 힘센 다른 천사가 구름을 입고 하늘에서 내려오는데 그 머리 위에 무지개가 있고 그 얼굴은 해 같고 그 발은 불기둥 같으며(요한계시록 10:1)"

변화 산상에서 나타나신 주님의 모습도 그러했다(마태복음 17:2 참고). 예수님은 온 땅의 빛의 근원이다.

5) 하나님을 본 사람은 죽은 자다(1:17-18)

"이와 같이 너희도 너희 자신을 죄에 대하여는 죽은 자요, 그리스도 예수 안에서 하나님께 대하여는 살아 있는 자로 여길지어다(로마서 6:11)"

> (1:17상) 내가 볼 때에 그의 발 앞에 엎드러져 죽은 자 같이 되매

놀라운 분이 이 땅에 왔다 가셨다. 놀라운 사랑으로 십자가에서 우리를 죽이셨다. 하나님을 만난 사람은 죽은 자다. 죄에 대하여 죽었고 임마누엘로 산 자임을 확신하자.

다니엘도 "내가 그의 음성을 들었는데 그의 음성을 들을 때에 내가 얼굴을 땅에 대고 깊이 잠들었느니라(다니엘 10:9)"라고 했다.

"그 때에 내가 말하되 화로다 나여 망하게 되었도다 나는 입술이 부정한 사람이요 나는 입술이 부정한 백성 중에 거주하면서 만군의 여호와이신 왕을 뵈었음이로다 하였더라(이사야 6:5)"라는 고백이 우리의 고백이다.

이제는 우리가 죽고 영원히 주님이 사셨다. 엄청나고 놀라운 일이 우리 안에 일어났다. 인정하고 믿는다면 당신은 다른 사람이 된 것을 알고 살게 될 것이다.

"내가 아버지께 구하겠으니 그가 또 다른 보혜사를 너희에게 주사 영원토록 너희와 함께 있게 하리니(요한복음 14:16)"

"내가 너희에게 분부한 모든 것을 가르쳐 지키게 하라 볼지어다 내가 세상 끝날까지 너희와 항상 함께 있으리라 하시니라(마태복음 28:20)"

(1:17중) 그가 오른손을 내게 얹고 이르시되 두려워하지 말라

하나님의 의가 된 우리에게 그의 오른손을 올려 주신다.

"두려워하지 말라 내가 너와 함께 함이라 놀라지 말라 나는 네 하나님이 됨이라 내가 너를 굳세게 하리라 참으로 너를 도와주리라 참으로 나의 의로운 오른손으로 너를 붙들리라(이사야 41:10)"

(1:17하) 나는 처음이요 마지막이니

하나님은 시작하신 목적대로 마치실 것이다. 보기에 심히 좋았던 그대로 당신을 만들어 놓으셨다. 창조에서 심판까지 완벽하게 이루신 우리 하나님은 좋으신 하나님이시다.

(1:18상) 곧 살아 있는 자라

시재가 현재분사 능동태로, 시작한 시점이 없는 계속 살아 계신 분이다. "살아 있는 자라"라는 말은 우리 가운데 계신다는 의미이다. 지금도 임마누엘이다. 신바람 나게 살자. 밧모섬에 유배된 요한은 남이 알 수 없는 신바람과 흔들 깃발이 있었다.

> "또 말하되 살아 계신 하나님이 너희 가운데에 계시사 가나안 족속과 헷 족속과 히위 족속과 브리스 족속과 기르가스 족속과 아모리 족속과 여부스 족속을 너희 앞에서 반드시 쫓아내실 줄을 이것으로써 너희가 알리라(여호수아 3:1)"

(1:18중) 내가 전에 죽었었노라 볼지어다 이제 세세토록 살아있어

예수의 죽음은 우리를 죽이셨고 그분이 살아나실 때 우리를 함께 살리셨다. 영원히 함께하고 싶어 우리를 하나님의 의로 새롭게 창조하셨다. 영원토록 우리를 의롭게 하셨고, 영원토록 우리와 함께하시려고 부활하셨다.

> "예수는 우리가 범죄한 것 때문에 내줌이 되고 또한 우리를 의롭다 하시

기 위하여 살아나셨느니라(로마서 4:25)"

(1:18하) 사망과 음부의 열쇠를 가졌노니

"내가 또 다윗의 집의 열쇠를 그의 어깨에 두리니 그가 열면 닫을 자가
없겠고 닫으면 열 자가 없으리라(이사야 22:22)"+
"빌라델비아 교회의 사자에게 편지하라 거룩하고 진실하사 다윗의 열쇠
를 가지신 이 곧 열면 닫을 사람이 없고 닫으면 열 사람이 없는 그가 이
르시되(요한계시록 3:7)"

열쇠는 고대부터 통치권, 권세 등을 상징했다. 당시에 왕이 도시를 방
문할 때, 성주나 분봉 왕들이 입구에서 왕에게 '여기는 당신의 통치 아
래 있는 땅입니다'라는 고백으로 '금 열쇠나 은 열쇠'를 만들어 바쳤다.

예수님은 사망과 지옥의 열쇠뿐 아니라 천국의 열쇠도 쥐고 계신
분이시다.

"사망과 음부도 불못에 던져지니 이것은 둘째 사망 곧 불못이라(요한계시
록 20:14)"

천국 문이 닫힐 날이 있다. 그날까지 최선을 다해 복음을 말해야
한다.

"무릇 생명의 기운이 있는 육체가 둘씩 노아에게 나아와 방주로 들어갔

으니 들어간 것들은 모든 것의 암수라 하나님이 그에게 명하신 대로 들어가매 여호와께서 그를 들여보내고 문을 닫으시니라(창세기 7:15-16)."

6) 기록하고 잊지 말라(1:19-20)

본 것을 기록하고 잊지 말자. 요한이 본 것은 '일곱 별'과 '일곱 촛대'이다. 요한계시록은 '일곱 별'과 '일곱 촛대' 이야기다. '지금 있는 일과 장차 될 일'이다.

> (1:19상) 그러므로 네가 본 것과

네가 본 것이 무엇인가? 20절에 '일곱 별'과 '일곱 촛대'다. '지금 있는 일과 장차 될 일'이다. 오른손으로 붙들고 계심을 보라고 하신다. 일곱별은 천사요, 일곱 촛대는 교회다.

> (1:19중) 지금 있는 일과

유배되어 험한 노동과 외로움 속에서도 보이지 않는 세계를 보고 있다. 보이는 세계와 보이지 않는 세계는 다른 세계가 아니다. 똑같은 공간에, 같은 시간에 함께하는 세계다. 보이지 않는 세계는 천국에 가서 볼 수 있는 것이 아니라 지금 볼 수 있다. 보이지 않는 세계가 보이는 세계를 움직이고 있기에 보기만 한다면 대박이다.

(1:19하) 장차 될 일을 기록하라

장차 될 일은 천국과 지옥의 사건이다. 아직 천국 문도, 지옥 문도 닫히지 않았다. 긴급하다.

(1:20상) 네가 본 것은 내 오른손의 일곱 별의 비밀과

"그의 오른손에 일곱 별이 있고(요한계시록 1:16)"

요한이 돌이켜 소리 나는 곳을 보았을 때 본 내용이다. 능력의 손, 힘이 있는 손, 오른손의 천사를 통해 일하신다.

(1:20중) 또 일곱 금 촛대라

12절에서 설명한 것을 참고하라. 그리스도와 완전히 연합된 교회다. 완전한 금으로 만들어진 촛대이다.

(1:20하) 일곱 별은 일곱 교회의 사자요 일곱 촛대는 일곱 교회니라

요한은 '일곱 별과 일곱 교회' 이야기를 하고 있다. 천사를 통한 교회를 보존하시는 이야기를 하신다.

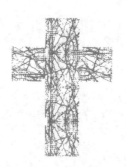

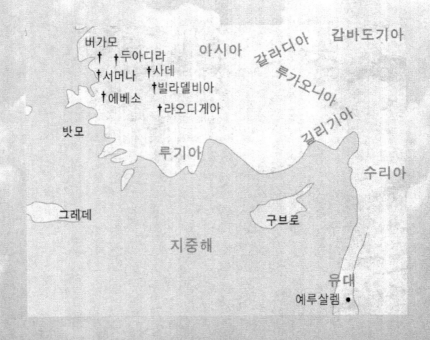

버가모
†두아디라
†서머나 †사데
†에베소 †빌라델비아
        †라오디게아

아시아   갈라디아   갑바도기아
              루가오니아
          길리기아
밧모
        루기아
                        수리아

그레데
              구브로
        지중해
                      유대
                  예루살렘 •

일곱 부분
(2:1-22:5)

일곱 교회는 모든 교회를 말한다. 우리를 말한다.

"귀 있는 자는 성령이 교회들에게 하시는 말씀을 들을지어다"라는 말씀을
반복함을 기억하자.

성령의 음성을 들을 때만이 이미 승리한 승리를 누릴 수 있다.
성령의 음성을 듣는 자만이 이긴 싸움을 싸울 수 있다.
당신은 이긴 싸움을 싸우고 있는 자다.

"이기는 자에게는"이라는 말은
"예수께서 하신 일을 믿는 자에게는"이라는 말이다.
예수를 믿는 자만이 이긴 자다.
이긴 자임을 알려 주는 성령의 음성을 듣는 자만 왕으로, 선지자로,
제사장으로 이 땅을 산다.

"오직 의인은 믿음으로 살리라(로마서 1:17)"

각 교회의 문제에 맞게 예수를 소개한다. 소개한 대로 문제를 해결하신다.
예를 들면, 에베소 교회에 일곱 금 촛대 사이를 거니시는 이가
촛대를 그 자리에서 옮기실 수 있음을 말씀하신다.
예수는 모든 문제의 해결자이시다.

요한계시록 2장과 3장을 읽을 때 다음 다섯 가지를 알고, 믿고 읽자.

① "~사자에게"라며 교회에 하신 말씀이다.
② 예수 그리스도는 모든 문제의 해결자이시다.
③ 칭찬과 책망과 권고하신다.
④ 주님은 속히 오신다.
⑤ 이기는 자에게 주신 복은 변함없는 영원한 복이다.

일곱 교회(2:-3:)

2장 에.서.버.두.

1. 에베소 교회여 처음 사랑을 회복하라(2:1-7)

기억 돕기 촛대 사이에서 첫사랑을 회복하라.

1) 촛대 사이를 거니시는 하나님(2:1)

> (2:1상) 에베소 교회의 사자에게 편지하라

① 복음의 요충지 에베소

사도 바울이 3차 전도 때 에베소에 집중한 것을 보면 바울이 2차 전도 여행 때 복음을 전하길 원한 아시아 지역이 에베소였음을 알 수 있다. 사도 바울의 3차 전도 기록이 사도행전 19장과 20장과 21장인데 19장과 20장이 에베소 이야기뿐이라고 할 정도다. 전도 여행 중 가장 오래 머물렀던 곳도 에베소였다. 아들처럼 여기며 가장 사랑하던 디모데를 에베소 교회에 파송했었고, 사도 요한도 이곳에서 목회했던 것을 볼 때 에베소는 바울에게 중요한 복음의 요충지였다.

바울이 세상을 떠난 후 요한은 밧모섬에 유배되기 전까지 목회하던 곳이 에베소다. 예수님의 어머니인 마리아를 모시고 살았던 곳으로 마리아는 에베소에서 세상을 떠났다.

에베소서에서 우상 숭배를 이기는 길은 그리스도와 한 몸임을 알 때만 이길 수 있다고 알려 준다.

요한이 편지하면서 에베소 교회를 가장 먼저 다룬 것은 요한이 목회하던 교회였기 때문일지도 모른다.

② 옮기는 아픔을 아는 에베소

에베소는 당시 인구가 225,000명 정도로 추정되는 소아시아에서 가장 큰 항구도시였다. 로마에 대한 충성과 봉사를 인정받아 로마군이 주둔하지 않았고, 가끔 총독이 방문해서 회의를 주재하고 돌아가는 자유로운 도시였다.

에베소에는 카이스터강 중심으로 무역이 발달했다. 발달한 도시임에도 불구하고 산에서 흘러온 침적물이 쌓이면 항구를 다른 곳으로 옮겨야 하는 아픔이 있었다.

"회개치 않으면 내가 속히 임해서 촛대를 옮기리라"라고 하신 말씀이 그들에게 섬뜩한 말로 들렸을 것이다. 항구가 옮겨지면 얼마나 황폐케 되는지를 그들은 알고 있었다.

③ 우상 숭배가 왕성했던 에베소

에베소는 아데미 여신 외에도 많은 우상을 섬기던 도시였다. 바울도 우상을 만들어 팔던 사람들에게 쫓겨나기도 했다.

> (2:1하) 오른손에 있는 일곱 별을 붙잡고 일곱 금 촛대 사이를 거니시는 이가 이르시되

기억하자. 어떤 상황 가운데도 권세 있는 오른손에 일곱 별인 천사를 거니시고 교회 사이에 계신다. 교회는 하나님께서 세우시고, 지키시고, 보존하심을 잊지 말자.

2) 촛대를 옮기기 전에 회개하라(2:2-6)

① 수고와 인내를 칭찬하신다

> (2:2) 내가 네 행위와 수고와 네 인내를 알고

빛의 자녀는 어두움의 자녀처럼 사는 것이 불편하다. 빛의 자녀인 줄 알면 감격으로 살게 되고, 믿음으로 행하게 된다. 하나님은 믿는 자를 기뻐하시고, 천사들은 믿는 자 주변을 급히 왕래한다. 믿는 자가 있는 곳은 보이지 않는 세계가 보이는 세계 속으로 침투하여 들어온다.

"알고"라는 말은 하나님의 기쁨의 표현이다. 하나님은 믿음의 행위와 수고를 아시고 기뻐하시고 칭찬하신다.

"에베소에 사는 유대인과 헬라인들이 다 이 일을 알고 두려워하며 주 예수의 이름을 높이고 믿은 사람들이 많이 와서 자복하여 행한 일을 알리며 또 마술을 행하던 많은 사람이 그 책을 모아 가지고 와서 모든 사람 앞에서 불사르니 그 책값을 계산한즉 은 오만이나 되더라(사도행전 19:17-19)"

> (2:2-3) 또 악한 자들을 용납하지 아니한 것과 자칭 사도라 하되 아닌 자들을 시험하여 그의 거짓된 것을 네가 드러낸 것과 또 네가 참고 내 이름을 위하여 견디고 게으르지 아니한 것을 아노라

바울은 밀레도에서 에베소 장로들을 불러 당부했다. 에베소 교회가 주와 그 은혜의 말씀으로 유혹을 이겼다고 칭찬하신다. 믿음의 사람은 이렇게 살 수밖에 없다.

"내가 떠난 후에 사나운 이리가 여러분에게 들어와서 그 양 떼를 아끼지 아니하며 또한 여러분 중에서도 제자들을 끌어 자기를 따르게 하려고 어그러진 말을 하는 사람들이 일어날 줄을 내가 아노라 그러므로 여러분이 일깨어 내가 삼 년이나 밤낮 쉬지 않고 눈물로 각 사람을 훈계하던 것을 기억하라(사도행전 20:29-31)"

② 처음 사랑을 버리지 말라

> (2:4) 그러나 너를 책망할 것이 있나니 너의 처음 사랑을 버렸느니라

악한 것을 용납하지 않은 것을 칭찬하시는 동시에 처음 사랑을 잃었음을 책망하신다. 복음의 감격으로 살라는 것이다. 당신은 하나님의 사람이고, 성령의 사람이라는 감사와 감격으로 살아야 한다.

마음으로 믿고 입으로 고백하는 일을 지속해야 한다. 아브람을 아브라함이라고 부르게 하신 이유는 그런 사람임을 말할 때 이삭을 얻을 수 있기 때문이다. 실수 없는 말을 하는 사람이 온전한 사람이다. 실수 없는 온전한 말은 복음대로 된 당신을 고백하는 것이다(야고보서 3:2 참고).

온전한 말을 한다면 처음 사랑이 지속될 것이다. 예수께서 완성해 주신 자신을 인정하고 말해야 한다. 이것이 첫사랑을 잊지 않는 방법이다. 말하고 선포하라.

"나는 하나님의 사람이다.", "나는 성령의 사람이다.", "내 안에 하나님의 능력이 넘쳐난다.", "나는 사랑의 사람이다.", "나는 전도자다."라고 계속 말하라.

③ 생각하고 회개하여 처음 행위를 가지라

> (2:5상) 그러므로 어디서 떨어졌는지를 생각하고

생각이 믿음이다. 어디서 떨어졌는지 생각해 보라. 생각에서 떨어졌음을 보아야 한다. 당신의 생각을 그리스도께 복종하지 않으면 육의 생각을 할 수밖에 없다. 육의 생각은 하나님과 원수가 된다. 영의 생각을 하는 것이 회개다. 로마서 8장은 생각이 믿음이라고 말한다.

"육신의 생각은 하나님과 원수가 되나니 이는 하나님의 법에 굴복하지 아니할 뿐 아니라 할 수도 없음이라 육신에 있는 자들은 하나님을 기쁘시게 할 수 없느니라(로마서 8:7-8)"

육신의 생각은 복음에 굴복하지 아니할 뿐 아니라 할 수도 없다는 사실을 기억하자. 육신을 따르는 자는 육신의 일을, 영을 따르는 자는 영의 일을 생각한다.

영의 일을 따르는 자는 결코 자신을 정죄하지 않는다. 죄의 법이 당신을 사로잡아 오더라도 정죄하지 마라.

"그러므로 이제 그리스도 예수 안에 있는 자에게는 결코 정죄함이 없나니(로마서 8:1)"

"예수 안에 있는 생명의 성령의 법이 죄와 사망의 법에서 너를 해방하였기(로마서 8:2)" 때문이다.

(2:5중) 회개하여 처음 행위를 가지라

회개는 죄를 묵상하는 것이 아니라 예수의 의를 묵상하는 것이다 (로마서 5장 참고). 로마서 5장은 아담과 예수 중 누가 크신 분인지 비교한다. 예수가 크신 분이다. 마음의 죄를 묵상하지 말고 예수께서 하신 일을 가득 채우도록 묵상하라. 예수를 깊이 생각하라(히브리서 3:1 참고).

아담 때문에 죄가 들어왔고, 아담 때문에 죄가 왕 노릇 하게 되었지만, 예수로 인해 의가 들어왔다. 예수 때문에 의가 왕 노릇 하게 되었다. 예수 그리스도를 통해 이루어진 일을 우리 마음에 가득 채워야 한다. 죄를 찾아내려고 집중하거나 범죄를 하지 않으려고 조심하는 신앙생활은 회개가 아니다. 옛 자아를 죽이는 것이 신앙생활이 아니다. 예수를 깊이 생각하고, 임마누엘을 감격하고, 감사하며, 임마누엘의 마음으로 가득 채우는 것이 회개요, 신앙생활이다.

천국은 어린 양 예수를 보는 순간 영원히 찬양할 이유와 힘이 생기는 곳이다. 우리가 이미 영화롭게 된 자임을 알고 어린 양 예수를 보게 된다면 찬양의 힘이 생길 것이다.

"의롭다 하신 그들을 또한 영화롭게 하셨느니라(로마서 8:30)"

과거형으로 말씀하셨다. 우리는 성경을 그대로 믿는 자다. 우리는 이미 영화롭게 된 자이다. 할렐루야!

성화란 영화롭게 된 자신을 발견하는 과정이다. 영화롭게 된 자신을 알면 천국의 감격과 찬양과 삶이 저절로 나온다. 첫사랑을 회복하는 방법이다. 처음 행위는 어린 양 예수를 보는 눈을 말한다. 어린 양 예수를 보는 사람은 감격과 감탄이 터져 나올 것이다.

"그런즉 이 일에 대하여 우리가 무슨 말 하리요 만일 하나님이 우리를 위하시면 누가 우리를 대적하리요(로마서 8:31)"

"누가 능히 하나님께서 택하신 자들을 고발하리요 의롭다 하신 이는 하나님이시니 누가 정죄하리요 죽으실 뿐 아니라 다시 살아나신 이는 그리스도 예수시니 그는 하나님 우편에 계신 자요 우리를 위하여 간구하시는 자시니라 누가 우리를 그리스도의 사랑에서 끊으리요 환난이나 곤고나 박해나 기근이나 적신이나 위험이나 칼이랴(로마서 8:33-35)"

> (2:5하) 만일 그리하지 아니하고 회개하지 아니하면 내가 네게 가서 네 촛대를 그 자리에서 옮기리라

회개는 예수를 아는 것이다. 예수를 알면 교회의 존재 목적을 발견하게 된다. 교회가 이 땅에 존재하는 목적은 복음을 전하기 위해서다. 예수를 잘 믿어 복 받는 것이 아니다. 회개한 사람은 모든 복을 받았다. 받은 복을 누리며 감사와 영광을 돌리며 전도하기 위해 교회

가 이 땅에 있다.

촛대를 옮긴다는 말씀은 사명을 감당할 수 없게 된다는 말씀이다. 주님 앞에 갔을 때 "조개껍데기 수집하다가 왔습니다"라고 한다면 무슨 의미가 있겠는가?

"내가 증언하노니 그들이 하나님께 열심이 있으나 올바른 지식을 따른 것이 아니니라 하나님의 의를 모르고 자기 의를 세우려고 힘써 하나님의 의에 복종하지 아니하였느니라(로마서 10:2-3)"

"만일 그리하지 아니하고 회개하지 아니하면 내가 네게 가서 네 촛대를 그 자리에서 옮기리라(요한계시록 8:5)"

산에서 내려온 퇴적물로 인해 번창했던 항구를 옮겨야 하는 아픔을 아는 에베소였다. 옮기고 나면 얼마나 피폐하게 되는지를 알고 있는 에베소에 촛대를 옮기겠다고 하신다.

(2:6) 오직 네게 이것이 있으니 네가 니골라 당의 행위를 미워하는도다 나도 이것을 미워하노라

니골라 당은 육은 어떤 삶을 살아도 상관없다고 이해했다. 세상과 타협하고 쾌락주의로 산 사람들이다.

복음을 이해한 사람은 모든 것을 팔아 보화를 산 사람으로 주님께

목숨을 바친다. 복음을 깨달은 사람은 감사와 감격으로 율법을 지킨다. 율법은 하나님의 마음이기 때문에 하나님을 사랑하는 자는 하나님의 마음이 생기는 것이다. 복음의 사람은 자연히 니골라 당의 행위를 미워하게 된다.

3) 이기는 자에게 생명나무 열매를 먹게 한다(2:7)

> (2:7상) 귀 있는 자는 성령이 교회들에게 하시는 말씀을 들을지어다

성령의 음성을 듣는 자는 행복하다. 산 자는 듣는 귀가 있다. 당신에게 들을 수 있는 귀가 있다.

> (2:7하) 이기는 그에게는 내가 하나님의 낙원에 있는 생명나무의 열매를 주어 먹게 하리라

이긴다는 말은 믿는다는 말이다. 믿는 자에겐 생명의 열매를 먹게해 주신다. 예수 생명, 내 생명 되어 원수도 사랑할 수 있는 능력이 생기고, 귀신을 쫓아내며, 손을 올리면 병이 떠나게 된다.

생명나무의 열매를 준다는 말은 영생을 주신다는 말이다. 지옥에서 영원히 살 생명이 예수와 함께 영원히 사는 생명이 되었다는 말이다. 당신에겐 아들이 있고 생명이 있다.

"아들이 있는 자에게는 생명이 있고 하나님의 아들이 없는 자에게는 생명이 없느니라(요한일서 5:12)"

당신에게 있는 영생을 알게 하려고 성경을 기록하셨다.

"내가 하나님의 아들의 이름을 믿는 너희에게 이것을 쓰는 것은 너희로 하여금 너희에게 영생이 있음을 알게 하려 함이라(요한일서 5:13)"

"아버지께서 아들에게 주신 모든 사람에게 영생을 주게 하시려고 만민을 다스리는 권세를 아들에게 주셨음이로소이다(요한복음 17:2)"

아들에게 이 권세가 있다.

"영생은 곧 유일하신 참 하나님과 그가 보내신 자 예수 그리스도를 아는 것이니이다(요한복음 17:3)"

당신은 이긴 자다. 신천지 사이비 교주 이만희가 이기는 자가 아니다. 믿는 자가 이기는 자이다. 성령의 음성을 듣고 회개하여 처음 행위를 가지는 자에게 영생을 주셨다.

2. 서머나는 가난하지만 부요했다(2:8-11)

기억 돕기   서있지만 부요했다.

1) 처음이며 마지막이요 죽었다가 살아나신 이가 쓴 편지(2:8)

> (2:8상) 서머나 교회의 사자에게 편지하라

① 부요한 서머나 교회

서머나는 에베소 지역에서 80㎞ 북쪽에 있는 해안 도시로 인구 20만을 자랑하는 도시였다. 에베소 교회가 처음 사랑을 잃어버리고 열심히 하는 교회였다면, 서머나 교회는 환란과 궁핍 가운데서도 부유한 자로 산 교회이다.

② 서머나 교회 핍박의 원인

서머나에는 유대인이 많았고, 로마와 관계가 아주 좋았다. 정복지역의 문화를 수용하는 로마의 정책 때문이기도 했다.

처음엔 기독교인들도 유대교의 일종으로 여겨졌지만, 네로 황제가 로마를 불태운 누명을 기독교인에게 씌우면서 기독교인은 심한 박해를 받기 시작했다. 기독교인들은 네로의 정원을 밝히는 기름 원료로 사용되기도 했다.

유대인은 기독교인을 신성모독의 종교인으로 보았고, 사람의 피를 먹는 미치광이로 몰아갔다.

상인들은 자주 우상 숭배를 했는데 이것을 위해 돈을 거두는 일에 동참하지 않는다는 이유로 생계에 막대한 타격을 입게 되어 서머나 교회는 빈궁했다.

유대인들은 유대인대로, 로마는 로마대로, 서머나 주민들은 주민대로 서머나 교회를 핍박한 것이다.

시저 황제를 섬기는 일을 위해 바치는 돈을 내지 않아 재산을 몰수 당하는 일까지 일어났다. 예수 믿는다는 것 때문에 엄청난 재정적인 손해를 보았다는 것이다.

도미티안 황제(AD81-96년)는 자신을 신으로 숭배할 것을 강요했고, 요한도 이때 유배당했다. 사랑의 주님은 핍박과 궁핍이 극에 달한 서머나 교회의 사자를 위로하고 힘을 주시기 위해 편지하고 계신다.

> (2:8중) 처음이며 마지막이요

모든 역사의 시작과 끝은 하나님의 손에 있다. 하나님께서 주관해 가시며, 경륜해 가신다. 처음이요 마지막이신 분, 사망 권세를 깨뜨리신 분이 서머나 교회의 아픔을 아신다고 힘을 내라고 하신다. "내가 너희의 시작이고 마침이 된다. 내가 모든 것을 이끌어 가겠다"라고 하신다.

> (2:8하) 죽었다가 살아나신 이가 이르시되

부활의 주님은 부활절에만 믿는 주님이 아니다. 부활을 믿는 것은 지금 살아 계셔서 나를 정확히 아시고, 보시고, 인도하신다는 것을 믿는 것이 부활 신앙이다. 부활하신 주님은 우리 몸을 성전 삼으시고 영원히 함께하시려고 부활하셨다.

바울은 부활하신 주님을 만난 다음 완전히 다른 사람이 되었다. 죽은 줄만 알았던 예수께서 살아 계셔서 바울이 어디를 가는지, 무엇을 하는지를 보고 계심을 알았기에 평생 복음 전하는 일을 위해 순교하며, 기쁨으로 마지막을 장식할 수 있었다. 당신도 부활의 주님을 믿고 있다.

"전제와 같이 내가 벌써 부어지고 나의 떠날 시각이 가까웠도다 나는 선한 싸움을 싸우고 나의 달려갈 길을 마치고 믿음을 지켰으니 이제 후로는 나를 위하여 의의 면류관이 예비되었으므로 주 곧 의로우신 재판장이 그 날에 내게 주실 것이며 내게만 아니라 주의 나타나심을 사모하는 모든 자에게도니라(디모데후서 4:6-8)"

2) 궁핍에도 부유한 서머나여 충성하라(2:9-10)

(2:9상) 내가 네 환난과 궁핍을 알거니와 실상은 네가 부요한 자니라

환난과 궁핍이 가난을 가져오는 것이 아니다. 요셉도 감옥에서 부유했다. 하나님은 당신을 알고 계신다. 당신은 무엇을 하든지 잘 될 수밖에 없는 부유한 자다.

> (2:9하) 자칭 유대인이라 하는 자들의 비방도 알거니와 실상은 유대인
> 이 아니요 사탄의 회당이라

비방하는 일이 사탄의 짓임을 알려 주신다. 사탄을 이기는 방법은 간단하다. 예수의 이름으로 이길 수 있다.

사자의 굴이 다니엘에게 기도하는 일을 위협하지 못했다. 한 달 동안 다른 신에게 기도하는 자를 사자 굴에 던져 넣는다는 왕의 도장이 찍힌 공문이 붙은 것을 알고도 전에 행하던 대로 하루 세 번씩 예루살렘을 향하여 기도했다.

다니엘의 세 친구는 왕이 세운 금 신상에 절하지 않고 풀무불에 던져졌다. 믿음의 사람은 궁핍과 핍박 가운데서도 실상 부유한 자다. 아무도 그들의 믿음을 막을 수 없다.

> "내가 확신하노니 사망이나 생명이나 천사들이나 권세자들이나 현재 일
> 이나 장래 일이나 능력이나 높음이나 깊음이나 다른 어떤 피조물이라도
> 우리를 우리 주 그리스도 예수 안에 있는 하나님의 사랑에서 끊을 수 없
> 으리라(로마서 8:38-39)"

> (2:10상) 장차 받을 고난을 두려워하지 말라

예수를 믿는데도 대학에 불합격되기도 하고, 교통사고를 당하기도 하며, 병이 들기도 한다. 예수를 믿지 않는 사람보다 더 어려운 일을

당하는 것 같을 때도 있다. 왜 예수를 믿는데 이런 일이 일어날까? 이럴 때는 "예수 믿어도 별수 없네"라며 신앙생활을 포기해야 할까?

이 땅을 사는 목적을 알면 궁핍과 핍박 속에서도 기뻐할 수 있다. 우리는 예수 믿지 않는 자들을 하나님의 자녀가 되도록 돕기 위해 이 땅을 산다. "저 사람은 나보다 더 어려운데도 기쁨이 있고 행복해 보이네. 왜 저렇지?"라고 우리를 볼 수 있도록 어려움을 당할 때도 예수를 믿게 해야 한다.

> (2:10중) 볼지어다 마귀가 장차 너희 가운데에서 몇 사람을 옥에 던져 시험을 받게 하리니 너희가 십 일 동안 환난을 받으리라

십 일이라는 기간은 정해진 짧은 기간이라는 말이다. 다니엘이 왕의 진미 앞에 열흘 동안 시험하여 채식을 먹었다. 열흘 후 다니엘에게 주신 놀라운 기회는 당신 것이다.

"청하오니 당신의 종들을 열흘 동안 시험하여 채식을 주어 먹게 하고 물을 주어 마시게 한 후에 당신 앞에서 우리의 얼굴과 왕의 음식을 먹는 소년들의 얼굴을 비교하여 보아서 당신이 보는 대로 종들에게 행하소서 하매 그가 그들의 말을 따라 열흘 동안 시험하더니(다니엘 1:12-14)"

"우리가 잠시 받는 환난의 경한 것이 지극히 크고 영원한 영광의 중한 것을 우리에게 이루게 함이니(고린도후서 4:17)"

"그러므로 너희가 이제 여러 가지 시험으로 말미암아 잠깐 근심하게 되지 않을 수 없으나 오히려 크게 기뻐하는도다 너희 믿음의 확실함은 불로 연단하여도 없어질 금보다 더 귀하여 예수 그리스도께서 나타나실 때에 칭찬과 영광과 존귀를 얻게 할 것이니라(베드로전서 1:6-7)"

> (2:10하) 네가 죽도록 충성하라 그리하면 내가 생명의 관을 네게 주리라

당신에게 생명의 면류관이 이미 준비되어 있다. 당신은 이겨놓고 싸우는 승리자다.

"사드락과 메삭과 아벳느고가 왕에게 대답하여 이르되 느부갓네살이여 우리가 이 일에 대하여 왕에게 대답할 필요가 없나이다 왕이여 우리가 섬기는 하나님이 계시다면 우리를 맹렬히 타는 풀무불 가운데에서 능히 건져내시겠고 왕의 손에서도 건져내시리이다 그렇게 하지 아니하실지라도 왕이여 우리가 왕의 신들을 섬기지도 아니하고 왕이 세우신 금 신상에게 절하지도 아니할 줄을 아옵소서(다니엘 3:16-18)"

"시험을 참는 자는 복이 있나니 이는 시련을 견디어 낸 자가 주께서 자기를 사랑하는 자들에게 약속하신 생명의 면류관을 얻을 것이기 때문이라(야고보서 1:12)"

서머나 총독 스타티우스는 어려서부터 폴리캅과 친한 친구였다. 친구는 폴리캅을 살리기 위해서 원형 경기장 안에서 수많은 군중 앞에서 그에게 물었다.

"예수를 한 번만 부인해라. 그러면 살려주겠다."

폴리캅은 유명한 말을 남겼다.

"우리 주님은 86년 동안 한 번도 나를 모른다고 하지 않으셨는데 내가 어찌 우리 주님을 모른다 할 수 있겠는가?"

결국, 폴리캅은 화형을 당하게 되었다. 그때 폴리캅은 총독에게 "너는 지금 잠깐이면 타다가 꺼질 불로 나를 위협하지만, 죄인들을 위해 준비된 영원히 꺼지지 않는 불을 어찌 피하려 하는가?" 하고 오히려 그 총독을 불쌍히 여겼다.

> "나는 선한 싸움을 싸우고 나의 달려갈 길을 마치고 믿음을 지켰으니 이제 후로는 나를 위하여 의의 면류관이 예비되었으므로 주 곧 의로우신 재판장이 그 날에 내게 주실 것이며 내게만 아니라 주의 나타나심을 사모하는 모든 자에게도니라(디모데후서 4:7-8)"

3) 이기는 자는 영원히 산다(2:11)

> (2:11상) 귀 있는 자는 성령이 교회들에게 하시는 말씀을 들을지어다

믿는 자는 성령의 음성을 듣고 산다. 성령의 음성을 듣는 사람은 날마다 힘이 난다. 힘만 있다면 모든 것을 할 수 있다. 힘이 생겨 함성을 지를 때 변질하여 질병을 가져다준 유전자까지도 바뀌게 되어 치유가 일어난다.

당신은 하나님의 사람이다. 당신은 성령의 사람이다. 당신은 성령의

음성을 듣는 사람이다.

> (2:11하) 이기는 자는 둘째 사망의 해를 받지 아니하리라

"몸은 죽여도 영혼은 능히 죽이지 못하는 자들을 두려워하지 말고 오직 몸과 영혼을 능히 지옥에 멸하실 수 있는 이를 두려워하라(마태복음 10:28)"

둘째 사망, 지옥은 비참하고, 비참하고, 비참하다.

"사망과 음부도 불못에 던져지니 이것은 둘째 사망 곧 불못이라(요한계시록 20:14)"

지옥에서 1억 년 정도 있다가 나올 수 있다면, 1억 년이 긴 시간이지만 나올 수만 있다면, 예수를 안 믿어도 영원한 절망은 아니다. 만약 100억 년 후에 지옥에서 나올 수만 있다 해도, 예수 안 믿어도 덜 안타까울 것이다. 100억 년이라는 시간은 정말 길고 긴 시간이지만 지옥에서 나올 수만 있다면, 예수 안 믿어도 된다. 그런데, 지옥은 영원히 영원히 나오지 못하는 곳이다. 그래서 우리는 전도하기 위해 이 땅을 산다.

둘째 사망의 해를 받지 않고 영생을 얻은 것이 얼마나 큰 축복인지 말로 다 표현할 수 없다.

지옥에서 건지시고 영원히 우리와 함께하기 위해 십자가를 지신 예수

께 영광과 찬송을 영원히 드려도 부족하다. 이기는 당신은 복된 자다.

3. 버가모여 니골라 당에 속지 마라(2:12-17)

기억 돕기 벗아 니골라 당에 속지 말고 흰 돌을 받아라.

1) 좌우에 날 선 검을 가지신 분의 편지(2:12)

> (2:12상) 버가모 교회의 사자에게 편지하라

① 우상 숭배가 강요되던 지역

버가모 지역은 우상 숭배와 황제 숭배의 중심지였다. 로마의 아시아 행정수도로 문화의 중심지였다. 가장 오래된 신전인 아우구스투스 신전을 비롯해 황제의 신전이 3개나 있었고 제우스 신전, 아테네 신전, 디오니소스 신전, 아스클레피오스 신전 같은 그들의 신을 섬기는 신전이 4개나 있던 그야말로 우상 천지인 도시였다.

그래서 예수님은 그 버가모를 가리켜 "사탄의 위가 있는 데"라는 표현을 쓰신 것이다. 당연히 우상 숭배와 황제 숭배가 강요되었다.

② 순교자 안디바(2:13)

버가모 교회는 그러한 외부적인 핍박을 잘 견뎌냈다. 예수 그리스도의 이름을 굳게 잡아서 죽임을 당하면서도 믿음을 저버리지 않는 안디바라는 순교자가 나오기도 했다.

③ 사탄의 권좌가 있고 사탄이 사는 곳(2:13)

"네가 어디에 사는지를 내가 아노니 거기는 사탄의 권좌가 있는 데라 네가 내 이름을 굳게 잡아서 내 충성된 증인 안디바가 너희 가운데 곧 사탄이 사는 곳에서 죽임을 당할 때에도 나를 믿는 믿음을 저버리지 아니하였도다"

> (2:12하) 좌우에 날선 검을 가지신 이가 이르시되

로마 총독 중에 칼을 소지한 자와 그렇지 못한 자가 있는데, 칼을 소지한 자는 그 지역 내 생사권을 가졌다는 의미였다. 당시 버가모 총독은 칼을 소유한 자로 황제 숭배를 거부하는 기독교인들을 위협했다. "좌우에 날선 검을 가지신 이"라는 것은 진정한 권위와 심판권이 누구에게 있는가를 밝히는 것이다. 진정한 권세와 심판권은 버가모 총독이 아닌 예수 그리스도의 것이라는 것이다.

2) 니골라 당의 교훈에 속지 마라(2:13-16)

① 믿음을 칭찬하고 싶구나(2:13)

> (2:13상) 네가 어디에 사는지를 내가 아노니 거기는 사탄의 권좌가 있는 데라

우상 숭배와 황제 숭배 중심지였던 버가모 지역은 치유와 의료의 신으로 알려진 뱀 형상을 한 아에스쿨라피우스와 주신 제우스 신전이 있던 곳이다.

> (2:13중) 네가 내 이름을 굳게 잡아서

예수만 바라보고 부인하지 않았다는 의미다. 사람은 위급할 때 "전에 행하던 대로" 하게 된다.

> (2:13중) 내 충성된 증인 안디바가 너희 가운데 곧 사탄이 사는 곳에서 죽임을 당할 때에도

안디바는 성경에 한 번 나오는 사람으로 버가모 교회 순교자다. 그를 '충성된 증인'이라고 불러 주신다. 사람은 알아주지 않아도 주님은 아신다.

> (2:13하) 나를 믿는 믿음을 저버리지 아니하였도다

버가모 교회는 이미 순교자가 나왔을 정도로 로마에 의해 핍박을 받고 있었다. 버가모 교회가 로마의 권세 앞에 주님을 저버리지 않은 것을 기뻐하셨다.

스데반이 순교할 때도 주님은 응원하셨다.

"말하되 보라 하늘이 열리고 인자가 하나님 우편에 서신 것을 보노라 한 대(사도행전 7:56)"

순교는 혼자 가는 길이 아니다. 주님이 함께하는 영광의 길이 순교다. 함께하심을 선포할 때 듣기 싫어한다.

"그들이 큰 소리를 지르며 귀를 막고 일제히 그에게 달려들어(사도행전 7:57)"

버가모 교회의 순교자 안디바는 '사탄이 사는 곳'에서 죽임을 당했지만, 알고 계셨다. 주님은 당신과도 함께하신다.

② 니골라 당의 교훈을 지키는 자들아(2:14-15)

> (2:14상) 그러나 네게 두어 가지 책망할 것이 있나니

한쪽에선 순교하는데 한쪽에선 우상에 빠지고 음행한다. 지상 교회의 모습이다. 하나 됨을 깨뜨리는 이런 일이 있어도 마음이 상하거나 낙심할 일이 아니다.

> (2:14하) 거기 네게 발람의 교훈을 지키는 자들이 있도다 발람이 발락을 가르쳐 이스라엘 자손 앞에 걸림돌을 놓아 우상의 제물을 먹게 하였고 또 행음하게 하였느니라

발람은 하나님을 아는 이방 선지자였다. 이스라엘을 두려워했던 모압 왕 발락은 발람 선지자를 매수하여 이스라엘을 저주하려 했다. 그러나 하나님의 간섭으로 발람은 네 번이나 하나님의 말씀을 예언할 수밖에 없었다.

이스라엘이 하나님 앞에 큰 죄를 지었다.

"이스라엘이 싯딤에 머물러 있더니 그 백성이 모압 여자들과 음행하기를 시작하니라 그 여자들이 자기 신들에게 제사할 때에 이스라엘 백성을 청하매 백성이 먹고 그들의 신들에게 절하므로 이스라엘이 바알브올에게 가담한지라 여호와께서 이스라엘에게 진노하시니라(민수기 25:1-3)"

하나님의 진노를 사서 염병으로 이만 사천 명이 죽었다.

"보라 이들이 발람의 꾀를 따라 이스라엘 자손을 브올의 사건에서 여호와 앞에 범죄하게 하여 여호와의 회중 가운데에 염병이 일어나게 하였느니라(민수기 31:16)"

사탄은 기회를 엿본다. 죄의 법이 사로잡아 오더라도 영의 생각으로 승리하자. 발람은 결국 이스라엘이 모압 여자들과 행음하게 하고 우상을 섬기게 만들어 버렸다.

당시 버가모의 신전 여사제들은 모두 창기였다. 제물을 바치고 그 제물로 바친 고기를 먹는 것과 동시에 여사제와 관계하는 것이 그 신을 온전히 섬기는 것이라고 속였다. 기가 차게도 버가모 교회 안에 그런 자들이 있었다는 말이다. 방탕한 혼합주의, 인본주의 때문이다.

> (2:15) 이와 같이 네게도 니골라 당의 교훈을 지키는 자들이 있도다

니골라 당이 주장한 영지주의는 영과 육을 완전히 분리하여 영은 고차원적이어서 저급한 육의 영향을 받지 않기 때문에 아무렇게 살아도 된다고 속였다. 사탄의 속임수다.

누가 밥 한 그릇을 사줘도 고마워서 다음엔 내가 산다고 하는데 주님께서 목숨 버려 우리를 구원해 주심을 아는 사람은 아무렇게나 살 수 없다. 감격과 감사로 살게 된다. 주님을 사랑하게 되고, 주님의 마음을 따르고 싶어 한다.

> (2:16) 그러므로 회개하라 그리하지 아니하면 내가 네게 속히 가서 내 입의 검으로 그들과 싸우리라

주님은 날마다 회개를 촉구하신다. 회개만이 복의 길을 열기 때문이다. 말씀의 검으로 싸우시겠다고 하신다. 말씀대로 믿으라는 말이다. 말씀에서 말씀하는 자신을 발견한 사람은 구원의 감격으로 세상을 이기게 된다.

3) 이기는 자에게는 이름이 새겨진 만나와 흰 돌을 주겠다(2:17)

> (2:17상) 귀 있는 자는 성령이 교회들에게 하시는 말씀을 들을지어다

당신은 이긴 자다. 당신에게 성령의 음성이 들린다. 당신은 성령의 사람이기에 생수의 강이 넘쳐나고 있다.

① 감추었던 것을 주겠다

> (2:17중) 이기는 그에게는 내가 감추었던 만나를 주고

'감추었던 만나'란 비밀이다. 예수는 비밀이다. 출애굽 한 이스라엘 백성들은 만나를 먹었다. 만나는 예수시다.

"내가 곧 생명의 떡이니라 너희 조상들은 광야에서 만나를 먹었어도 죽었거니와 이는 하늘에서 내려오는 떡이니 사람으로 하여금 먹고 죽지 아니하게 하는 것이니라 나는 하늘에서 내려온 살아 있는 떡이니 사람이 이 떡을 먹으면 영생하리라 내가 줄 떡은 곧 세상의 생명을 위한 내 살이니라 하시니라(요한복음 6:48-51)"

"이 비밀은 만세와 만대로부터 감추어졌던 것인데 이제는 그의 성도들에게 나타났고(골로새서 1:26)"

"만나를 주고"라는 말은 예수 생명을 주신다는 말씀이다. 예수 생

명은 내 생명이다.

"또 증거는 이것이니 하나님이 우리에게 영생을 주신 것과 이 생명이 그
의 아들 안에 있는 그것이니라 아들이 있는 자에게는 생명이 있고 하나
님의 아들이 없는 자에게는 생명이 없느니라(요한일서 5:11-12)"

(2:17중) 또 흰 돌을 줄 터인데 그 돌 위에 새 이름을 기록한 것이 있나니

법정에서 무죄를 입증해 주는 것이 흰 돌이었다. 유죄는 검은 돌을
주었다. 돌 위에 새긴 지울 수 없는 이름을 새겼다. 당신은 새 이름을
가진 자다. 할렐루야! 이방인까지도 예수를 믿으면 새 이름을 얻게
된다.

"이방 나라들이 네 공의를, 뭇 왕이 다 네 영광을 볼 것이요 너는 여호와
의 입으로 정하실 새 이름으로 일컬음이 될 것이며(이사야 62:2)"

(2:17하) 받는 자 밖에는 그 이름을 알 사람이 없느니라

준 자와 받은 자만이 아는 이름이다. 예수 십자가의 복음은 준 자
와 받은 자만이 알 수 있는 비밀이다.

여리고 성의 라합이 창가에 내렸던 붉은 줄은 준 자와 받은 자만이
아는 줄이었다. 하나님이 당신에게 주신 예수 생명은 세상이 알지 못
한다. 당신에게 있는 믿는 자의 권세를 세상이 알지 못한다. 주님과
당신만이 알고 있는 영원히 흐르는 생수의 강이 당신에게 주어졌다.

준 자와 받은 자만이 아는 임마누엘의 비밀, 영원히 당신을 버리지 않으시고 떠나지 않으시는 비밀이 당신에게 있다. 당신 안에 강력하게 활동하시는 하나님의 능력이 얼마나 엄청나고 큰지를 아는 지혜와 계시의 눈을 주셨다(에베소서 1:19 새번역 참고).

> "내가 결코 너희를 버리지 아니하고 너희를 떠나지 아니하리라 하셨느니라(히브리서 13:5)"

4. 두아디라 교회여 이세벨의 행음에서 벗어나 굳게 잡으라(2:18-29)

기억 돕기 두 눈이 불꽃 같고 발이 주석 같은 이(두)세벨

1) 눈이 불꽃 같고 발이 주석 같은 분의 편지(2:18)

(2:18상) 두아디라 교회의 사자에게 편지하라

두아디라는 지역적 위치가 로마 소식의 통로였다. 동서로 대상들이 오가는 길이었다. 버가모의 동쪽 약 72㎞ 내륙에 있어 로마의 행정도시 버가모의 관문 역할과 군사적 요충지였다. 여러 나라의 침략이 많았던 지역이다. 상업이 발달하고 정치, 경제, 사회, 문화의 발달로 노동조합마다 수호신과 피로연과 성적 문란함이 많았다. 생계를 유지하

기 위해서는 조합에 가입해야 했다. 신앙의 정결을 지킨다는 것은 생계의 위협을 받는 일이었다. 또 이곳은 염색 기술이 발달하고 옷을 만드는 기술이 좋았다.

> (2:18하) 그 눈이 불꽃 같고 그 발이 빛난 주석과 같은 하나님의 아들이 이르시되

주님의 눈은 숨길 수도, 피할 수도 없다. 음행에 빠진 두아디라 교회를 빛난 주석과 같은 발로 불의와 불법을 밟아 버리신다. 회개하지 않으면 "내가 너희 각 사람의 행위대로 갚아 주리라(요한계시록 3:23)"라고 하신다.

구원의 길이 열려 있는데 여전히 사탄의 길을 따르는 자를 심판하신다. 심판을 피할 길을 보여 주신다.

2) 이세벨의 음행을 피해 굳게 잡으라(2:19-25)

① 나중 행위가 좋음을 칭찬한다(2:19)

> (2:19상) 내가 네 사업과 사랑과 믿음과 섬김과 인내를 아노니

에베소 교회가 사랑의 행위가 없다고 책망을 받은 것과 대조된다. 두아디라 교회는 사랑과 믿음으로 선한 사업에 힘쓰며 섬기는 인내가 있다.

> (2:19하) 내가 네 사업과 사랑과 믿음과 섬김과 인내를 아노니 네 나중 행위가 처음 것보다 많도다

갈수록 더욱 사랑과 믿음으로 섬김을 칭찬한다. 끝이 좋아야 한다. 당신은 끝이 좋은 자다. 태어날 때보다 죽을 때가 좋은 자다. 만날 때보다 헤어질 때가 더 좋은 자다.

② 이세벨의 행음을 책망한다(2:20-23)

> (2:20상) 그러나 네게 책망할 일이 있노라 자칭 선지자라 하는 여자 이세벨을 네가 용납함이니

성령의 사람은 행음하지 않는다. 당신은 복음을 말하는 온전한 자다. 말에 실수가 없는 자는 온전한 자다.

'자칭 선지자'란 거짓을 말하는 교사다. 사탄은 말로 속인다. 복음을 말하는 자는 온전한 자다.

"우리가 다 실수가 많으니 만일 말에 실수가 없는 자라면 곧 온전한 사람이라 능히 온 몸도 굴레 씌우리라(야고보서3:2)"

이세벨은 바알과 아세라 신을 섬기게 했고, 엘리야를 협박하다 예후에게 처참하게 죽임을 당하고 개의 먹이가 되었다. 이세벨은 술수가 많은 자였다(열왕기라 9:22 참고).

> (2:20하) 그가 내 종들을 가르쳐 꾀어 행음하게 하고 우상의 제물을
> 먹게 하는도다

바알과 아세라 신을 섬기던 거짓 선지자의 특징을 보자.

• 단 주위를 뛰논다

어떤 열정인지 점검해야 한다. 왜 드럼을 치고, 밴드와 악기로 예배하는지 생각해 봐야 한다. 랩으로 찬양하는 시대가 올 것이다. 만약 이런 일이 사람의 비위를 맞추기 위해 인위적으로 재미와 감동을 위한 것이라면 잘못이다.

• 큰 소리로 신을 부른다

큰소리로 하는 기도는 감격과 감사의 표현이어야 한다. 하나님은 큰소리로 기도해야 들어 주시는 분이 아니시다.

"또 너희는 기도할 때에 외식하는 자와 같이 하지 말라 그들은 사람에게 보이려고 회당과 큰 거리 어귀에 서서 기도하기를 좋아하느니라 내가 진실로 너희에게 이르노니 그들은 자기 상을 이미 받았느니라(마태복음 6:5)"

말을 많이 해야 들어 주시는 것도 아니다.

"또 기도할 때에 이방인과 같이 중언부언하지 말라 그들은 말을 많이 하여야 들으실 줄 생각하느니라 그러므로 그들을 본받지 말라 구하기 전에

너희에게 있어야 할 것을 하나님 너희 아버지께서 아시느니라(마태복음 6:7-8)"

- **자해한다**

철야하고, 금식하는 것이 잘못일까? 그러나 억지로 잠을 참아야 하고, 밥을 굶고 협박하는 기도를 해선 안 된다. 지성이면 감천이라는 마음으로 기도한다든지, 안 들어 주시면 죽어 버리겠다는 식의 기도가 되어선 안 된다. 40일 금식기도를 하고 100일 작정 기도까지 했는데 안 들어주시냐고 고함을 지르는 것이 기도가 아니다.

기도는 하나님을 설득시키기 위한 행위가 아니다. 기도는 하나님의 은혜에 설득되어 감사하는 시간이다. 기도는 하나님의 은혜에 내가 설득되어 감격하는 시간이다.

- **예언한다**

히브리어로 '나바'라고 하는데, 'frantic prophesying', 즉 '미친 듯한 예언'이라는 뜻이다. 기억하라. 성경이 예언이다. 예언은 말씀에 설득되어 나오는 고백이고 선포다.

> (2:21) 또 내가 그에게 회개할 기회를 주었으되 자기의 음행을 회개하고자 하지 아니하는도다

회개할 기회가 있다. 회개하지 않으려 한다.

> (2:22) 볼지어다 내가 그를 침상에 던질 터이요 또 그와 더불어 간음하는 자들도 만일 그의 행위를 회개하지 아니하면 큰 환난 가운데에 던지고

편해야 할 침상이 고통의 침상이 될 것이다. 큰 환난이다.

"이단에 속한 사람을 한두 번 훈계한 후에 멀리하라(디도서 3:10)"

우리는 이단을 설득할 수 없다. 한두 번 훈계한 후에 멀리해야 한다. 우리까지 실족할 수 있기 때문이다.

원수까지 사랑하라고 하신 분이 "집에 들이지도 말고 인사도 하지 말라"라고 하신 것은 놀랍다. 이단을 설득하겠다고 가까이해선 안 된다.

"누구든지 이 교훈을 가지지 않고 너희에게 나아가거든 그를 집에 들이지도 말고 인사도 하지 말라(요한이서 1:10)"

> (2:23) 또 내가 사망으로 그의 자녀를 죽이리니 모든 교회가 나는 사람의 뜻과 마음을 살피는 자인 줄 알지라 내가 너희 각 사람의 행위대로 갚아 주리라

행위대로 갚으신다. 당신의 행위는 어떠한가? 당신의 행위는 예수님의 행위와 같다. 감격이다.

③ 굳게 잡으라고 권면(2:24-25)

> (2:24) 두아디라에 남아 있어 이 교훈을 받지 아니하고 소위 사탄의 깊은 것을 알지 못하는 너희에게 말하노니 다른 짐으로 너희에게 지울 것은 없노라

다른 복음은 없다. 말씀에서 말씀하는 당신을 발견하라. 말씀에서 말하는 당신임을 흔들리지 말고 잡아라. 당신이 마음으로는 하나님의 법을 육신으로는 죄의 법을 섬기는 일은 정상적이다.

당신은 하나님의 의다. 당신은 하나님의 사람이다. 당신은 온전한 신부다. 당신은 성령의 사람이다. 굳게 잡아라.

> (2:25) 다만 너희에게 있는 것을 내가 올 때까지 굳게 잡으라

예수께서 이 땅에 왔다 가신 이유를 발견하고 예수께서 이루어 놓으신 일을 굳게 잡자. 당신을 하나님의 의로 만들어 영원히 임마누엘 하셨다.

3) 이기는 자에게 만국을 다스리는 권세, 새벽 별을 주겠다(2:26-28)

> (2:26) 이기는 자와 끝까지 내 일을 지키는 그에게 만국을 다스리는 권세를 주리니

당신은 권세를 가진 시대의 지도자이다. 지도자와 지배자는 한 자 차이지만, 엄청난 차이가 있다. 지도자는 자신을 죽여 다른 사람을 세운다. 지배자는 다른 사람을 죽여 자기를 세우는 자이다. 당신은 복음을 굳게 잡은 선지자다. 왕이다. 제사장이다. 시대를 이끌 복음 사역자다.

> (2:27) 그가 철장을 가지고 그들을 다스려 질그릇 깨뜨리는 것과 같이 하리라 나도 내 아버지께 받은 것이 그러하니라

당신은 강한 지도자다. 세상을 바로 잡을 수 있는 능력이 있다. 나라를 바로 세울 수 있는 입술의 권세가 있다.

당신에게 마귀를 이기는 권세가 있다. 새 방언을 말하는 권세가 있다. 뱀을 집는 권세가 있다. 무슨 독을 마실지라도 해를 받지 않는 권세가 있다. 병든 자에게 손을 얹으면 낫는 권세가 있다.

> (2:28) 내가 또 그에게 새벽 별을 주리라

"한 별이 야곱에게서 나오며 한 규가 이스라엘에게서 일어나서 모압을 이쪽에서 저쪽까지 쳐서 무찌르고 또 셋의 자식들을 다 멸하리로다(민수기 24:17하)"

예수를 보내 주시겠다는 말이다. 예수는 모든 것이다. 구원의 유일한 길이다. 새벽 별은 영원한 밝음을 가져오신 예수 그리스도시다.

(2:29) 귀 있는 자는 성령이 교회들에게 하시는 말씀을 들을지어다

복음은 단순하다. 듣기만 하면 된다. 반복해서 들어라. 성경을 통해 반복하고 반복해 말씀하신다. 복음의 핵심을 반복하는 것을 두려워하지 마라. 성경은 복음의 반복이다.

성령의 음성을 반복해서 들어라. 반복은 능력이다. 반복의 반복은 초능력이다. 귀 있는 자는 반복해서 성령이 말씀하시는 것을 들어야 한다. 임마누엘을 묵상하고 들어라.

3장 사.빌.라.

1. 사데 교회 죽었구나(3:1-6)

기억 돕기 사(죽으면) 흰 옷(수의)을 입는다.

1) 일곱 영과 일곱 별을 가지신 이가 쓴 편지(3:1)

> (3:1상) 사데 교회의 사자에게 편지하라

① 고원지대
'사데'는 두아디라 남쪽 약 48㎞ 위치한 무역 요충 고원지대였다.

② 난공불락의 성
고원지대 안에 240m 정도 높이로 남쪽을 제외하곤 수직으로 치솟은 난공불락의 성에서 사방을 훤히 내다볼 수 있었고 아데미 신상을 갖고 있었다. 이런 요새 지역이지만 죽었다니 안타까운 일이다.

③ 최초 금화

도시 아래로 팍톨루스강에서 난 사금으로 최초의 금화를 주조한 부유한 도시였다. 허무스 평야의 풍요로운 농산물도 사데의 부에 일조했다. 부한 도시였지만….

④ 두 번 파괴

이 난공불락의 요새가 두 번 완파되었던 적이 있었다. 한 번은 BC 549년에 우리가 잘 아는 페르시아의 고레스 왕에 의해서, 또 한 번은 BC 218년에 안티오쿠스 대제에 의해서 점령당했다. 두 번 다 밤에 남쪽 절벽을 타고 넘어오는 게릴라전에 의해 패하게 된 것이다.

⑤ 도적같이

밤에 도적같이 침공해 온 적들에 의해 하루아침에 망한 전력이 있는 지역의 사데 교회는 회개하지 않으면 내가 도적같이 임할 것이라는 경고를 쉽게 이해할 수 있었다.

⑥ 몇 명

그러나 더럽히지 아니한 몇 명이 있었다.

(3:1중) 하나님의 일곱 영과 일곱별을 가지신 이가 이르시되

일곱 영은 1장에서 성령임을 살펴보았다. 일곱별은 천사다. 성령께서 천사를 통해 일하심을 알 수 있다.

> (3:1하) 내가 네 행위를 아노니 네가 살았다 하는 이름은 가졌으나 죽은 자로다

⑦ 치명적인 진단이 내려졌다

세상에선 인정받는 교회이지만 죽은 교회였다. 부유한 도시, 난공불락의 도시였지만 문란한 교회였다.

"화 있을진저 외식하는 서기관들과 바리새인들이여 회칠한 무덤 같으니 겉으로는 아름답게 보이나 그 안에는 죽은 사람의 뼈와 모든 더러운 것이 가득하도다 이와 같이 너희도 겉으로는 사람에게 옳게 보이되 안으로는 외식과 불법이 가득하도다(마태복음 23:27-28)"

⑧ 죽은 믿음을 구별하라

부족함이 없음을 알지 못하는 믿음은 죽은 믿음이다. 예수를 잘 믿어 복을 받으려고 하는 믿음은 죽은 믿음이다. 우리는 이미 모든 복을 받았음을 알고 능력 복음을 전하기 위해 사는 자다.

2) 깨어라, 굳건하게 하라, 회개하라(2-4)

> (3:2) 너는 일깨어 그 남은바 죽게 된 것을 굳건하게 하라 내 하나님 앞에 네 행위의 온전한 것을 찾지 못하였노니

'일깨어'라는 말은 계속 깨어 있으라는 말이다. 임마누엘을 항상 생각하며, 감격이 있도록 만들라는 말이다.

> (3:3) 그러므로 네가 어떻게 받았으며 어떻게 들었는지 생각하고 지켜 회개하라 만일 일깨지 아니하면 내가 도둑같이 이르리니 어느 때에 네게 이를는지 네가 알지 못하리라

① 어떻게 받았으며 들었는지

'어떻게'라는 말이 두 번 나온다.

출애굽기 19장의 주제가 "'어떻게'를 말하라"라는 것이다. 어떻게 구원을 받았는지 '말하라'라고 모세가 시내산에 올라갔을 때 제일 먼저 하신 말씀이다.

우리는 '어떻게' 구원 얻었는지 항상 말해야 한다. 만왕의 왕 되신 예수께서 이 땅에 오셔서 십자가를 지셨다. 삼위일체이신 하나님께서 십자가에 돌아가셨다. 다시 말하면 하나님이 십자가에 돌아가셨다는 말이다. 성령께서 십자가에 돌아가셨다는 말이다. 예수께서 십자가에 돌아가신 것이다. 그분이 돌아가심으로 우리가 '하나님의 의'가 되었다. '어떻게'를 잊지 말고 항상 말해야 한다.

② 생각하고 지켜 회개하라

생각을 지키는 것이 회개다. 생각이 믿음이다(로마서 8장 참고). 육신의 생각은 하나님과 원수가 된다. 영의 생각은 생명과 평안이다. 영의 생각을 하는 것이 회개이다. 당신이 싸울 무기는 생각이다.

> "우리의 싸우는 무기는 육신에 속한 것이 아니요 오직 어떤 견고한 진도 무너뜨리는 하나님의 능력이라 모든 이론을 무너뜨리며 하나님 아는 것을 대적하여 높아진 것을 다 무너뜨리고 모든 생각을 사로잡아 그리스도에게 복종하게 하니(고린도후서 10:4-5)"

'모든 이론', '대적하여 높아진 것', '모든 생각', 즉 생각을 그리스도께 복종하는 것이 강력한 무기이다.

③ 도둑 같이

난공불락의 성이었지만, 도둑 같이 임한 게릴라 작전에 두 번을 점령당했던 경험이 있기에 도둑 같이 임한다는 말은 그들에게 두려운 말이다.

> "그러므로 여러분이 일깨어 내가 삼 년이나 밤낮 쉬지 않고 눈물로 각 사람을 훈계하던 것을 기억하라(사도행전 20:31)"

> (3:4) 그러나 사데에 그 옷을 더럽히지 아니한 자 몇 명이 네게 있어 흰옷을 입고 나와 함께 다니리니 그들은 합당한 자인 연고라

사데 교회도 칭찬을 받았다. 옷을 더럽히지 않은 몇 명 때문이었다. 예수를 믿음으로 주시는 의를 알고 믿음으로 살았다는 말이다. 하나님의 의가 된 자와 함께함을 믿었다. 예수를 믿을 때 주시는 의는 차별이 없다.

"곧 예수 그리스도를 믿음으로 말미암아 모든 믿는 자에게 미치는 하나님의 의니 차별이 없느니라(로마서 3:22)"

3) 흰 옷을 주고 생명책에 기록하겠다(3:5)

(3:5) 이기는 자는 이와 같이 흰 옷을 입을 것이요 내가 그 이름을 생명책에서 결코 지우지 아니하고 그 이름을 내 아버지 앞과 그의 천사들 앞에서 시인하리라

하나님의 의가 된 자는 흰 옷을 입은 자다. 흰 옷을 입은 의인은 예수께서 이루어 놓으신 일을 믿고 믿음으로 산다.

"복음에는 하나님의 의가 나타나서 믿음으로 믿음에 이르게 하나니 기록된 바 오직 의인은 믿음으로 말미암아 살리라 함과 같으니라(로마서 1:17)"

"또 참으로 나와 멍에를 같이한 네게 구하노니 복음에 나와 함께 힘쓰던 저 여인들을 돕고 또한 글레멘드와 그 외에 나의 동역자들을 도우라 그 이름들이 생명책에 있느니라(빌립보서 4:3)"

"누구든지 생명책에 기록되지 못한 자는 불못에 던져지더라(요한계시록 20:15)"

이기는 당신을 아버지 앞과 천사들 앞에서 시인해 주신다.

"누구든지 사람 앞에서 나를 시인하면 나도 하늘에 계신 내 아버지 앞에서 그를 시인할 것이요 누구든지 사람 앞에서 나를 부인하면 나도 하늘에 계신 내 아버지 앞에서 그를 부인하리라(마태복음 10:32-33)"

> (3:6) 귀 있는 자는 성령이 교회들에게 하시는 말씀을 들을지어다

순간순간 성령의 음성에 귀 기울이자.
성령님께 '얼대모도'하는 삶을 살자. 얼굴을 구하고, 대화하며, 모시며, 도움을 구하는 삶을 살자.

2. 빌라델비아 교회(3:7-13) 인내의 말씀

기억 돕기 빌린 작은 능력이라도 승리하고 기둥된다.

1) 다윗의 열쇠를 가지신 이가 쓴 편지(3:7)

> (3:7상) 빌라델비아 교회의 사자에게 편지하라

빌라델비아 교회는 가난하고, 작고, 핍박받던 교회였다. 빌라델비아는 사데의 동남쪽 약 40km 떨어진 곳으로 '작은 에덴'이라고 불리며, 문화의 꽃을 피우고, 상업이 발달해 부유했지만, 일곱 번의 지진으로 폐허가 되어 가난한 도시였다.

이기는 자에게 새 이름을 기록하겠다(12절)는 말은 빌라델비아 사람들이 이해하기 쉬운 말이다. AD 17년에 큰 지진으로 로마 황제의 지원을 받아 도시를 재건한 후 '네오 가이사랴(새 황제)'라는 이름으로 불린 적이 있다.

이렇게 하나님께서는 우리의 수준에 딱 맞게 말씀하시고, 이해하길 원하시는 분이심에 감사한다.

(3:7중) 거룩하고 진실하사

하나님은 거짓되지 않으신 분이라는 말이다. 죄 없는 하나님의 의가 되게 해 주신 것에 감사드리자.

(3:7하) 다윗의 열쇠를 가지신 이 곧 열면 닫을 사람이 없고 닫으면 열 사람이 없는 그가 이르시되

이사야에게 일찍 말씀하셨다.

"내가 또 다윗의 집의 열쇠를 그의 어깨에 두리니 그가 열면 닫을 자가 없겠고 닫으면 열 자가 없으리라(이사야 22:22)"

히스기야 왕 때에 '셉나'라는 대신이 있었다. 그는 유다의 국고를 맡은 막강한 자로 자기의 묘실, 무덤을 파고 그것을 치장하다가 하나님께 호되게 꾸중을 듣고 저주를 받았다.

하나님은 그가 가지고 있던 모든 권세를 엘리야김에게 넘겨주시겠다고 하시면서 다윗의 열쇠를 말씀하셨다.

작고 가난하고 핍박받는 빌라델비아 교회에는 하늘 보고의 문을 열 수 있는 분을 뵙고 엄청난 힘이 되었을 것이다.

2) 작은 능력으로 내 말을 지켰으니 시험의 때를 면하리라(3:8-11)

> (3:8상) 볼지어다 내가 네 앞에 열린 문을 두었으되 능히 닫을 사람이 없으리라

당신 앞에 열린 문이 있다. 열린 문이 있음을 알고 있는 사람이 적다. "문을 항상 열어 놓았다"라고 일찍이 이사야를 통해도 말씀하셨다. 당신 앞에 문이 열려 있다. 당신을 향한 하나님의 계획을 읽어보라. 그렇게 선포하는 아침을 날마다 맞아라. 아침부터 열린 문이 있다고 선포하는 하루가 되게 하라.

"네 성문이 항상 열려 주야로 닫히지 아니하리니 이는 사람들이 네게로 이방 나라들의 재물을 가져오며 그들의 왕들을 포로로 이끌어 옴이라 (이사야 60:11)"

"낮에 성문들을 도무지 닫지 아니하리니 거기에는 밤이 없음이라(요한계시록 21:25)"

풍성한 문이 열려 있다. 주님이 낮이시기에 성문 닫을 사람이 없다. 하늘 문이 열려 있다(요한계시록 4:1 참조). 당신의 삶은 능력의 삶이 될 수밖에 없기에 흥분되지 않는가!

> (3:8하) 내가 네 행위를 아노니 네가 작은 능력을 가지고서도 내 말을 지키며 내 이름을 배반하지 아니하였도다

작은 능력이라는 말이 무슨 말일까?

당뇨 합병증으로 시신경이 손상을 입어 앞을 못 보는 분이 기도 받으러 왔다. 나도 모르게 '이런 것도 치료될까?'라는 생각에 사로잡혔다. 기도 받으러 온 사람을 기도해 주지 않고 돌려보낼 수 없어 기도하는데 주님은 창조주이신데 불가능한 것이 없다는 겨자씨만 한 아주 작은 생각은 있었다. 기도해 주었는데 눈은 그대로였다. '그러면 그렇지. 이렇게 기도한다고 눈을 뜰 수 있을까?' 하는 생각이 스쳐 지나갔다.

그런데 다음날 또 기도 받으러 왔다. '어제도 눈을 못 떴는데 기도하면 될까?' 하는 생각이 자연스럽게 올라왔지만, 어제처럼 겨자씨 같은 작은 생각이 한쪽 구석에 있었다. 그날 그분은 눈이 열려 환히 보게 되었다. 할렐루야!

작은 능력을 가지고도 믿음을 잃지 않았던 빌라델비아 교회, 죄의

법이 아무리 크게 사로잡아 오더라도 당신에게 겨자씨 같은 믿음이 있음에 감사하라. 할렐루야!

> (3:9) 보라 사탄의 회당 곧 자칭 유대인이라 하나 그렇지 아니하고 거짓말하는 자들 중에서 몇을 네게 주어 그들로 와서 네 발 앞에 절하게 하고 내가 너를 사랑하는 줄을 알게 하리라

사탄의 회, 빌라델비아 교회를 핍박하는 자칭 유대인이라고 하는 자들이 발아래 엎드려 절할 것이다.

"거짓말하는 자가 누구냐 예수께서 그리스도이심을 부인하는 자가 아니냐 아버지와 아들을 부인하는 그가 적그리스도니(요한일서 2:22)"

"너를 괴롭히던 자의 자손이 몸을 굽혀 네게 나아오며 너를 멸시하던 모든 자가 네 발 아래에 엎드려 너를 일컬어 여호와의 성읍이라, 이스라엘의 거룩한 이의 시온이라 하리라(이사야 60:14)"

> (3:10상) 네가 나의 인내의 말씀을 지켰은즉 내가 또한 너를 지켜 시험의 때를 면하게 하리니

"인내의 말씀을 지켰다"라는 말은 십자가의 결과를 믿었다는 말이다. 십자가로 임마누엘을 완성하셨음을 믿는 사람은 시험의 때를 면하게 된다. 임마누엘 복음을 받은 자는 시험의 때를 넉넉히 이기고 피할 길을 볼 수 있게 된다.

요셉, 다니엘, 모르드개 등 믿음의 사람은 하나님이 함께하심을 믿었기에 시험의 때에 묶이지 않았다. 임마누엘을 아는 사람은 주님의 지키심을 안다.

> (3:10하) 이는 장차 온 세상에 임하여 땅에 거하는 자들을 시험할 때라

"인자가 올 때에 세상에서 믿음을 보겠느냐(누가복음 18:8)"라고 하심을 기억하자. 뱀이 물을 토함을 보라.

"여자의 뒤에서 뱀이 그 입으로 물을 강같이 토하여 여자를 물에 떠내려가게 하려 하되(요한계시록 12:15)"

물이 많아 보여도 마실 물이 없는 시대다.

"또 내가 보매 개구리 같은 세 더러운 영이 용의 입과 짐승의 입과 거짓 선지자의 입에서 나오니…, 세 영이 히브리어로 아마겟돈이라 하는 곳으로 왕들을 모으더라(요한계시록 16:13, 16)"

아마겟돈 전쟁은 입의 전쟁이다. 말씀의 전쟁이다. 다른 복음과 참 복음과의 전쟁이다. 순수한 말씀이 없는 때가 시험의 때다. 시험의 때는 지금이다. 복음의 조명이 밝은 당신은 시험의 때를 면하고 있다.

본 구절을 7년 대환란을 주장하는 사람이 있는데 어불성설이다. 7년 대환란은 성경에 없다. 맞지도 않는 기간을 억지로 끼워 맞추려 해

선 안 된다.

지금이 인의 재앙, 나팔 재앙, 대접 재앙의 시기이다. 하나님은 지금 인을 떼고 계시고, 나팔을 불고 있으며, 대접을 쏟고 계신다. 지금 당신은 환난을 통과하고 있지만, 임마누엘로 행복하다. 당신은 임마누엘로 시험의 때를 면하게 되었다. 요한은 동시에 본 것을 조목조목 설명하고 있다.

3) 이기는 자의 이름을 성전 기둥에 기록(3:11-13)

(3:11) 내가 속히 오리니 네가 가진 것을 굳게 잡아 아무도 네 면류관을 빼앗지 못하게 하라

주님은 영원토록 함께하신다.

"내가 너희를 고아와 같이 버려두지 아니하고 너희에게로 오리라 조금 있으면 세상은 다시 나를 보지 못할 것이로되 너희는 나를 보리니 이는 내가 살아 있고 너희도 살아 있겠음이라 그날에는 내가 아버지 안에, 너희가 내 안에, 내가 너희 안에 있는 것을 너희가 알리라(요한복음 14:18-20)"

가진 것을 굳게 잡으라고 하신다. 당신이 가진 것은 십자가의 결과인 임마누엘을 가졌다. 굳게 잡으면 승리한다.

> (3:12상) 이기는 자는 내 하나님 성전에 기둥이 되게 하리니

누가 이길 수 있을까? 믿음의 사람이 이긴다. 오직 의인은 믿음으로 산다. 믿음의 사람은 기둥이 되게 하신다.

지진으로 인해 기둥의 중요성을 아는 이들에게 하시는 말씀이다. 기둥이 빠져 버리면 무너진다. 이기는 자, 믿는 자가 성전의 기둥이다. 당신은 성전의 기둥이다.

> (3:12중) 그가 결코 다시 나가지 아니하리라

절대 주님의 품에서 떨어져 나갈 수 없는 주님의 계획이 당신에게 약속되었다.

"내가 결코 너희를 버리지 아니하고 너희를 떠나지 아니하리라 하셨느니라(히브리서 13:5하)"

> (3:12하) 내가 하나님의 이름과 하나님의 성 곧 하늘에서 내 하나님께로부터 내려오는 새 예루살렘의 이름과 나의 새 이름을 그이 위에 기록하리라

자기 물건에 이름을 쓰고, 계약할 때 이름을 쓴다. 어린 양의 신부인 당신에게 하나님의 이름이 새겨져 있다. 당신은 하나님의 소유다. 당신은 하나님의 의가 되었다. 당신은 새 예루살렘이다. 당신에게 온전한 어린 양의 신부라는 명패가 있다.

놀라운 성령의 음성이 들리는가? 임마누엘인 당신 주변에서 천사들이 찬양하는 음성이 들리는가? 성령이 교회에 십자가로 이루신 일을 말해 주고 있음을 들어야 한다.

3. 라오디게아 교회(3:14-22) 미지근?

기억 돕기 라오디게아여 아멘에 미지근하지 말라.

1) 아멘이신 분과 라오디게아 교회(3:14)

(3:14상) 라오디게아 교회의 사자에게 편지하라

- **가장 부유한 도시**였던 빌라델비아의 동남쪽 72㎞ 지점에 로마로 이어지는 대로가 중앙을 가르고 있었다. 군사, 무역, 통신, 의료의 요지로 검은 양모가 많이 나는 당대의 제일 부유한 도시였다. AD 17년 대지진에도 로마의 도움 없이 스스로 재건할 수 있는 재력이 있는 곳이었다.

- **유명한 의학교**가 있었고 은행이 발달한 부의 도시로 '안약을 사서 발라'라고 할 정도로 의술이 발달한 곳이다.

- **석회질 물**로 물 사정이 좋지 않은 것이 취약점이었는데 10㎞ 정도 떨어진 곳에서 가져오는 물이 온천수와 지하수가 섞인 물이어서 바로 마시면 토할 지경이었다.

> (3:14하) 아멘이시요 충성되고 참된 증인이시요 하나님의 창조의 근본이신 이가 이르시되

'아멘'이신 분께 미지근하지 말고 '아멘'해야 한다.

'아멘'을 반복하고 있다. 진실하신 분께 아멘으로 화답하자. '아멘'을 반복해 올려 드리자.

나는 목사의 아들로 성장하면서 목사가 되기 싫었다. 목사로 부름을 받은 후에도 목회 길을 가기를 부담스러워하던 나에게 주님은 "내가 결코 너희를 버리지 아니하고 너희를 떠나지 아니하리라(히브리서 13:5)"라는 말씀을 주시면서 "너는 내가 거짓말한다고 믿니?"라고 하셨다. 나는 즉시 "아닙니다. 주님, 주께서 거짓말하신다면 주님을 믿을 필요가 없지 않습니까?"라고 대답할 수밖에 없었다. 그때 주신 말씀은 지금까지도 감격이다. 30년이 훌쩍 지난 지금도 감격의 눈물을 있게 하셨고, 힘을 얻게 하신다. "그래, 내가 결코 너를 버리지 않는다면 목사의 길을 가도 되지 않겠니? 사랑한다. 성한아, 내가 결코 너를 떠나지 않는다면 목사가 되어도 되지 않겠니?"라고 하시는 것이 아닌가! 지금도 감격의 눈물이 흐른다. "주님, 맞습니다. 임마누엘이면 됩니다."라고 대답한 후부터 임마누엘을 생각할 때마다 흥분하게 되는 것은 성령의 역사임에 틀림이 없다.

나에게는 살아 있는 감격이 있다. 주님을 생각할 때 자주 눈물방울이 맺힌다. 지금도 소리 없이 흐르는 눈물이 뺨을 가로지르고 있다.

주님은 거짓말을 하시는 분이 아니시다. 주님은 충성되고 참되신 분이시다. 주님은 '아멘'이시다. 나의 신랑은 충성되시고 참되신 창조주시며 아멘이시다. 영광을 돌린다.

- 하나님의 창조의 근본이신 이가 이르시되

하나님은 창조의 근본(히. 하르케)이며 처음과 나중이시다. 나의 신랑은 창조주시다. 신랑이신 주님을 찬양한다.

2) 흰 옷으로 가리고 눈을 뜨라(3:15-19)

> (3:15-16) 내가 네 행위를 아노니 네가 차지도 아니하고 뜨겁지도 아니하도다 네가 차든지 뜨겁든지 하기를 원하노라 네가 이같이 미지근하여 뜨겁지도 아니하고 차지도 아니하니 내 입에서 너를 토하여 버리리라

감격과 열정으로 주님을 섬겨야 한다고 강조하신다.
히에라 폴리스의 온천수와 골로새의 차가운 생수를 수로를 통해 받아먹었다. 그들은 온천수와 냉수가 섞인 미지근한 물을 마셨을 때 토할 것 같은 것이 어떤 것인지 알고 있었다.

> (3:17) 네가 말하기를 나는 부자라 부요하여 부족한 것이 없다 하나 네 곤고한 것과 가련한 것과 가난한 것과 눈먼 것과 벌거벗은 것을 알지 못하는도다

감격과 간절함이 없는 신앙생활은 불쌍한 삶을 살게 한다.

"에브라임이 말하기를 나는 실로 부자라 내가 재물을 얻었는데 내가 수고한 모든 것 중에서 죄라 할 만한 불의를 내게서 찾아낼 자 없으리라 하거니와(호세아 12:8)"

성숙한 사람은 은혜에 감격이 있다. 십자가의 감격, 임마누엘의 감격이 신앙생활의 바탕이 되도록 만들어야만 한다.

① 감격이 없는 믿음은 죽은 믿음이다

"곡식과 새 포도주와 기름은 내가 그에게 준 것이요 그들이 바알을 위하여 쓴 은과 금도 내가 그에게 더하여 준 것이거늘 그가 알지 못하도다(호세아 2:8)"

감격이 없는 신앙은 주신 것을 가지고 우상을 섬기는 일에 사용하게 된다. 날마다 주님으로 감격하자. 말씀의 풍성함을 잃어버리지 마라.

"주 여호와의 말씀이니라 보라 날이 이를지라 내가 기근을 땅에 보내리니 양식이 없어 주림이 아니며 물이 없어 갈함이 아니요 여호와의 말씀

을 듣지 못한 기갈이라(아모스 8:11)"

② 세상은 하나님의 부요와 복을 교묘하게 흉내 낸다

흉내 낸 안전이 있다. 예를 들면 온 세상이 돈 앞에 머리를 숙이는 것 같다. 돈이 많으면 뭔가 다른 사람이라고 착각하게 만든다. 가짜 풍부가 영적인 풍부와 안전을 흉내 낸다.

3) 치료 방법을 알려 주신다(3:18)

> (3:18상) 내가 너를 권하노니 내게서 불로 연단한 금을 사서 부요하게 하고

은혜는 값없이 사서 부요하게 하라.

"너희 믿음의 확실함은 불로 연단하여도 없어질 금보다 더 귀하여 예수 그리스도께서 나타나실 때에 칭찬과 영광과 존귀를 얻게 할 것이니라(베드로전서 1:7)"

> (3:18중) 흰 옷을 사서 입어 벌거벗은 수치를 보이지 않게 하고

라오디게아 지역의 명품은 검은 광택의 양모였다. 검은 광택의 명품이 아닌 속죄의 흰 옷을 사서 벌거벗은 수치를 보이지 않게 하라고 하신다.

"여호와 하나님이 아담과 그의 아내를 위하여 가죽옷을 지어 입히시니라(창세기 3:21)"

예수를 통해 입혀주신 옷을 창세기에서 보여 주셨다. 값없이 살 수 있는 옷이다. 모든 은혜를 주셨다는 것에 설득되기만 하면 수치를 당하지 않고 승리한 삶을 누린다.

믿는 자에게 차별 없이 '하나님의 의'의 옷을 입혀 주셨다.

"이제는 율법 외에 하나님의 한 의가 나타났으니 율법과 선지자들에게 증거를 받은 것이라 곧 예수 그리스도를 믿음으로 말미암아 모든 믿는 자에게 미치는 하나님의 의니 차별이 없느니라(로마서 8:21-22)"

• **안약을 사서 눈에 발라 보게 하라**(3:18하)

보지 못하던 것을 볼 수 있게 되면 흔들 깃발이 있는 인생이 된다. 영의 눈을 뜨고 보라. 안약을 값없이 살 수 있다.

지혜와 계시의 눈을 주셨다. 우리 안에서 강력하게 활동하시는 하나님의 능력이 얼마나 크고 엄청난지를 인정하고 믿자(새번역 에베소서 1:19 참고).

4) 책망은 사랑이다(3:19)

(3:19상) 무릇 내가 사랑하는 자를 책망하여 징계하노니

사랑의 표현이 책망처럼 보일 때가 있다. 책망과 징계는 우리를 만들어 가시는 하나님의 열심이다. 책망을 아무에게나 할 수 있는 것이 아니다. 사랑할 때 책망이 통한다.

십자가의 결론에 설득당하라는 책망이 들린다면 복된 사람이다. 아이에게 "밥 먹으라"라는 명령은 사랑의 표현이다.

> (3:19하) 그러므로 네가 열심을 내라 회개하라

'하나님의 의'를 인정하고 임마누엘로 인정하는 열심을 내자. 감격하려고 열심을 내자. 예수께서 이루신 것에 설득되려고 열심을 내자.

5) 이기는 자는 보좌에 함께 앉게 하겠다(3:20-22)

> (3:20) 볼지어다 내가 문밖에 서서 두드리노니 누구든지 내 음성을 듣고 문을 열면 내가 그에게로 들어가 그와 더불어 먹고 그는 나와 더불어 먹으리라

지금도 문을 두드리신다. 환영하고 영접하기만 하면 된다. 값없이, 돈 없이 받으면 된다. 목마른 자가 마시기만 하면 우리 안에 좌정하셔서 영원히 함께 먹고, 마시며 같이 살게 된다. 함께 식사한다는 것은 같이 산다는 의미다. 믿는 당신에게 영원히 흐르는 생수의 강인 성령님이 넘쳐나고 있다.

"명절 끝날 곧 큰 날에 예수께서 서서 외쳐 이르시되 누구든지 목마르거든 내게로 와서 마시라 나를 믿는 자는 성경에 이름과 같이 그 배에서 생수의 강이 흘러나오리라 하시니(요한복음 7:37)"

> (3:21) 이기는 그에게는 내가 내 보좌에 함께 앉게 하여 주기를 내가 이기고 아버지 보좌에 함께 앉은 것과 같이하리라

당신은 이미 이겼음을 확인할 필요가 있다. 하나님의 열정이 당신을 이렇게 만드셨다.

"또 함께 일으키사 그리스도 예수 안에서 함께 하늘에 앉히시니(에베소서 2:6)"

> (3:22) 귀 있는 자는 성령이 교회들에게 하시는 말씀을 들을지어다

성령께서는 변함없이 우리에게 열정을 불어넣고 계신다. 성령의 음성에 예민하자. 성경에서 말하는 당신을 그대로 인정하고 믿고 주장하라. 예수를 잘 믿는 것은 온전한 나를 알게 되는 것이다.

하늘 문은 열려 있다.

요한이 본 하늘이 우리 몸 안에 있다는 사실을

아는 사람은 많지 않다.

마음의 문을 열면 하늘에 올라갈 수 있다.

하나님을 찬양하고 어린 양을 찬양하며

십사만 사천이 함께 경배하고 있는

당신의 모습을 볼 수 있을 것이다.

일곱 인(4장-7장)

4장 성부: 하나님께 찬양

성부 하나님은 창조주시다. 찬양하자. 성부께서 모든 것을 회복해 주셨기에 대가족이 함께 모여 잔치하고 있다. 성부께서 예수 그리스도를 통해 이루신 회복의 섭리는 놀라운 지혜 중의 지혜다.

1. 열린 하늘 문(4:1-3)

1) 올라오라(4:1)

> (4:1상) 이 일 후에 내가 보니 하늘에 열린 문이 있는데

① **이 일 후에**(1:10-3:22)와 연결된 환상이다.

② **내가 보니** 우리도 보자.

③ **하늘에 열린 문이 있는데**를 기억하자. 하늘에는 항상 열린 문이 있다. 하늘이 어디인가? 하나님이 계신 곳이다. 우리 몸이 하나님이 계시는 성전이다. 성전에 열린 문이 있다. 보좌로 들어가는 문이 열려 있다.

순교자 스데반도 이 문을 보았다.

"스데반이 성령 충만하여 하늘을 우러러 주목하여 하나님의 영광과 및 예수께서 하나님 우편에 서신 것을 보고 말하되 보라 하늘이 열리고 인자가 하나님 우편에 서신 것을 보노라 한대(사도행전 7:55-56)"

야곱도 이 문을 보았다.

"꿈에 본즉 사닥다리가 땅 위에 서 있는데 그 꼭대기가 하늘에 닿았고 또 본즉 하나님의 사자들이 그 위에서 오르락내리락하고 또 본즉 여호와께서 그 위에 서서 이르시되 나는 여호와니 너의 조부 아브라함의 하나님이요 이삭의 하나님이라 네가 누워 있는 땅을 내가 너와 네 자손에게 주리니(창세기 28:12-13)"

이사야도, 에스겔도, 다니엘도, 스가랴도, 많은 사람이 하늘의 열린 문을 보았다. 지금도 하늘의 문은 열려 있다. 우리에게 빛이 임했고 하나님의 영광이 우리 위에 임했다(이사야 60:1 참고). 우리 안에 보좌가 있고 하나님께서 임재하셨다. 천군 천사가 찬양하고, 이십사 장로가 엎드려 경배하고 있다. 당신도 그 자리에 있다. 하늘 문이 열려 있다.

4장은 11절까지 있는 짧은 장이다. 4장에 보좌를 13번이나 기록한 것을 볼 때 4장은 보좌 이야기가 핵심이다. 하나님 계신 보좌가 우리 몸 안에 있다.

당신이 믿음으로 마음을 열면 열린 하늘 문을 볼 수 있다.

보이는 세계와 보이지 않는 세계는 한 공간에 있다. 성경에 기록한 대로 그림을 그리고 열린 문을 보자.

당신 몸 안에 보좌가 있고, 천군 천사와 이십사 장로와 함께 경배드리는 당신의 모습을 보라. 당신도 그곳에 있다.

보좌 앞에 나가는 일은 쉬운 일이다. 당신이 마음만 열면 보이는 문이 있다. 말씀대로 믿는 믿음의 눈으로 볼 수 있는 문이다.

> (4:1중) 내가 들은 바 처음에 내게 말하던 나팔 소리 같은 그 음성이 이르되 이리로 올라오라

이 구절을 휴거로 보는 경우가 있는데 그렇지 않다. 요한이 본 환상을 조목조목 이어서 설명하고 있는 것이지, 시간 순서로 설명하는 것이 아님을 알아야 한다.

4장 이후를 휴거된 후 일어나는 일로 보면 예수께서 두 번 재림하시는 것으로 잘못 설명하며, 헷갈리게 된다. 한꺼번에 본 것을 조목조목 설명하고 있음으로 이해하고 보아야 한다.

1~3장에서 사용되던 단어가 4~5장에서도 반복해서 사용되는 것도

시간순으로 기록된 것이 아니라는 것을 입증한다.

흰 옷, 보좌, 열린 문 등이 그렇다. 4장 이후의 내용은 새로운 이야기가 아니다. 본 것을 조목조목 이야기하고 있고, 설명할수록 전체 그림이 보이기에 점진적으로 계시가 열리고 있다고 보아야 한다.

요한계시록은 이기는 자의 이야기다. 예수의 승리가 우리의 것이라는 말씀이다. 무서운 심판 앞에서도 이기는 자는 안전하다. 당신은 이겨놓고 싸우고 있다.

"이리로 올라오라"라는 말은 휴거가 아니다. 휴거는 소설이다. 휴거를 주장하는 사람은 이 구절을 휴거로 본다. 그들은 1~3장까지 교회시대이고, 4장 이후를 휴거 이후를 기록한 것으로 보는데 이는 잘못이다.

휴거는 어네스트 앵글리가 지은 소설일 뿐이다. 성경을 소설과 합작하는 것은 잘못된 일이고 틀린 일이다.

"주께서 호령과 천사장의 소리와 하나님의 나팔 소리로 친히 하늘로부터 강림하시리니 그리스도 안에서 죽은 자들이 먼저 일어나고 그 후에 우리 살아남은 자들도 그들과 함께 구름 속으로 끌어 올려 공중에서 주를 영접하게 하시리니 그리하여 우리가 항상 주와 함께 있으리라(데살로니가전서 4:16-17)"

이 말씀을 휴거라고 주장하기도 하는데 그런 뜻이 전혀 아니다. 성경은 문맥을 보며 해석해야 하는데 바로 앞 구절에 "우리가 주의 말씀으로 너희에게 이것을 말하노니 주께서 강림하실 때까지 우리 살아 남아 있는 자도 자는 자보다 결코 앞서지 못하리라(데살로니가전서 4:15)"라고 한다.

이 말씀은 재림할 때는 자는 자가 먼저 일어난 후에 살아 있는 자들과 함께 주님을 맞이한다는 말씀이지, 휴거를 설명한 것이 아니다. 휴거와 전혀 관계없는 구절이다. 자는 자들도 주님 오실 때 살아 있는 자와 똑같다는 말씀이다.

당신은 휴거되기 위해 사는 자가 아니다. 당신은 휴거를 준비하는 자가 아니다. 당신이 이 땅을 사는 목적은 복음을 전하기 위함이다. 휴거를 준비해야 한다는 주장을 따르게 되면 삶의 목적을 잃어버리게 하는 사탄의 전략에 넘어간다.

만약 휴거가 있다면 세상은 대혼란에 빠질 것이다. 비행기가 추락하고, 배가 파선되고, 도로들은 엉망이 되고 상상하지 못할 일이 벌어질 것이다. 질서의 하나님이심에도 맞지 않는다. 잘못된 가르침을 분별할 지혜가 필요하다.

> (4:1하) 이후에 마땅히 일어날 일들을 내가 네게 보이리라 하시더라

당신이 하나님의 일을 분명히 알기를 원하심을 기억하라. 하나님의 일이 무엇인가? 예수에 대한 일이다. 하나님의 영원한 계획을 반복하여 말씀하시며 복음을 설명하신다. 다급하게 말씀하고 계신다. "이 복음을 전하라!"

'보좌' 중심으로 모든 것이 회복되었다. 임마누엘은 모든 문제의 해결책이다. 이것을 이해하고, 회복된 교회, 당신의 정체성을 발견하고 복음을 말하자.

모든 것이 '보좌' 중심으로 회복되었음을 선포하고 말하자. '보좌'에 하나님께서 계시고, 어린 양 예수께서 계시고, 하나님의 일곱 영인 성령님이 계신다. 이십사 장로들, 즉 교회가 찬양을 한다. 네 생물, 즉 천군 천사들이 '보좌'를 중심으로 다 모여 찬양을 올린다. 흩어졌던 대식구가 모여 잔치를 한다. 어린 양의 희생으로 다시 모이게 된 엄청난 회복된 모임 속에 당신이 있다. 이것이 마땅히 일어날 일이다.

성부 하나님의 창조 계획이 마쳐졌다고 찬양한다. 보기에 심히 좋음을 찬양한다.

"우리 주 하나님이여 영광과 존귀와 권능을 받으시는 것이 합당하오니 주께서 만물을 지으신지라 만물이 주의 뜻대로 있었고 또 지으심을 받았나이다(요한계시록 4:11)"

이렇게 요한계시록 4장은 성부 하나님을 찬양한다. '하나님은 창조주이심'을 찬양하고, 5장은 성자 예수님을 찬양하며, 아름다운 대가족을 설명한다. '예수님은 구속주이심'을 찬양한다.

"큰 음성으로 이르되 죽임을 당하신 어린 양은 능력과 부와 지혜와 힘과 존귀와 영광과 찬송을 받으시기에 합당하도다(요한계시록 5:12)"

회복된 대가족, 교회의 회복되고 사탄은 멸망했다. 우리도 찬양하자. 십자가를 통해서 하신 일을 찬양하자.

요한계시록은 '어린 양 예수 그리스도의 구원하심과 심판'을 보여 준다. 요한계시록을 보는 큰 맥이다. 예수 그리스도께서 완성하신 승리가 우리 것임을 알려 주고 있다.

"이 후에 마땅히 일어날 일들"은 승리뿐이다. 십자가로 완성하신 신부, 거룩한 신부가 새 예루살렘 성이 되어 신랑의 품에 안겼다. 짐승들은 유황불에 던져진다.

"또 내가 보매 거룩한 성 새 예루살렘이 하나님께로부터 하늘에서 내려오니 그 준비한 것이 신부가 남편을 위하여 단장한 것 같더라(요한계시록 21:2)"

"짐승이 잡히고 그 앞에서 표적을 행하던 거짓 선지자도 함께 잡혔으니 이는 짐승의 표를 받고 그의 우상에게 경배하던 자들을 표적으로 미혹하던 자라 이 둘이 산 채로 유황불 붙는 못에 던져지고(요한계시록 19:20)"

2) 성령에 감동되어 성부 하나님을 보다(4:2-3)

(4:2상) 내가 곧 성령에 감동되었더니

'엔 프뉴마'는 '성령 안에서'라는 뜻이다. 요한은 성령에 감동되어 영의 세계를 보았다. 지금도 주님은 성령의 감동으로 성경을 통해 영의 세계를 보여 주고 계신다.

> (4:2하-3) 보라 하늘에 보좌를 베풀었고 그 보좌 위에 앉으신 이가 있는데 앉으신 이의 모양이 벽옥과 홍보석 같고 또 무지개가 있어 보좌에 둘렸는데 그 모양이 녹보석 같더라

당신 몸을 성전 삼으시고 보좌를 베푸셨다. 보좌 위에 앉으신 이가 있다. 앉으신 이의 모양이 벽옥과 홍보석 같다. 보석은 신부를 단장한 신랑의 사랑이다. 신랑의 마음이다.

"일곱 대접을 가지고 마지막 일곱 재앙을 담은 일곱 천사 중 하나가 나아와서 내게 말하여 이르되 이리 오라 내가 신부 곧 어린 양의 아내를 네게 보이리라 하고 성령으로 나를 데리고 크고 높은 산으로 올라가 하나님께로부터 하늘에서 내려오는 거룩한 성 예루살렘을 보이니 하나님의 영광이 있어 그 성의 빛이 지극히 귀한 보석 같고 벽옥과 수정같이 맑더라(요한계시록 21:9-11)"

당신은 대제사장의 의복에 박힌 보석이다.

"네 줄로 보석을 물리되 첫 줄은 홍보석 황옥 녹주옥이요 둘째 줄은 석류석 남보석 홍마노요 셋째 줄은 호박 백마노 자수정이요 넷째 줄은 녹보석 호마노 벽옥으로 다 금 테에 물릴지니 이 보석들은 이스라엘 아들

들의 이름대로 열둘이라 보석마다 열두 지파의 한 이름씩 도장을 새기
는 법으로 새기고(출애굽기 28:17-21)"

교회가 하나님의 영광을 입었다. 당신은 아름다운 보석, 하나님의
영광을 입은 자이다. 당신에게 빛이 임했고 하나님의 영광이 당신 위
에 있다.

"일어나라 빛을 발하라 이는 네 빛이 이르렀고 여호와의 영광이 네 위에
임하였음이니라(이사야 60:1)"

2. 보좌 주변을 보라(4:4-9)

(4:4) 또 보좌에 둘려 이십사 보좌들이 있고 그 보좌들 위에 이십사 장
로들이 흰 옷을 입고 머리에 금관을 쓰고 앉았더라

보좌 둘레에 이십사 장로들이 흰 옷을 입고 있다. 누가 흰 옷을 입
을 수 있는가?

"그러나 사데에 그 옷을 더럽히지 아니한 자 몇 명이 네게 있어 흰 옷을
입고 나와 함께 다니리니 그들은 합당한 자인 연고라(요한계시록 3:4)"

"이기는 자는 이와 같이 흰 옷을 입을 것이요 내가 그 이름을 생명책에

서 결코 지우지 아니하고 그 이름을 내 아버지 앞과 그의 천사들 앞에서 시인하리라(요한계시록 3:5)"

"이 흰 옷 입은 자들이 누구며 또 어디서 왔느냐 내가 말하기를 내 주여 당신이 아시나이다 하니 그가 나에게 이르되 이는 큰 환난에서 나오는 자들인데 어린 양의 피에 그 옷을 씻어 희게 하였느니라(요한계시록 7:13-14)"

흰 옷을 입고 면류관을 쓸 수 있는 사람은 어린 양의 신부인 당신이다. 교회다. 당신과 내가 교회다. 이십사 장로와 함께 하나님의 백성, 교회가 되었다.

대제사장의 의복 어깨와 흉패의 이름을 합하면 이십사가 된다. 당신은 예수님의 어깨에 있는 자랑이다. 예수님의 가슴에 있는 사랑이다. 어찌 감격하지 않겠는가!

> (4:5) 보좌로부터 번개와 음성과 우렛소리가 나고 보좌 앞에 켠 등불 일곱이 있으니 이는 하나님의 일곱 영이라

성부께서 앉은 보좌로부터 번개와 음성과 우렛소리가 난다. 보좌 앞에 등불 일곱, 즉 하나님의 일곱 영이 있다. 하나님께서 나타나실 때의 장면이다.

"셋째 날 아침에 우레와 번개와 빽빽한 구름이 산 위에 있고 나팔 소리가 매우 크게 들리니 진중에 있는 모든 백성이 다 떨더라(출애굽기 19:16)"

사람들이 두려워 감히 가까이 가지 못하지만, 당신은 하나님과 함께 보좌에 앉아 있다. '보좌로부터 번개와 음성과 우렛소리'로 오실 분이 죄인들에겐 무섭게 보이지만, 당신에겐 그리움이다.

"천사가 향로를 가지고 제단의 불을 담아다가 땅에 쏟으매 우레와 음성과 번개와 지진이 나더라(요한계시록 8:5)"

"이에 하늘에 있는 하나님의 성전이 열리니 성전 안에 하나님의 언약궤가 보이며 또 번개와 음성들과 우레와 지진과 큰 우박이 있더라(요한계시록 11:19)"

(4:6상) 보좌 앞에 수정과 같은 유리 바다가 있고

---

① 바다는 옛 뱀이 올라오던 곳이다

바다는 사탄이 올라오던 곳이다. 새 하늘과 새 땅에는 다시 바다가 없다. 유리 바다로 만드셨다. 풍랑 이는 바다를 잔잔하게 하셨다. 옛 뱀이 올라오는 바다를 잔잔한 바다로 바꾸셨다.

"큰 짐승 넷이 바다에서 나왔는데 그 모양이 각각 다르더라(다니엘 7:3)"

② 유리 바다가 되었다

"모세와 아론과 나답과 아비후와 이스라엘 장로 칠십 인이 올라가서 이스라엘의 하나님을 보니 그의 발아래에는 청옥을 편 듯하고 하늘같이 청명하더라(출애굽기 24:9-10)"

하나님의 발아래가 청옥을 편 듯하고 하늘같이 청명하다. 하나님께서 계신 곳의 유리 바다의 모습이다.

솔로몬이 만든 성소 앞의 거대한 물두멍을 '바다'라고 칭했다. 하나님 앞에 나가려면 이 바다를 통과해야만 했다. 당신은 이제 유리 바다 위에 있다.

"또 바다를 부어 만들었으니 그 직경이 십 규빗이요 그 모양이 둥글며 그 높이는 다섯 규빗이요 주위는 삼십 규빗 줄을 두를 만하며 그 가장자리 아래에는 돌아가며 박이 있는데 매 규빗에 열 개씩 있어서 바다 주위에 둘렸으니 그 박은 바다를 부어 만들 때에 두 줄로 부어 만들었으며 (열왕기상 7:23-24)"

③ 유리 바다는 천군 천사들이 대기하는 장소다

유리 바다는 유리도 아니고 바다도 아니다. 바다 위에서 아래를 훤히 내려다볼 수 있다. 심부름꾼 천사들은 우리가 영의 기도를 하거나, 예수의 이름으로 명하기를 기다린다. 예수의 이름으로 명할 때 천사는 바빠진다. 쏜살같이 날갯짓을 하며 날아와 일거리가 생겼다고 기뻐서 어쩔 줄 몰라 한다.

"향연이 성도의 기도와 함께 천사의 손으로부터 하나님 앞으로 올라가는지라(요한계시록 8:4)"

(4:6하-9) 보좌 가운데와 보좌 주위에 네 생물이 있는데 앞뒤에 눈들이 가득하더라 7 그 첫째 생물은 사자 같고 그 둘째 생물은 송아지 같고 그 셋째 생물은 얼굴이 사람 같고 그 넷째 생물은 날아가는 독수리 같은데 8 네 생물은 각각 여섯 날개를 가졌고 그 안과 주위에는 눈들이 가득하더라 그들이 밤낮 쉬지 않고 이르기를 거룩하다 거룩하다 거룩하다 주 하나님 곧 전능하신 이여 전에도 계셨고 이제도 계시고 장차 오실 이시라 하고 9 그 생물들이 보좌에 앉으사 세세토록 살아 계시는 이에게 영광과 존귀와 감사를 돌릴 때에

① 네 생물 이야기다. 네 생물은 천사들이다.

"보좌 가운데와 보좌 주위에 네 생물이 있는데 앞뒤에 눈들이 가득하더라(4:6하)"

네 생물이 에스겔 1장과 이사야 6장에도 나온다.

"그 속에서 네 생물의 형상이 나타나는데 그들의 모양이 이러하니 그들에게 사람의 형상이 있더라(에스겔 1:5)"

"그 생물들은 번개 모양같이 왕래하더라(에스겔 1:14)"

에스겔은 이들이 그룹들이라고 에스겔 10장에서 여러 번 설명하고 있다.

"이에 내가 보니 그룹들 머리 위 궁창에 남보석 같은 것이 나타나는데

그들 위에 보좌의 형상이 있는 것 같더라(에스겔 10:1)"

이사야도 그가 본 천사를 표현하고 있다.

"웃시야 왕이 죽던 해에 내가 본즉 주께서 높이 들린 보좌에 앉으셨는데 그의 옷자락은 성전에 가득하였고 스랍들이 모시고 섰는데 각기 여섯 날개가 있어 그 둘로는 자기의 얼굴을 가리었고 그 둘로는 자기의 발을 가리었고 그 둘로는 날며(이사야 6:1-2)"

② 천사는 아담이 지켜야 했던 에덴을 대신 지키게 되었다. 하나님 께서는 천사에게 에덴을 다스리며 보살피게 했다.

"이같이 하나님이 그 사람을 쫓아내시고 에덴동산 동쪽에 그룹들과 두루 도는 불 칼을 두어 생명나무의 길을 지키게 하시니라(창세기 3:24)"

③ 성막의 천사를 이해할 필요가 있다. 성막의 모든 기구, 즉 번제 단, 물두멍, 떡 상, 향단, 촛대 등은 예수 그리스도를 상징한다. 그런데 성막의 천에 천사들을 새겨 넣었다.

"너는 산에서 보인 양식대로 성막을 세울지니라 너는 청색 자색 홍색 실과 가늘게 꼰 베 실로 짜서 휘장을 만들고 그 위에 그룹들을 정교하게 수 놓아서(출애굽기 26:30-31)"

④ 천사는 구속 사역 현장에 함께 있다. 언약궤 위에도 그룹이 있

다. 언약궤 안에는 인간의 실패를 상징하는 '아론의 싹 난 지팡이와 만나 항아리와 십계명 돌판'을 그룹이 감싸 안고 있다. 언약궤 위에 피가 뿌려질 때 하나님께서는 인간의 실패와 실수를 보지 않으시고 뿌려진 피를 보시고 용서하셨다. 이렇게 재창조와 관계된 하나님의 임재의 현장에는 언제나 그룹들이 등장한다.

지금도 우리 주변에는 천사들이 활동하고 있다. '만물이 주의 뜻대로' 있는 곳마다 그룹들이 있다.

3. 이십사 장로들과 함께 찬양(4:10-11)

> (4:10) 이십사 장로들이 보좌에 앉으신 이 앞에 엎드려 세세토록 살아계시는 이에게 경배하고 자기의 관을 보좌 앞에 드리며 이르되

어린 양을 보는 순간 영원한 찬양의 힘이 생긴다. 어린 양의 보좌 앞에 면류관을 벗어 던질 수밖에 없다. 이 말은 예수를 바로 이해하면 영원한 찬양이 터진다는 말이다.

복음을 알고 사람들을 그리스도의 형상으로 변화시킬 수 있는 엄청난 과업을 감당했다는 사실 앞에, 이 어마어마하고 위대한 일에 쓰임 받았음에 감격할 수밖에 없다.

영광의 잔치가 열릴 때, 우리가 복음을 전했고, 가르치고, 훈련 시켰던 구령자들이 우리의 면류관이 되어 예수 그리스도 발 앞에 바쳐질 것이다.

> (4:11) 우리 주 하나님이여 영광과 존귀와 권능을 받으시는 것이 합당하오니 주께서 만물을 지으신지라 만물이 주의 뜻대로 있었고 또 지으심을 받았나이다 하더라

하나님은 영광과 존귀를 받으시기에 합당하신 분이시다. 하나님의 창조 계획은 실패될 수 없다. 사탄의 방해가 하나님의 계획을 변하게 할 수 없다.

요한계시록에는 하나님의 창조가 주의 뜻대로 되었음을 찬양하고 있다. 예수 그리스도를 통한 하나님의 섭리는 어떤 지혜보다 뛰어나다.

5장 성자: 어린 양께

　5장은 성자 예수 그리스도에 대한 찬양이다. 어린 양 예수 그리스도와 함께하는 하나님의 일곱 영이 구원받은 대가족과 함께 모여 아버지와 아들을 찬양하고 있다.

　"어린 양 예수 그리스도는 구속주이시다"라고 찬양한다.

　마지막 장인 22장에서도 어린 양 예수 그리스도를 찬양하며 마무리한다.

　"또 그가 수정 같이 맑은 생명수의 강을 내게 보이니 하나님과 및 어린 양의 보좌로부터 나와서 길 가운데로 흐르더라 강 좌우에 생명나무가 있어 열두 가지 열매를 맺되 달마다 그 열매를 맺고 그 나무 잎사귀들은 만국을 치료하기 위하여 있더라 다시 저주가 없으며 하나님과 그 어린 양의 보좌가 그 가운데에 있으리니 그의 종들이 그를 섬기며 그의 얼굴을 볼 터이요 그의 이름도 그들의 이마에 있으리라 다시 밤이 없겠고 등

불과 햇빛이 쓸데없으니 이는 주 하나님이 그들에게 비치심이라 그들이 세세토록 왕 노릇 하리로다(요한계시록 22:1-5)"

1. 일곱 인으로 봉한 책(5:1)

(5:1) 내가 보매 보좌에 앉으신 이의 오른손에 두루마리가 있으니 안팎으로 썼고 일곱 인으로 봉하였더라

① 당시 사람들은 일곱 인으로 봉했다는 것이 얼마나 중요한 문서인지를 금방 알아들을 수 있었다. 고대로부터 계약서를 쓰거나 유언장을 쓸 때는 앞뒤로 기록해 일곱 인을 봉했다. 일곱 증인이 도장을 찍었다는 의미다. 일곱 증인이 도장을 찍는다는 것은 틀림없는 사실을 증명하는 증명서다. 틀림없이 실현된다는 의미다. 증명하는 내용을 앞면에 상세히 기록하고, 뒷면에는 요약한 내용을 기록했다. 이 서류를 가질 수 있고 열어 볼 수 있는 분은 죽임당하셨다가 다시 살아나신 의로우신 어린 양 예수 그리스도뿐인 것은 당연하다고 선포한다.

"오직 그리스도는 죄를 위하여 한 영원한 제사를 드리시고 하나님 우편에 앉으사(히브리서 10:12)"

일곱 인으로 봉한 책은 예수 그리스도를 통한 하나님의 창조 계

획, 즉 복음이 적혀 있는 책이다. 믿는 자에게는 엄청난 복이지만, 믿지 않는 자에게는 무서운 심판이다.

② 두루마리가 보좌에 앉으신 이의 오른손에 들려 있다. 오른손, 누구도 건드릴 수 없는 권세의 손에 있다는 것이다. 하나님의 주권의 손에 두루마리가 있다.

③ 5장~12장까지의 내용을 살펴보자.

5장에서 일곱 인으로 봉해진 두루마리를 어린 양이 취해

6장에서 여섯째 인까지 뗀 후에 "그들의 진노의 큰 날이 이르렀으니 누가 능히 서리요 하더라(요한계시록 6:17)"라고 탄식한다.

7장에서 능히 설 수 있는 자들이 나온다. 큰 환난에서 나오는 자들은 어린 양의 피에 그 옷을 씻어 희게 된 자들이라는 것이다. 인침을 받은 십사만 사천과 흰 옷 입은 큰 무리다. 십사만 사천은 12×12×1000=144,000인데, 하나님 백성의 완전함과 충만함을 가진 교회를 말한다. 십자가의 은혜로 완전히 새롭게 되어 구원을 받은 무리이다. 인을 뗄 때는 6장 마지막에 진노의 큰 날에 누가 능히 서겠느냐는 탄식 앞에 교회가 능히 설 수 있다는 것이다. 육신이 연약해서 도저히 할 수 없는 것을 하나님께서 하셨다.

"어린 양의 피에 그 옷을 씻어 희게 하였느니라(요한계시록 7:14하)"라고 하신다.

8~9장의 나팔 재앙도 같은 이야기다. 결론에서는 끝까지 회개하지 않는 자들을 언급한다.

"이 재앙에 죽지 않고 남은 사람들은 손으로 행한 일을 회개하지 아니하고 오히려 여러 귀신과 또는 보거나 듣거나 다니거나 하지 못하는 금, 은, 동과 목석의 우상에게 절하고 또 그 살인과 복술과 음행과 도둑질을 회개하지 아니하더라(요한계시록 9:20-21)"

인을 떼는 것과 나팔을 부는 것은 같은 이야기다. 인을 뗀 후에는 믿는 자들, 즉 구원받은 교회 이야기를 하고 있고, 나팔을 불고 난 다음에는 회개하지 않는 자들을 이야기하고 있다. 믿는 자는 복이고, 믿지 않는 자는 무서운 심판이 있다고 말씀한다. 같은 이야기의 반복이다.

10장에서 구원받은 자가 작은 책을 받아먹는 이야기를 하는데, 에스겔 3장처럼 책을 먹고 나니 입에는 꿀 같으나 배에는 쓰다. 복음의 조명을 받아 말씀을 먹으면 입에는 달지만, 복음이 전해지지 못하는 것 때문에 속에서는 쓰다. 쓰디쓴 마음 때문에 복음을 전할 수밖에 없게 된다.

속에서 쓴 일로 인해 **11장**에 두 증인이 일어난다. 두 증인이란 거짓 없는 분명한 진리라는 뜻이다. 증언할 때 무저갱에서 올라온 사탄은 엄청난 방해를 한다. 사탄의 방해는 전략적이다.

12장에선 용이 복음 운동을 방해하는데, 교회가 낳은 아이, 즉 예수가 증거되는 일을 못 하도록 물을 토하여 아이와 여인이 떠내려가도록 애쓴다. 다른 복음을 토하여 교회를 혼란시키는 것이다.

- **4장**: 하나님
- **5장**: 어린 양
- **6장**: 인
- **7장**: 십사만 사천
- **8-9장**: 나팔
- **10장**: 작은 책
- **11장**: 두 증인
- **12장**: 용과 물

성경을 읽으면 쉬워진다. 숲을 보고, 나무를 보는 눈이 필요하다. 말씀은 갑자기 새로운 이야기를 하는 것이 아니라 해 오셨던 복음을 반복해서 말씀하신다.

에스겔서를 보라. 이미 말씀하신 것을 또 말씀하신다.

"또 그가 내게 이르시되 인자야 너는 발견한 것을 먹으라 너는 이 두루마리를 먹고 가서 이스라엘 족속에게 말하라 하시기로 내가 입을 벌리니 그가 그 두루마리를 내게 먹이시며 내게 이르시되 인자야 내가 네게 주는 이 두루마리를 네 배에 넣으며 네 창자에 채우라 하시기에 내가 먹으니 그것이 내 입에서 달기가 꿀 같더라(에스겔 3:1-3)"

에스겔 때도 복음의 긴박성은 여전했다. 개인의 종말도 우주적 종말과 똑같은 종말이다. 우주적 종말만을 공부하려고 하는 실수를 하지 말자. 개인의 종말을 먼저 보는 지혜 있는 자가 되자.

(5:2-3) 또 보매 힘있는 천사가 큰 음성으로 외치기를 누가 그 두루마리를 펴며 그 인을 떼기에 합당하냐 하나 3 하늘 위에나 땅 위에나 땅 아래에 능히 그 두루마리를 펴거나 보거나 할 자가 없더라

누가 두루마리를 펴며 인을 떼기에 합당하겠는가?

"다른 이로써는 구원을 받을 수 없나니 천하 사람 중에 구원을 받을 만한 다른 이름을 우리에게 주신 일이 없음이라 하였더라(사도행전 4:12)"

아무도 구원의 길을 열 수 있는 자는 없다. 예수만이 구원의 길이요, 부족함이 없는 길이다.

"그러므로 형제들아 우리가 예수의 피를 힘입어 성소에 들어갈 담력을 얻었나니 그 길은 우리를 위하여 휘장 가운데로 열어 놓으신 새로운 살 길이요 휘장은 곧 그의 육체니라(히브리서 10:19-20)"

지성소로 나갈 수 있는 길, 두루마리 속에 담긴 내용을 열어서 보여 줄 분은 예수뿐이다.

> (5:4) 그 두루마리를 펴거나 보거나 하기에 합당한 자가 보이지 아니하기로 내가 크게 울었더니

요한은 복음의 문이 열려야 함을 알고 통곡한다. 요한은 인을 뗄 자가 없어서 크게 운다. 왜 크게 울겠는가? 복음의 비밀을 알았기 때문이다. 우리도 가는 곳곳마다 복음의 문이 열리도록 크게 울자.

2. 어린 양만이 봉한 책을 떼신다(5:5-7)

> (5:5) 장로 중의 한 사람이 내게 말하되 울지 말라 유대 지파의 사자 다윗의 뿌리가 이겼으니 그 두루마리와 그 일곱 인을 떼시리라 하더라

다윗의 뿌리를 발견한 사람은 울지만 않는다. 창세기에 일찍부터 말씀하신 하나님의 계획을 보라.

"유다는 사자 새끼로다 내 아들아 너는 움킨 것을 찢고 올라갔도다 그가 엎드리고 웅크림이 수사자 같고 암사자 같으니 누가 그를 범할 수 있으랴(창세기 49:9)"

아담을 깊이 잠들게 한 후 하와를 낳듯이 예수가 죽어 신부인 교회를 낳으셨다. 완벽한 계획이 예수를 보내셨다.

일곱 인을 뗀다는 말은 인을 뗄 때마다 열리고 또 열린다는 말이 아니다. 본래 의미는 두루마리를 여니 인이 떼어진다는 말인데 복음이 열릴 때마다 구원받는 무리가 있고, 멸망당하는 무리도 있다는 것이다. 영적 전쟁은 치열하다. 마귀는 계속 물을 토해 구원을 방해한다.

> (5:6) 내가 또 보니 보좌와 네 생물과 장로들 사이에 한 어린 양이 서 있는데 일찍이 죽임을 당한 것 같더라 그에게 일곱 뿔과 일곱 눈이 있으니 이 눈들은 온 땅에 보내심을 받은 하나님의 일곱 영이더라

일찍 죽임당한 어린 양은 지금도 살아 계신 부활의 주님이시다. 부활을 믿는다는 것은 지금도 우리와 함께하시는 주님을 믿는 것이다. 본문을 보라. 부활하신 주님은 보좌와 천사와 장로들 사이에 계신다. 아버지 하나님과 천군 천사와 성도들 사이에 계신다. 하나님의 일곱 영인 성령도 함께하신다는 것에 감격하자. 삼위일체 하나님께서 당신과 함께하신다.

> (5:7) 그 어린 양이 나아와서 보좌에 앉으신 이의 오른손에서 두루마리를 취하시니라

어린 양이 성부 하나님의 오른손에서 두루마리를 취하신다. 예수를 통해 복음이 나타났다. 다른 복음은 없다. 당신 안에 영원히 함께하시는 예수 그리스도만이 구원의 길이다.

"다른 복음은 없나니 다만 어떤 사람들이 너희를 교란하여 그리스도의

복음을 변하게 하려 함이라 그러나 우리나 혹은 하늘로부터 온 천사라
도 우리가 너희에게 전한 복음 외에 다른 복음을 전하면 저주를 받을지
어다(갈라디아서 1:7-8)"

"어리석도다 갈라디아 사람들아 예수 그리스도께서 십자가에 못 박히신
것이 너희 눈 앞에 밝히 보이거늘 누가 너희를 꾀더냐(갈라디아서 3:1)"

3. 어린 양을 찬양하라(5:8-14)

> (5:8) 그 두루마리를 취하시매 네 생물과 이십사 장로들이 그 어린 양
> 앞에 엎드려 각각 거문고와 향이 가득한 금 대접을 가졌으니 이 향은
> 성도의 기도들이라

두루마리를 취하신, 복음의 말씀을 성취하신 어린 양 앞에 모두 엎
드려 찬양과 경배를 드린다. 복음의 성취를 선포하며 엎드리는 것이
기도임을 발견하는 것은 복 중의 복이다.
기도는 하나님의 뜻을 선포하며 말하고 감사하는 것이다.

"천사가 향로를 가지고 제단의 불을 담아다가 땅에 쏟으매 우레와 음성
과 번개와 지진이 나더라(요한계시록 8:5)"

예수께서 이루신 일을 선포하고 기뻐하자. 기도는 하나님의 뜻에

화답하는 아름다운 향기다. 기도는 승리의 선포다.

"그래도 이스라엘 족속이 이같이 자기들에게 이루어 주기를 내게 구하여야 할지라(에스겔 37:36중)"

기도는 응답받을 때까지 하는 것이 아니다. 기도한 것은 받은 줄로 믿으라고 하셨는데, 이 말은 이미 받은 것을 기도하라는 말씀이다. 이방인은 많이 말해야 들어 주실 줄 알아, 중언부언하지만 그러지 말라고 하시면서 너희 구할 것을 천부께서 다 아신다고 하셨다(마태복음 6:32 참조).

중언부언하지 말아야 할 기도가 있고, 쉬지 말고 해야 하는 기도가 있다. 쉬지 말고 하는 기도는 말씀을 붙잡고, 하나님의 뜻을 말하며, 주장하며 감사와 감격하라는 말씀이다. 기도하는 당신은 날마다 감격해야 한다. 하나님의 계획이 당신 생각에 채워지면 승리한 확신과 감격이 넘치게 된다.

'하나님의 의'가 된 당신은 하나님의 믿음, 즉 100%의 믿음을 갖고 있다. 믿음으로 의롭게 되기에 하나님의 의가 된 당신은 하나님의 믿음이 되었다는 말과 같은 말이다. 당신에게 '하나님의 의'가 있고, 하나님의 믿음, 즉 100%의 믿음이 주어졌다. 당신이 말할 때 기사와 표적이 따르게 되는 이유가 여기 있다. 기도는 금 대접에 담긴 향이다.

(5:9-10) 그들이 새 노래를 불러 이르되 두루마리를 가지시고 그 인봉을 떼기에 합당하시도다 일찍이 죽임을 당하사 각 족속과 방언과 백성과 나라 가운데에서 사람들을 피로 사서 하나님께 드리시고 그들로 우리 하나님 앞에서 나라와 제사장들을 삼으셨으니 그들이 땅에서 왕 노릇 하리로다 하더라

① 일찍이 죽임을 당하심을 찬양한다(5:9중)
② 죄 사함의 은총이 모든 족속과 백성과 나라 가운데 누구에게나 미칠 수 있음을 찬양한다(5:9하)
③ 예수의 죽음이 성도에게 제사장과 왕 노릇 할 수 있게 하셨음을 찬양한다(5:10)

"그러나 너희는 택하신 족속이요 왕 같은 제사장들이요 거룩한 나라요 그의 소유가 된 백성이니 이는 너희를 어두운 데서 불러 내어 그의 기이한 빛에 들어가게 하신 이의 아름다운 덕을 선포하게 하려 하심이라(베드로전서 2:9)"

찬양하자. 복음에 감격하자. 왕으로 삼아 주신 주님을 찬양하자. 십자가로 '하나님의 의'를 주셔서 영원히 함께하시는 주님께 감격하며 감사드리고 찬양하자. 제사장으로, 왕으로, 선지자답게 이 땅을 살자.

(5:11-12) 내가 또 보고 들으매 보좌와 생물들과 장로들을 둘러 선 많은 천사의 음성이 있으니 그 수가 만만이요 천천이라 큰 음성으로 이르되 죽임을 당하신 어린 양은 능력과 부와 지혜와 힘과 존귀와 영광과 찬송을 받으시기에 합당하도다 하더라

수많은 천사가 합세하여 어린 양을 찬양하는 광경이다. 네 생물과 이십사 장로와 함께하는 찬양, 어린 양 예수께서 하신 일에 감격하는 찬양이다. 죽음을 이기시고 부활하신 어린 양은 영원히 찬양받으시기에 합당하신 분이다.

성전 건축을 위해 모든 것을 다 드린 다윗도 그렇게 찬양했다. 당신도 나도 모든 것을 다 팔아 보화이신 주님을 샀다. 모든 보화가 그분 안에 있기에 찬양한다. 어린 양 예수를 보는 사람은 찬양할 수밖에 없다. 영원히 함께하게 된 주님이 좋고 귀해서 찬양하지 않을 수 없다.

"다윗이 온 회중 앞에서 여호와를 송축하여 이르되 우리 조상 이스라엘의 하나님 여호와여 주는 영원부터 영원까지 송축을 받으시옵소서 여호와여 위대하심과 권능과 영광과 승리와 위엄이 다 주께 속하였사오니 천지에 있는 것이 다 주의 것이로소이다 여호와여 주권도 주께 속하였사오니 주는 높으사 만물의 머리이심이니이다 부와 귀가 주께로 말미암고 또 주는 만물의 주재가 되사 손에 권세와 능력이 있사오니 모든 사람을 크게 하심과 강하게 하심이 주의 손에 있나이다(역대상 29:10-12)"

구원받은 우리는 찬양과 경배를 드림이 마땅함을 알고 있다. 영원한 찬양을 울려 퍼지게 하자.

① <u>모든 힘이 그리스도께 속했음을 찬양하자</u>
② <u>존귀가 어린 양께 속했음을 찬양하자</u>
③ <u>영광이 어린 양께 속했음을 찬양하자</u>

④ 찬송 받으시기에 합당하신 어린 양을 찬양하자

⑤ 예수님의 능력이 나의 능력이 되었음을 찬양하자

⑥ 어린 양께 속한 모든 부가 나의 부가 된 것을 찬양하자

⑦ 어린 양의 지혜가 나의 지혜가 되었음을 찬양하자

(5:13-14) 내가 또 들으니 하늘 위에와 땅 위에와 땅 아래와 바다 위에와 또 그 가운데 모든 피조물이 이르되 보좌에 앉으신 이와 어린 양에게 찬송과 존귀와 영광과 권능을 세세토록 돌릴지어다 하니 14 네 생물이 이르되 아멘 하고 장로들은 엎드려 경배하더라

모든 만물이 찬양하며 서로 아멘 하고 화답한다. 당신도 함께 찬양하고 있다. 당신도 그 앞에 엎드려 경배하고 있다. 할렐루야!

요한계시록은 시간 순서로 기록한 책이 아니다. 본 것을 조목조목 설명하고 있는 책이다. 12장에서 예수님의 초림을 다시 언급하는 것을 봐도 시간 순서가 아님을 알 수 있다.

인, 나팔, 대접 재앙이 4·3 구조로 되어 있다.

인을 뗄 때마다 말이 나오다가 다섯 번째 인을 뗄 때는 그림이 달라진다. 나팔, 대접 다섯 번째에는 그림이 달라지는 것을 볼 수 있다. 일곱 번째 인과 첫 번째 나팔은 연결되고, 일곱 번째 나팔은 첫 번째 대접 재앙과 연결된다.

인 재앙에서는 땅의 1/4, 나팔 재앙에서는 1/3, 대접 재앙에서는 전체가 멸망하는데, 재앙이 점점 강하게 나타난다.

6장은 여섯 번째 인까지 뗀 후 "그들의 진노의 큰 날이 이르렀으니 누가 능히 서리요(요한계시록 6:17)"라고 하나님의 심판 앞에 설 사람이 없음을 선포한다.

복음의 소식이 전해지는 곳, 복음의 두루마리가 퍼지는 곳마다 구원과 재앙이 동시에 있음을 볼 수 있다.

1. 첫째인, 흰 말-정복자(6:1-2)

> (6:1) 내가 보매 어린 양이 일곱 인 중의 하나를 떼시는데 그 때에 내가 들으니 네 생물 중의 하나가 우렛소리 같이 말하되 오라 하기로

인을 떼시는 광경을 요한에게 보여 주셨다. 인은 교회를 대적하는 세력의 멸망을 보여 주는데 세상의 권력이 교회를 핍박하고 그들이 이기는 것 같지만, 승리는 예수 그리스도의 손에 있다는 것을 알게 하신다.

> (6:2) 이에 내가 보니 흰 말이 있는데 그 탄 자가 활을 가졌고 면류관을 받고 나아가서 이기고 또 이기려고 하더라

① 말 탄 자
흰 말, 붉은 말, 검은 말, 청황색 말 순서로 나오는데 말 탄 자가 누

구인지는 중요하지 않다. 스가랴도 말했다.

"내가 밤에 보니 한 사람이 붉은 말을 타고 골짜기 속 화석류나무 사이에 섰고 그 뒤에는 붉은 말과 자줏빛 말과 백마가 있기로 내가 말하되내 주여 이들이 무엇이니이까 하니 내게 말하는 천사가 내게 이르되 이들이 무엇인지 내가 네게 보이리라 하니 화석류나무 사이에 선 자가 대답하여 이르되 이는 여호와께서 땅에 두루 다니라고 보내신 자들이니라그들이 화석류나무 사이에 선 여호와의 천사에게 말하되 우리가 땅에두루 다녀 보니 온 땅이 평안하고 조용하더이다 하더라(스가랴 1:8-11)"

"땅에 두루 다니라고 보내신 자들"을 기억하자. 무엇을 전하라고 보냄을 받은 자인가? 10년 만에 멈추어 서버린 스룹바벨의 성전 건축을책망하고 건축을 촉구하는 메시지다.

당신 몸이 성전 된 것을 알고, 옆 사람이 성전이 되도록 도우라는말씀이다. 믿는 자에게는 엄청난 복이고, 믿지 않는 자에게는 무서운심판이 있음을 당신이 분명히 알고 알게 하라는 말씀이다. 인을 떼고, 나팔을 불고, 대접을 쏟아부을 때마다 무서운 저주와 재앙이 있다. 당신은 성전 건축자다. 당신이 아는 자에게, 당신이 만나는 자에게 복음을 전해야 한다.

② 흰 말

요한은 흰 말을 보았다. 두루마리를 여니 첫째 인이 떼어질 때 "흰말이 있는데 그 탄 자가 활을 가졌고 면류관을 받고 나아가서 이기고또 이기려고" 한다. 복음의 문이 열릴 때 활과 면류관을 가진 흰 말

타신 예수 그리스도께서 이기고 또 이기신다.

"또 내가 하늘이 열린 것을 보니 보라 백마와 그것을 탄 자가 있으니 그 이름은 충신과 진실이라 그가 공의로 심판하며 싸우더라 그 눈은 불꽃 같고 그 머리에는 많은 관들이 있고 또 이름 쓴 것 하나가 있으니 자기밖에 아는 자가 없고 또 그가 피 뿌린 옷을 입었는데 그 이름은 하나님의 말씀이라 칭하더라 하늘에 있는 군대들이 희고 깨끗한 세마포 옷을 입고 백마를 타고 그를 따르더라 그의 입에서 예리한 검이 나오니 그것으로 만국을 치겠고 친히 그들을 철장으로 다스리며 또 친히 하나님 곧 전능하신 이의 맹렬한 진노의 포도주 틀을 밟겠고 그 옷과 그 다리에 이름을 쓴 것이 있으니 만왕의 왕이요 만주의 주라 하였더라(요한계시록 19:11-16)"

백마 타신 예수께서 만국을 치고 맹렬한 진노의 포도주 틀을 밟으신다. 19장에서는 예수님의 입에서 검이 나오는 것으로, 6장에서는 활을 가지신 것으로 묘사했는데 같은 이야기다. 전쟁에서 굉장히 두려운 존재라는 것이다. 오늘로 말하면 핵무기 버튼을 가진 것과 같다. 첫째 인에서 예수 그리스도를 이기는 자, 승리자, 정복자이심을 보여 준다.

2. 둘째인, 붉은 말-전쟁(6:3-4)

> (6:3-4) 둘째 인을 떼실 때에 내가 들으니 둘째 생물이 말하되 오라 하니 4 이에 다른 붉은 말이 나오더라 그 탄 자가 허락을 받아 땅에서 화평을 제하여 버리며 서로 죽이게 하고 또 큰 칼을 받았더라

속이는 자의 기질대로 예수님 비슷한 모습으로 말을 타고 나타난다. 도둑질하기 위해서다.

"도둑이 오는 것은 도둑질하고 죽이고 멸망시키려는 것뿐이요(요한복음 10:10상)"

사탄은 붉은 말을 타고 싸우자고 달려든다. 사탄은 거짓의 아비이다. 죄의 법을 이용해 당신을 속이려고 할 것이다. 모르면 속는다. 당신이 마음으로는 하나님의 법을 육신으로는 죄의 법을 섬기게 되는 것은 정상임을 아는 것이 중요하다. 바울 같은 믿음의 사람도 그렇게 고백했다(로마서 7:25 참고). 중요한 것은 그럼에도 불구하고 당신을 정죄하지 않는 것이다.

"그러므로 이제 그리스도 예수 안에 있는 자에게는 결코 정죄함이 없나니(로마서 8:1)"

마귀는 붉은 말을 타고 나타나 속이지만 현혹되어 스스로를 정죄하지 말고 하나님의 의를 주장하라. 이것이 영의 생각이요, 영적 전쟁

에서 승리하는 비결이다.

당시 도미티안 황제 때 기독교인들에 대한 박해가 극에 달했다. AD 95년~96년경이다. 마귀는 정치, 경제, 문화, 사회, 철학 등을 통해 영적 전쟁을 걸어온다. 바울은 이러한 세상을 헛된 속임수라고 말했다 (골로새서 2:8 참고). 마귀는 주님 주신 영의 생각을 앗아 간다.

승리한 것을 알고 하는 전쟁은 쉽다. 승리한 것을 모르는 자는 고난인 줄만 알고 고통당한다고만 생각한다.

3. 셋째인, 검은 말-기근(6:5-6)

> (6:5-6) 셋째 인을 떼실 때에 내가 들으니 셋째 생물이 말하되 오라 하기로 내가 보니 검은 말이 나오는데 그 탄 자가 손에 저울을 가졌더라 6 내가 네 생물 사이로부터 나는 듯한 음성을 들으니 이르되 한 데나리온에 밀 한 되요 한 데나리온에 보리 석 되로다 또 감람유와 포도주는 해치지 말라 하더라

검은 말이 나오는데 그 탄 자가 손에 저울을 가졌다. 흉년과 기근을 측정하는 저울이다. 네 생물 사이에서 나는 소리가 "한 데나리온에 밀 한 되요 한 데나리온에 보리 석 되로다"라고 한다. 심한 흉년과 기근을 말한다.

흉년과 기근은 물이 없어 생기는 일이다. 에스겔도 이 흉년이 물이 없는 흉년이라고 말했다. 복음 시대 전반에 걸쳐서 일어나는 일을 보

여 준다.

"또 내게 이르시되 인자야 내가 예루살렘에서 의뢰하는 양식을 끊으리
니 백성이 근심 중에 떡을 달아 먹고 두려워 떨며 물을 되어 마시다가 떡
과 물이 부족하여 피차에 두려워하여 떨며 그 죄악 중에서 쇠패하리라
(에스겔 4:16-17)"

보통 하루 임금이었던 한 데나리온으로 밀 12되 정도, 보리 36되
정도를 구할 수 있었지만, "한 데나리온에 밀 한 되요 한 데나리온에
보리 석 되로다"라고 하는 것은 극심한 흉년과 기근을 말하는 것이
다. 말씀이 많은 것 같지만 마실 물이 제대로 없는, 온전한 복음의 말
씀이 메말라 버린 시대를 말하고 있다.

감람나무와 포도나무라도 베어내고 기근의 때에 농사를 지으려고
하니 부자들이 자기들이 먹는 음식이라고 베지 못하게 한다. 흉년과
기근에도 그들은 감람유와 포도주로 즐기고 있다. 거짓 물인 다른 복
음을 먹이고 자기 배만 불리는 거짓 선지자들이다.

"주 여호와의 말씀이니라 보라 날이 이를지라 내가 기근을 땅에 보내리
니 양식이 없어 주림이 아니며 물이 없어 갈함이 아니요 여호와의 말씀
을 듣지 못한 기갈이라(아모스 8:11)"

"여자의 뒤에서 뱀이 그 입으로 물을 강 같이 토하여 여자를 물에 떠내
려 가게 하려 하되(요한계시록 12:15)"

"다른 복음은 없나니 다만 어떤 사람들이 너희를 교란하여 그리스도의 복음을 변하게 하려 함이라 그러나 우리나 혹은 하늘로부터 온 천사라도 우리가 너희에게 전한 복음 외에 다른 복음을 전하면 저주를 받을지어다(갈라디아서 1:7-8)"

바울은 에베소 장로들에게 흔들리지 않고 든든히 설 수 있는 길이 말씀에 있다고 부탁한다. 마귀는 다른 복음을 토하여 흔들어 영적 흉년과 기근이 오게 하지만, 주와 은혜의 말씀만이 우리를 든든히 세운다는 것을 기억하자.

"내가 떠난 후에 사나운 이리가 여러분에게 들어와서 그 양 떼를 아끼지 아니하리니(사도행전 20:29)"

"지금 내가 여러분을 주와 및 그 은혜의 말씀에 부탁하노니 그 말씀이 여러분을 능히 든든히 세우사 거룩하게 하심을 입은 모든 자 가운데 기업이 있게 하시리라(사도행전 20:32)"

4. 넷째인, 청황색 말-사망(6:7-8)

(계6:7-8) 넷째 인을 떼실 때에 내가 넷째 생물의 음성을 들으니 말하되 오라 하기로 8 내가 보매 청황색 말이 나오는데 그 탄 자의 이름은 사망이니 음부가 그 뒤를 따르더라 그들이 땅 사 분의 일의 권세를 얻어 검과 흉년과 사망과 땅의 짐승들로써 죽이더라

청황색은 푸르스름한 죽음의 빛, 시체의 색깔을 의미한다. 말 탄 자의 이름도 '사망'이라고 한다. 심판과 저주와 재앙을 내리시는 내용이다. 사망이 땅 사 분의 일의 권세를 얻어 검과 흉년과 사망과 땅의 짐승들이 죽인다.

인구조사를 했던 다윗에게 갓 선지자를 보내서 하신 말씀이다.

"혹 삼 년 기근이든지 혹 네가 석 달을 적군에게 패하여 적군의 칼에 쫓길 일이든지 혹 여호와의 칼 곧 전염병이 사흘 동안 이 땅에 유행하며 여호와의 천사가 이스라엘 온 지경을 멸할 일이든지라고 하셨나니 내가 무슨 말로 나를 보내신 이에게 대답할지를 결정하소서 하니(역대상 21:12)"

예레미야를 통해서도 말씀하셨다.

"그들이 금식할지라도 내가 그 부르짖음을 듣지 아니하겠고 번제와 소제를 드릴지라도 내가 그것을 받지 아니할 뿐 아니라 칼과 기근과 전염병으로 내가 그들을 멸하리라(예레미야 14:12)"

에스겔을 통해서도 말씀하셨다.

"너희 가운데에서 삼 분의 일은 전염병으로 죽으며 기근으로 멸망할 것이요 삼 분의 일은 너의 사방에서 칼에 엎드러질 것이며 삼 분의 일은 내가 사방에 흩어 버리고 또 그 뒤를 따라가며 칼을 빼리라(에스겔 5:12)"

믿지 않는 자가 당할 심판을 표현한 것이다. 십자가는 믿는 자에게는 생명이지만 믿지 않는 자에게는 심판이 있다.

요한계시록은 시간 순서대로 기록한 책이 아니다. 믿는 자와 복음을 받지 않는 자의 결론을 말씀한다. 듣고 믿으라고 하신다. 심판 아래 있는 자들을 건져내라고 주신 말씀이다.

청황색 말 탄 자는 땅의 사 분의 일을 죽일 정도의 권세가 있다. 적그리스도가 나타나 땅의 사 분의 일이나 되는 많은 수가 따라가면 사람들은 진짜인 줄 알고 더 따른다. 복음은 좁은 문이다.

"좁은 문으로 들어가라 멸망으로 인도하는 문은 크고 그 길이 넓어 그리로 들어가는 자가 많고(마태복음 7:13)"

"좁은 문으로 들어가기를 힘쓰라 내가 너희에게 이르노니 들어가기를 구하여도 못하는 자가 많으리라(누가복음 13:24)"

5. 다섯째인, 순교자들-심판 호소(6:9-11)

(6:9) 다섯째 인을 떼실 때에 내가 보니 하나님의 말씀과 그들이 가진 증거로 말미암아 죽임을 당한 영혼들이 제단 아래에 있어

다섯째 인을 떼실 때 죽임을 당한 영혼들이 나온다. 누가 죽임을

당했던가? 예수 그리스도께서 죽임을 당했다. 그때 우리도 죽임을 당했다.

> "무릇 그리스도 예수와 합하여 세례를 받은 우리는 그의 죽으심과 합하여 세례를 받은 줄을 알지 못하느냐(로마서 6:3)"

죄에 대하여 죽임을 당하지 않은 자는 영원한 죽음을 맞이하게 된다. 죽임을 당한 자들은 '하나님의 말씀과 그들이 가진 증거로 말미암아 죽임을 당한 영혼들'이었다. 하나님의 말씀대로 죽임을 당한 자는 복된 자이다. 우리는 죽임당한 자다.

> "이와 같이 너희도 너희 자신을 죄에 대하여는 죽은 자요 그리스도 예수 안에서 하나님께 대하여는 살아 있는 자로 여길지어다(로마서 6:11)"

죽임당한 우리가 제단 앞에서 주님의 뜻을 선포하며 이 땅의 구원을 호소하며 하나님의 마음을 흡족하게 한다.

> (6:10) 큰 소리로 불러 이르되 거룩하고 참되신 대주재여 땅에 거하는 자들을 심판하여 우리 피를 갚아 주지 아니하시기를 어느 때까지 하시려 하나이까 하니

당신과 나는 제단 아래 모여 기도하는 자다. 제단이 어디인가? 주님과 함께 죽임당한 곳이다. 의롭게 된 곳이다.
"거룩하고 참되신 대주재여 땅에 거하는 자들을 심판하여 우리 피

를 갚아 주지 아니하시기를 어느 때까지 하시려 하나이까"라고 기도한다. 이 기도는 "언제 주님 다시 오실 것입니까?"라는 재림을 기다리는 기도이다.

재림을 기다리는 기도는 온 천하에 복음이 증거되기를 바라는 기도다. 스데반처럼, 예수님처럼 기도하며 세상이 구원받기를 기도한다.

"주여 이 죄를 그들에게 돌리지 마옵소서(사도행전 7:60)"

> (6:11) 각각 그들에게 흰 두루마기를 주시며 이르시되 아직 잠시 동안 쉬되 그들의 동무 종들과 형제들도 자기처럼 죽임을 당하여 그 수가 차기까지 하라 하시더라

성도에게 흰 두루마리를 주시며 잠깐 쉬라고 하신다. 우리는 주님의 재림을 기다리며 쉬고 있는 자다. 주께서 주신 안식을 누리는 자다. 당신은 주님 안에서 안식하는 자다. 안식은 피곤해서 쉬는 것이 아니다. 그림을 그리다가 점 하나라도 더 찍으면 오히려 그림을 버리게 되는 완벽함이다. 그래서 붓을 놓는다. 당신은 부족함이 없어 안식하는 자다.

십자가에서 죽어야 할 자들이 다 죽고 나면 주님은 오실 것이다. 2천 년 전에 죽은 예수와 함께 어떻게 죽을 수 있는가? 놀라운 비밀이다. "죽임을 당하여 그 수가 차기까지"라는 말은 믿는 자가 차기까지라는 말이다. 예수를 믿어 그 수가 차기까지 우리는 흰 옷을 입고 이땅에서 안식을 누리며 잠시 쉬고 있다.

우리가 복음 전하는 삶은 안식의 삶이다. 영원토록 함께하시는 주님과 함께 이 땅을 살며 전도하는 삶이 안식하는 삶이다. 안식과 함께 믿는 자의 표적을 가지고 사는 자다.

"믿는 자들에게는 이런 표적이 따르리니 곧 그들이 내 이름으로 귀신을 쫓아내며 새 방언을 말하며 뱀을 집어 올리며 무슨 독을 마실지라도 해를 받지 아니하며 병든 사람에게 손을 얹은즉 나으리라 하시더라(마가복음 16:17-18)"

두라 평지에 세워진 금 신상은 대단해 보였고, 일곱 배나 더 강하게 달구어졌던 풀무 불은 엄청나게 위협적이었다. 그런데 결과는 어떠했던가? 도리어 역전되어 느부갓네살 왕이 하나님을 찬양하지 않던가!

이것이 우리 모습이다. 어떤 핍박이나 상황도 예수 안에서 죽는 자의 수가 차게 되는 일을 앞당길 뿐이다. 우리는 승리한 세상을 살고 있다.

코로나19로 인해 교회가 예배하는 일이 위협당하는 것 같아도 주 안에서 우리는 안식하며 복음을 전해야 한다.

6. 여섯째인, 어린 양-진노와 공포(6:12-17)

(6:12) 내가 보니 여섯째 인을 떼실 때에 큰 지진이 나며 해가 검은 털로 짠 상복같이 검어지고 달은 온통 피같이 되며

잠시 쉬는 기간이 끝이 난다. 그 후엔 무서운 심판이 있다. 땅도, 해도, 달도 아름답게 보이거나 유익하지 않다. 믿지 않는 자들에게 앞이 깜깜한 일이 벌어진다.

> (6:13-14) 하늘의 별들이 무화과나무가 대풍에 흔들려 설익은 열매가 떨어지는 것 같이 땅에 떨어지며 14 하늘은 두루마리가 말리는 것 같이 떠나가고 각 산과 섬이 제 자리에서 옮겨지매

우리는 예수와 함께 죽어 모든 심판을 받고 죄가 해결되었지만, 믿지 않는 저들에게는 죄의 심판이 일어난다.

하늘의 별이 절대 아름답게 여겨질 수가 없게 된다. 하나님의 심판은 무섭고 맹렬하다. 이런 표현이 반복되는데, 반복하는 것은 시급한 일임을 강조하여 알리고 싶으셔서 그렇게 하셨다.

"번개와 음성들과 우렛소리가 있고 또 큰 지진이 있어 얼마나 큰지 사람이 땅에 있어 온 이래로 이같이 큰 지진이 없었더라 큰 성이 세 갈래로 갈라지고 만국의 성들도 무너지니 큰 성 바벨론이 하나님 앞에 기억하신 바 되어 그의 맹렬한 진노의 포도주 잔을 받으매 각 섬도 없어지고 산악도 간데없더라(요한계시록 16:18-20)"

가히 상상하지 못할 하나님의 심판이 있다.

"또 그들을 미혹하는 마귀가 불과 유황 못에 던져지니 거기는 그 짐승과 거짓 선지자도 있어 세세토록 밤낮 괴로움을 받으리라 또 내가 크고 흰

보좌와 그 위에 앉으신 이를 보니 땅과 하늘이 그 앞에서 피하여 간 데 없더라(요한계시록 20:10-11)"

개인의 종말과 우주적 종말의 때에 있을 심판의 크기는 같은 심판으로 말로 표현할 수 없는 심판이다.

때를 얻든지, 못 얻든지 전해야 하는 이유가 여기에 있다. 내가 아는 사람, 내가 만나는 사람에게 복음을 전해야 한다.

바벨론을 향한 심판을 표현하시면서도 말씀하셨다.

"하늘의 별들과 별 무리가 그 빛을 내지 아니하며 해가 돋아도 어두우며 달이 그 빛을 비추지 아니할 것이로다 그러므로 나 만군의 여호와가 분하여 맹렬히 노하는 날에 하늘을 진동시키며 땅을 흔들어 그 자리에서 떠나게 하리니(이사야 13:10-11)"

"열국이여 너희는 나아와 들을지어다 민족들이여 귀를 기울일지어다 땅과 땅에 충만한 것, 세계와 세계에서 나는 모든 것이여 들을지어다 하늘의 만상이 사라지고 하늘들이 두루마리 같이 말리되 그 만상의 쇠잔함이 포도나무 잎이 마름 같고 무화과나무 잎이 마름 같으리라(시사야 34:1, 4)"

요엘 선지자도 선포했다.

"여호와의 크고 두려운 날이 이르기 전에 해가 어두워지고 달이 핏빛 같이 변하려니와 누구든지 여호와의 이름을 부르는 자는 구원을 얻으리니 이는 나 여호와의 말대로 시온 산과 예루살렘에서 피할 자가 있을 것임이요 남은 자 중에 나 여호와의 부름을 받을 자가 있을 것임이니라(요엘 2:31-32)"

에스겔을 통해 애굽의 심판을 말씀하시면서도 계시하셨다.

"내가 너를 불 끄듯 할 때에 하늘을 가리어 별을 어둡게 하며 해를 구름으로 가리며 달이 빛을 내지 못하게 할 것임이여 8 하늘의 모든 밝은 빛을 내가 네 위에서 어둡게 하여 어둠을 네 땅에 베풀리로다 주 여호와의 말씀이니라(에스겔 32:7-8)"

이렇게 성경 전반을 걸쳐 심판의 때가 얼마나 무서운지 알려 주신다. 예수님의 십자가가 우리에겐 임마누엘의 복이지만, 믿지 않으면 심판의 십자가이다. 그날이 가깝다. 우리의 사명이 시급하다.

(6:15-17) 땅의 임금들과 왕족들과 장군들과 부자들과 강한 자들과 모든 종과 자유인이 굴과 산들의 바위틈에 숨어 16 산들과 바위에게 말하되 우리 위에 떨어져 보좌에 앉으신 이의 얼굴에서와 그 어린 양의 진노에서 우리를 가리라 17 그들의 진노의 큰 날이 이르렀으니 누가 능히 서리요 하더라

임금도, 왕족도, 장군도, 부자도 숨을 곳을 찾게 된다. 부자로 살고 명예와 지위, 권력을 갖고 있던 자들이 예수 믿지 않고 이 땅을 마치는 날에 당할 충격이다. 이 땅에서 누리고 편하게 산 사람일수록 마지막 날에 당하는 충격이 더 클 것이다. 얼마나 놀라겠는가?

굴과 산들의 바위틈에 숨어 산들과 바위에 대고 제발 도와달라고 말해도 소용이 없다. 벌벌 떨게 될 것이다.

아! 비참함이여! 우리 주변 가까운 식구나 자녀가 이런 일을 당하도록 버려두어선 안 된다.

하나님께서 그 수가 차기까지 사랑의 기회를 주시고 계신다. 무서운 날이 임하기 전에 우리가 할 일이 있다.

여섯 번째 인을 뗀 후 이렇게 선포한다.
"그들의 진노의 큰 날이 이르렀으니 누가 능히 서리요"

아무도 그 앞에 설 자가 없다.
말라기도 그렇게 표현했다.

"그가 임하시는 날을 누가 능히 당하며 그가 나타나는 때에 누가 능히 서리요 그는 금을 연단하는 자의 불과 표백하는 자의 잿물과 같을 것이라(말라기 3:2)"

아무도 하나님의 심판을 피할 자가 없다. 그런데 7장에서 우리에게 소망을 주신다.

7장 십사만 사천(7:1-17)

1. 네 천사(7:1)

> (7:1) 이 일 후에 내가 네 천사가 땅 네 모퉁이에 선 것을 보니 땅의 사
> 방의 바람을 붙잡아 바람으로 하여금 땅에나 바다에나 각종 나무에
> 불지 못하게 하더라

7장은 6장 마지막의 "그들의 진노의 큰 날이 이르렀으니 누가 능히
서리요(요한계시록 16:17)"라고 한 것에 대한 대답이다.

복음의 정립이 분명하지 못하면 보좌 앞에 있는 당신에 대한 확신
이 헛갈릴 수밖에 없다. 주님이 나를 찾아오셔서 하나님의 의를 주시
고 영원토록 함께하신다는 확신 있는 믿음이 있게 되면 능력의 삶을
살게 된다. 당신의 입술로 예수 이름의 권세를 말하며 선포하는 것이
얼마나 엄청난지를 알게 된다.

네 천사를 이해하기 위해 스가랴의 예언을 보자.

"내가 또 눈을 들어 본즉 네 병거가 두 산 사이에서 나오는데 그 산은 구
리 산이더라 첫째 병거는 붉은 말들이, 둘째 병거는 검은 말들이, 셋째
병거는 흰 말들이, 넷째 병거는 어룽지고 건장한 말들이 메었는지라 내
가 내게 말하는 천사에게 물어 이르되 내 주여 이것들이 무엇이니이까
하니 천사가 대답하여 이르되 이는 하늘의 네 바람인데 온 세상의 주 앞
에 서 있다가 나가는 것이라 하더라(스가랴 6:1-5)"

네 천사가 "하늘의 네 바람"이라고 한다. 우리는 6장에서 네 말 탄
자를 보았다. 네 천사가 이들을 붙잡고 있다. 왜 붙들고 있는지 3절에
말하고 있다.

2. 인을 가진 천사(7:2-3)

(7:2-3) 또 보매 다른 천사가 살아 계신 하나님의 인을 가지고 해 돋는
데로부터 올라와서 땅과 바다를 해롭게 할 권세를 받은 네 천사를 향
하여 큰 소리로 외쳐

하나님의 인을 가진 천사가 올라온다. 심판을 가져올 네 천사를 향
하여 크게 소리친다. "잠깐만!"이라고 외친다.

하나님의 천사가 "하나님의 종들의 이마에 인치기까지 땅이나 바다나 나무들을 해하지" 못하도록 막고 있다. 구원 얻을 자가 구원 얻기까지 진노의 날을 막아서고 있다는 말이다. 사랑의 표현이다.

> (7:3) 이르되 우리가 우리 하나님의 종들의 이마에 인치기까지 땅이나 바다나 나무들을 해하지 말라 하더라

하나님의 인을 가진 천사는 다급하게 말한다. "아직 아니야! 기다려! 이마에 인을 쳐야 할 사람들이 있어! 잠깐!"이라고 소리치고 있다.

애굽에서 죽음의 천사가 문설주에 피를 바른 하나님의 인을 친 집을 뛰어 넘어가듯 오늘도 인칠 사람을 찾고 계신 하나님이시다.

오늘도 시간이 우리에게 주어져 있는 것은 하나님의 사랑이요, 인내하심 때문이다. 구원받을 자가 구원받아야 한다.

당신과 나는 이 일을 위해 오늘을 살고 있다는 사실을 알고 예수의 이름으로 복음을 전하기만 한다면 주님은 표적으로 함께하실 것이다.

6장 11절에 "아직 잠시 동안 쉬되 그들의 동무 종들과 형제들도 자기처럼 죽임을 당하여 그 수가 차기까지 하라"고 하신 하나님의 말씀은 하나님의 마음이다.

예수님과 함께 십자가에 죽은 자들이 찰 때까지 기다리시는 것이 하나님의 뜻이다. 당신과 나는 하나님의 뜻을 이루기 위해 이 땅에서 구원 얻을 자를 찾는 일을 하는 자다.

3. 십사만 사천(7:4-8)

> (7:4-8) 내가 인침을 받은 자의 수를 들으니 이스라엘 자손의 각 지파 중에서 인침을 받은 자들이 십사만 사천이니

"그들의 진노의 큰 날이 이르렀으니 누가 능히 서리요(요한계시록 16:17)"에 대한 대답이다. 능히 하나님 앞에 설 수 있는 자들은 인침을 받은 자다. 그 수가 십사만 사천이다.

십사만 사천이란 구원받은 주님의 백성, 완전히 충만한 수, 구원받은 자가 하나님의 완전한 만족이 된다는 말이다.

하나님께서 만족하실 때까지 구원받을 사람을 지금도 기다리신다. 구원받는 완전한 무리가 찰 때 재림하실 것이다.

> "각각 그들에게 흰 두루마기를 주시며 이르시되 아직 잠시 동안 쉬되 그들의 동무 종들과 형제들도 자기처럼 죽임을 당하여 그 수가 차기까지 하라 하시더라(요한계시록 6:11)"

> (7:5-8) 유다 지파 중에 인침을 받은 자가 일만 이천이요 르우벤 지파 중에 일만 이천이요 갓 지파 중에 일만 이천이요 6 아셀 지파 중에 일만 이천이요 납달리 지파 중에 일만 이천이요 므낫세 지파 중에 일만 이천이요 7 시므온 지파 중에 일만 이천이요 레위 지파 중에 일만 이천이요 잇사갈 지파 중에 일만 이천이요 8 스불론 지파 중에 일만 이천이요 요셉 지파 중에 일만 이천이요 베냐민 지파 중에 인침을 받은 자가 일만 이천이라

지파마다 일만 이천이다. 열두 지파이니까 십사만 사천이다. 지파마다 일만 이천으로 똑같다. 이 말은 예수 믿고 구원받는 자에게는 차별 없는 의를 주시고 완벽하게 만족하신다는 말씀이다.

십사만 사천은 상징적인 숫자다. 12 × 12 × 1,000인데 12는 완전수이며 144는 12의 제곱으로 완전한 충만 수를 의미한다. 1,000은 만 수(10)의 3배다. 12라는 수는 하나님의 수 3과 사람의 수 4를 곱한 수다. 하나님과 사람이 하나 되는 완전수가 12라는 숫자다.

이스라엘 지파도 12지파이고, 예수님의 제자도 12명이었다. 또 요한계시록 21장의 새 예루살렘 성이 144 규빗으로 12 곱하기 12인데 완전한 하나님의 만족을 말씀한 것이다.

하나님은 신부인 우리는 보시고 완벽하게 만족하신다. 우리는 그런 자다. 당신은 거룩해져 가는 신부가 아니라 거룩한 신부다.

"그 성곽을 측량하매 백사십사 규빗이니 사람의 측량 곧 천사의 측량이라(요한계시록 21:17)"

열두 지파 이름의 순서와 어떤 지파 이름이 빠지고 어떤 지파가 들어갔고 하는 것은 중요하지 않다. 파고들고 공부하려고 하면 시간만 낭비하고 머리만 아픈 일이다. 영적 이스라엘을 설명하기 위해 불규칙적으로 나열했다. 중요한 것은 단순하다. 십사만 사천은 구원받은 당신과 나다.

4. 찬양과 경배(7:9-12)

> (7:9) 이 일 후에 내가 보니 각 나라와 족속과 백성과 방언에서 아무도 능히 셀 수 없는 큰 무리가 나와 흰 옷을 입고 손에 종려 가지를 들고 보좌 앞과 어린 양 앞에 서서

십사만 사천을 능히 셀 수 없는 큰 무리로도 표현하고 있다. 구원받은 당신과 나는 이 무리와 함께 흰 옷을 입고 종려 가지를 들고 어린 양 앞에 섰다. 서 있는 모습만 보아도 찬양하기 위함임을 알 수 있다. 흰 옷 입은 자들만이 그 자리에 설 수 있다.

"그러나 사데에 그 옷을 더럽히지 아니한 자 몇 명이 네게 있어 흰 옷을 입고 나와 함께 다니리니 그들은 합당한 자인 연고라(요한계시록 3:4)"

이기는 자에게 이같이 흰 옷을 입을 것이라고 했다.

"이기는 자는 이와 같이 흰 옷을 입을 것이요 내가 그 이름을 생명책에서 결코 지우지 아니하고 그 이름을 내 아버지 앞과 그의 천사들 앞에서 시인하리라(요한계시록 3:5)"

능히 셀 수 없는 큰 무리가 나와 흰 옷을 입고 손에 종려 가지를 들고 보좌 앞과 어린 양 앞에 찬양하기 위해 모였다.

> (7:10-11) 큰 소리로 외쳐 이르되 구원하심이 보좌에 앉으신 우리 하나님과 어린 양에게 있도다 하니 11 모든 천사가 보좌와 장로들과 네 생물의 주위에 서 있다가 보좌 앞에 엎드려 얼굴을 대고 하나님께 경배하여

흥분되는 광경이 아닌가! 십자가에서 죽으시고 부활하신 어린 양 앞에 드리는 구원받은 자의 찬양과 경배를 보라.

어린 양을 뵙는 순간 영원히 찬양할 에너지가 생겨 터져 나오는 찬양과 경배를 보라. 자원하여 드릴 수밖에 없는 경배의 현장 속에 있는 황홀한 당신을 보라. 내 몸엔 지금 전율이 흐르고 있다.

이 광경이 영화롭게 된 당신의 모습이다. 영화롭게 된 흰 옷 입은 셀 수 없는 큰 무리는 천사들과 함께 찬양과 경배를 올리며, 저절로 보좌 앞에 엎드려 얼굴을 바닥에 댈 수밖에 없다. 영화롭게 된 당신의 행복한 모습 그 자체다.

"또 미리 정하신 그들을 또한 부르시고 부르신 그들을 또한 의롭다 하시고 의롭다 하신 그들을 또한 영화롭게 하셨느니라(로마서 8:30)"

이미 영화롭게 되었지만, 육의 생각 때문에 비록 이 땅에서 성화의 삶을 살 수밖에 없는 우리이지만, 우리를 영화롭게 하셨음을 성경을 통해 믿고 인정하고 받아들이는 연습을 하자. 이 땅에서도 당신은 천국을 살고 있다. 당신 몸이 하나님의 성전이요, 성정 안에 보좌가 있고, 어린 양이 보좌에 좌정하셨고, 천군 천사들과 이십사 장로와 함께 당신은 경배하고 있다.

> (7:12) 이르되 아멘 찬송과 영광과 지혜와 감사와 존귀와 권능과 힘이
> 우리 하나님께 세세토록 있을지어다 아멘 하더라

본문을 다시 한번 읽고 12절의 고백을 해 보라. 고함치며, 박수 치
며, 고백하고, 아멘 하라.

5. 흰 옷 입은 자들(7:13-14)

> (7:13) 장로 중 하나가 응답하여 나에게 이르되 이 흰 옷 입은 자들이
> 누구며 또 어디서 왔느냐

흰 옷 입은 자들이 누구며 어디서 왔는지 분명히 알게 하고 싶어 질
문을 한다.

> (7:14) 내가 말하기를 내 주여 당신이 아시나이다 하니 그가 나에게 이
> 르되 이는 큰 환난에서 나오는 자들인데 어린 양의 피에 그 옷을 씻어
> 희게 하였느니라

요한은 "내 주여 당신이 아시나이다"라고 대답한다. 성경이 말씀하
는 것이 진실이라는 고백이다. 말씀하는 대로 믿겠다는 고백이다. 당
신과 나는 우리 생각이 그렇게 여겨지지 않아도 성경이 말하면 믿기
로 한 자다.

흰 옷 입은 자들은 큰 환난에서 나오는 자들인데 어린 양의 피에 그 옷을 씻어 희게 한 자들이라고 알려 주신다. 구원의 유일한 길을 말씀해 주신다. 어린 양의 피로 씻음 받은 자만이 흰 옷을 입을 수 있다. 구원의 길을 주신 주님을 찬양한다.

"다른 이로써는 구원을 받을 수 없나니 천하 사람 중에 구원을 받을 만한 다른 이름을 우리에게 주신 일이 없음이라 하였더라(사도행전 4:12)"

"예수는 우리가 범죄한 것 때문에 내줌이 되고 또한 우리를 의롭다 하시기 위하여 살아나셨느니라(로마서 4:25)"

6. 흰 옷 입은 자의 복(7:15-17)

> (7:15) 그러므로 그들이 하나님의 보좌 앞에 있고 또 그의 성전에서 밤낮 하나님을 섬기매 보좌에 앉으신 이가 그들 위에 장막을 치시리니

예수 안에 있는 자의 모습이다. 밤낮으로 성전 안에서 하나님을 섬긴다. 지금도 우리는 "그의 성전에서 밤낮 하나님을 섬기"는 영화의 삶을 사는 자다.

보좌에 앉으신 분이 "그들 위에 장막을" 치셨다. 우리 위에 임재하셨다. 우리는 임재 속에 영원히 살고 있다. 하나님의 임재 속에 있는 것을 알고 사는 것이 예수 믿는 삶이다. 당신은 하나님의 임재 속에

있다.

> (7:16) 그들이 다시는 주리지도 아니하며 목마르지도 아니하고 해나
> 아무 뜨거운 기운에 상하지도 아니하리니

당신은 여호와가 목자 되시니 부족함이 없는 자다. 다시 주리지도, 목마르지도 아니하고 상하지도 않는 자다. 신나지 않는가? 당신도 다 윗이 부른 노래를 부를 수 있다.

"여호와는 나의 목자시니 내게 부족함이 없으리로다 그가 나를 푸른 풀 밭에 누이시며 쉴 만한 물가로 인도하시는도다 내 영혼을 소생시키고 자기 이름을 위하여 의의 길로 인도하시는도다 내가 사망의 음침한 골짜 기로 다닐지라도 해를 두려워하지 않을 것은 주께서 나와 함께 하심이라 주의 지팡이와 막대기가 나를 안위하시나이다 주께서 내 원수의 목전에 서 내게 상을 차려 주시고 기름을 내 머리에 부으셨으니 내 잔이 넘치나 이다 내 평생에 선하심과 인자하심이 반드시 나를 따르리니 내가 여호 와의 집에 영원히 살리로다(시편 23:1)"

> (7:17) 이는 보좌 가운데에 계신 어린 양이 그들의 목자가 되사 생명수
> 샘으로 인도하시고 하나님께서 그들의 눈에서 모든 눈물을 씻어 주
> 실 것임이라

당신 몸에 보좌가 있다. 보좌 가운데 어린 양이 목자가 되신다니 환 상적이다. 생명수 샘으로 인도하신다. 영원히 흐르는 생수의 강이 당

신 안에서 흘러넘치고 있다. 나이아가라 폭포보다 더 크고 웅장하게 성령의 생수의 강이 당신 안에 흐르고 있다. 모든 눈물을 씻어 주신 다. 본문을 주장하며 선포하며 감격으로 읽어보라.

7장은 6장 마지막의 "그들의 진노의 큰 날이 이르렀으니 누가 능히 서리요(요한계시록 16:17)"라고 한 것에 대한 대답이다.

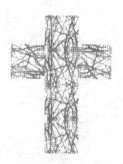

일곱 인은 어린 양이 뗀다. 일곱 나팔은 일곱 천사가 분다. 8장에서 첫째 나팔부터 넷째 나팔을, 9장에서 다섯째 나팔과 여섯째 나팔을 분다. 여섯째 인을 떼고 나서 6장 마지막에 "그들의 진노의 큰 날이 이르렀으니 누가 능히 서리요 하더라(요한계시록 6:17)"라고 끝났는데, 여섯 번째 나팔 후 9장 끝에는 "또 그 살인과 복술과 음행과 도둑질을 회개하지 아니하더라(요한계시록 9:21)"라고 끝을 맺는다.

이어서 10장에서는 어떻게 회개하는지를 기록한다.
복음인 작은 책을 받아먹고 입에는 달고 배에는 쓰게 된다.
복음을 받고 이해한 자들은 이 세상에서 어떻게 살게 되는가가 11장이다.
11장에는 두 증인이 죽임을 당한다. 세상은 그들의 죽음을 환호하고 장사도 지내주지 않는다. 당시 고대 시대에는 죽은 사람의 장사를 지내주지 않는 것은 최대의 모욕이었다. 하나님의 뜻대로 살고자 하는 우리 교회는 이 세상에서 그러한 대우를 받게 된다.

"회개하지 아니하더라"라고 9장을 마치면서 10장과 11장에서는 회개한 자의 삶을 말씀하신 후 11장 말미에서 일곱 번째 나팔이 울려 퍼지는 것이다.
그리고는 천상의 완성된 하나님 나라의 모습을 살짝 보여 준다.
12장부터 14장까지 하나님의 구속사를 요약하고 있다.
이 세 장이 사실 요한계시록의 핵심 장이다. 12장에 예수 그리스도의 초림과 부활이 나온다. 땅으로 쫓겨난 사탄의 세력이 어떻게 세상을 미혹하는지가 13장에 나오는데 13장을 보면 마귀의 세력은 삼위일체 하나님을 흉내 내고 있다. 바다에서 나온 짐승이 죽은 것 같았다가 다시 살아나는 것도 예수님을 흉내 내는 것이다. 그리고 땅에서 올라온 짐승은 그 바다에서 올라온 짐승을 경배하도록 유혹하며 이적과 기사로 일한다. 불이 땅에 내려오게 할 정도로 커다란 이적을 행하는 것도 성령 하나님을 흉내 내는 것이다.
그리고는 하나님의 인을 받지 못한 모든 자의 이마에 인을 친다. 그 인을 받는 자들은 모두 사망으로 떨어지게 된다. 그 표는 666이고 그 숫자는 삼위 하나님의 숫자인 3과 하나님의 안식의 수, 완전수인 777로 표기되던 하나님을 그대로 흉내 내고 있다. 그러나 절대 그 능력과는 비교할 수도 없다.

15장부터 다시 일곱 대접의 재앙에서 지금까지의 내용을 반복해서 말씀하신다. 이렇게 요한계시록은 점진적 개괄의 방식(progressive recapitulation)으로 기록되어 있다. 역사적 순서나 역사적 사건의 나열이 아니다.

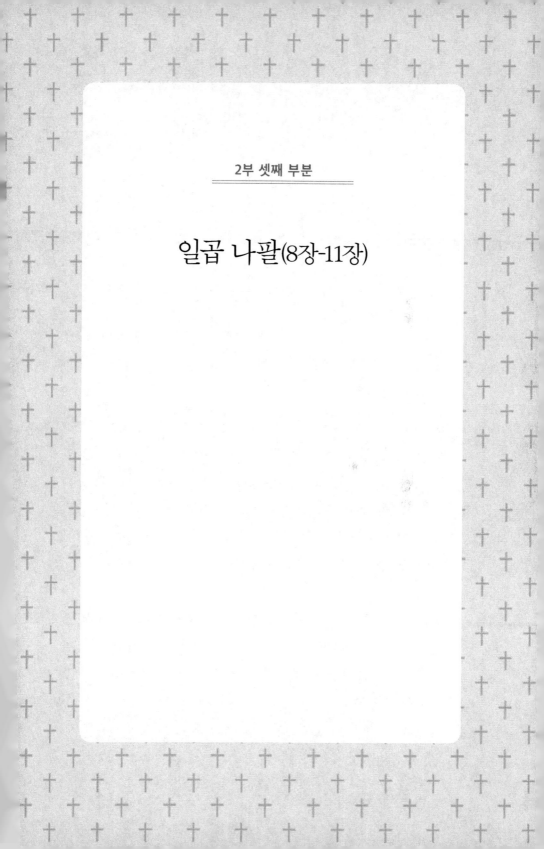

2부 셋째 부분

일곱 나팔(8장-11장)

1. 일곱 나팔(8:1-2)

일곱째 인과 일곱 나팔이 이어지는 듯하다.

성경은 본래 장과 절이 나누어진 것이 아니다. 인쇄술이 발달하면서 찾기 쉽도록 장과 절을 나누어 인쇄한 것이다. 설명할 때는 편의상 장과 절을 구별하면서 설명하지만, 장과 절이 성경을 이해하는 기준일 수 없다. 장과 절이 없이 연속해서 말씀하셨다는 것을 항상 염두에 두어야 한다.

글을 쓸 때는 앞의 이야기와 연결해서 쓰기 때문에 흐름 속에서 성경을 보는 눈을 가져야 한다. 장과 절을 나눈 것이 우리에게 많은 도움을 주지만, 어떤 경우는 이해하는 데 방해되는 때도 있다. 항상 연속선상에서 보아야 한다.

성경 번역을 보면 본문 1절을 "고요하더니"라고 끝내고 2절에서 "내가 보니"로 시작한다. 그러나 "고요했다. 또 내가 보니"로 이해하는 것이 원어에 더 가까운 번역이라고 할 수 있다. 1절과 2절 사이에 "또(카이)"라는 접속사가 있는데 이는 두 구절이 분리된다는 의미이다.

> (8:1) 일곱째 인을 떼실 때에 하늘이 반 시간쯤 고요하더니

하나님의 진노 앞에 온 땅이 소리를 내지 못하고 있다.

"야곱의 하나님이여 주께서 꾸짖으시매 병거와 말이 다 깊이 잠들었나이다 주께서는 경외 받을 이시니 주께서 한 번 노하실 때에 누가 주의 목전에 서리이까(시편 76:6-7)"

모세는 이스라엘 홍해 앞에서 백성에게 가만히 서서 하나님의 역사를 보라고 한다.

"모세가 백성에게 이르되 너희는 두려워하지 말고 가만히 서서 여호와께서 오늘 너희를 위하여 행하시는 구원을 보라 너희가 오늘 본 애굽 사람을 영원히 다시 보지 아니하리라(출애굽기 14:13)"

서로 연관된 구절이나 단어를 살펴보면 해석하기 쉽다.

여섯째 인을 떼니 "그들의 진노의 큰 날이 이르렀으니 누가 능히 서리요 하더라"라고 한 다음, 입이 딱 벌어지고, 두려움 앞에 잠시 잠잠할 수밖에 없는 것이다.

"반 시간쯤 고요하더니"라는 말은 "잠시 고요하더니"라는 말이다. 주님의 심판 앞에 모든 소리가 잠잠해진다.

"또 거문고 타는 자와 풍류하는 자와 퉁소 부는 자와 나팔 부는 자들의 소리가 결코 다시 네 안에서 들리지 아니하고 어떠한 세공업자든지 결코 다시 네 안에서 보이지 아니하고 또 맷돌 소리가 결코 다시 네 안에서 들리지 아니하고(요한계시록 18:22)"

마지막 때 세상 즐거움을 위해 사용되던 모든 것들이 잠잠해질 것이다.

"오직 여호와는 그 성전에 계시니 온 땅은 그 앞에서 잠잠할지니라 하시니라(하박국 2:20)"

하나님의 경륜에 놀라 잠시 잠잠해진 후 흰 옷 입은 무수히 많은 무리가 경배와 영광을 돌릴 것이다.

"이 일 후에 내가 들으니 하늘에 허다한 무리의 큰 음성 같은 것이 있어 이르되 할렐루야 구원과 영광과 능력이 우리 하나님께 있도다 그의 심판은 참되고 의로운지라 음행으로 땅을 더럽게 한 큰 음녀를 심판하사 자기 종들의 피를 그 음녀의 손에 갚으셨도다 하고 두 번째로 할렐루야 하니 그 연기가 세세토록 올라가더라 또 이십사 장로와 네 생물이 엎드려 보좌에 앉으신 하나님께 경배하여 이르되 아멘 할렐루야 하니 보좌에서 음성이 나서 이르시되 하나님의 종들 곧 그를 경외하는 너희들아 작은 자나 큰 자나 다 우리 하나님께 찬송하라 하더라(요한계시록 19:1-5)"

이렇게 인의 재앙은 잠잠해지는 것으로 끝이 난다.

> (8:2) 내가 보매 하나님 앞에 일곱 천사가 서 있어 일곱 나팔을 받았
> 더라

일곱째 인을 뗀 후에 일곱 천사가 일곱 나팔을 받았다. 일곱 인은
어린 양이 떼었는데 일곱 나팔과 일곱 대접은 일곱 천사가 담당한다.

2. 성도의 기도(8:3-5)

> (8:3) 또 다른 천사가 와서 제단 곁에 서서 금 향로를 가지고 많은 향
> 을 받았으니 이는 모든 성도의 기도와 합하여 보좌 앞 금 제단에 드리
> 고자 함이라

인을 떼고, 나팔을 불고, 대접이 쏟아질 때 기도와 연관이 있다는
것을 알 수 있다. 인을 뗄 때 요한의 기도가 있었고, 나팔을 불 때도
기도가 나온다. 금 향로에 많은 향을 담아 금 제단에 드려 하나님께
올라간다.

금 향로를 가지고 많은 향을 받아 보좌 앞 금 제단에 드리려고 한
다. 이것은 성도의 기도라고 했다. 일곱 나팔과 성도의 기도가 연관되

어 있다.

어린 양이 완성하신 복음을 누리고, 나타내고, 펼쳐 나가는 성도의 기도의 선포가 나팔을 불게 하고 대접을 쏟아붓게 한다.

에스겔 선지자에게 하나님께서 구원하시겠다고 하신 후 기도를 통해서 하시겠다고 하셨다. 기도는 예수 그리스도께서 하신 일을 주장하고 선포하고 찬양을 돌리는 것이다.

"내가 너희를 여러 나라 가운데에서 인도하여 내고 여러 민족 가운데에서 모아 데리고 고국 땅에 들어가서 25 맑은 물을 너희에게 뿌려서 너희로 정결하게 하되 곧 너희 모든 더러운 것에서와 모든 우상 숭배에서 너희를 정결하게 할 것이며 26 또 새 영을 너희 속에 두고 새 마음을 너희에게 주되 너희 육신에서 굳은 마음을 제거하고 부드러운 마음을 줄 것이며 27 또 내 영을 너희 속에 두어 너희로 내 율례를 행하게 하리니 너희가 내 규례를 지켜 행할지라 28 내가 너희 조상들에게 준 땅에서 너희가 거주하면서 내 백성이 되고 나는 너희 하나님이 되리라 29 내가 너희를 모든 더러운 데에서 구원하고 곡식이 풍성하게 하여 기근이 너희에게 닥치지 아니하게 할 것이며 30 또 나무의 열매와 밭의 소산을 풍성하게 하여 너희가 다시는 기근의 욕을 여러 나라에게 당하지 아니하게 하리니 31 그 때에 너희가 너희 악한 길과 너희 좋지 못한 행위를 기억하고 너희 모든 죄악과 가증한 일로 말미암아 스스로 밉게 보리라(에스겔 36:24-31)"

굳은 마음을 제하고 부드러운 마음을 주고, 새 영을 주어 완전히 새롭게 해 주겠고, 내 백성을 만들어 내 율례를 지키게 해 주겠고, 모든 죄악을 가증한 일로 보도록 만들겠다고 하신다. 하나님께서 하시겠다는 것이다. 그러시고는 "주 여호와께서 이같이 말씀하셨느니라 그래도 이스라엘 족속이 이같이 자기들에게 이루어 주기를 내게 구하여야 할지라(에스겔 36:37)"라고 하신 것이 기도다.

해 주시겠다고 하신 후 그냥 해 주시면 될 텐데 기도하라는 것이다. 기도해야 이루시겠다는 것이다. 주님의 계획이 이루어질 것을 선포하는 것이 기도이다.

하나님께서는 예수님을 통한 구원의 일을 혼자 하셨다. 어린 양 혼자 인을 떼셨다. 그런데 그 결과를 누리고 나타내게 하시는 일은 혼자 하시지 않겠다는 것이다. 우리와 함께하고 싶으신 것이다. 신랑은 신랑이 성취한 업적을 신부가 누리고 사용하길 간절히 원하는데 누리는 방편이 기도이다.

> (8:4) 향연이 성도의 기도와 함께 천사의 손으로부터 하나님 앞으로 올라가는지라

기도는 이루신 것을 주장하며 선포하는 것이기에 하나님의 기쁨이다. 당신이 기도할 때 천사의 손을 통해 올라간다.

> (8:5) 천사가 향로를 가지고 제단의 불을 담아다가 땅에 쏟으매 우레와 음성과 번개와 지진이 나더라

기도하면 반응이 일어난다. 하나님께서 속량을 완성하신 후 십자가

의 능력이 성도의 기도를 통해 이 땅에 나타나도록 하신다. 성령께서 하시는 일은 성도들에게 기도하게 하셔서 복음이 증거되게 하신다.

천사가 향로를 가지고 제단의 불을 담아다가 땅에 쏟으매 우레와 음성과 번개와 지진이 나는 것이다. 기도할 때 기도 응답으로 나팔이 울리게 된다.

레위기에 향을 피우는 모습과 복음과 연관 지어 보면 흡사한 모습을 볼 수 있다.

"향로를 가져다가 여호와 앞 제단 위에서 피운 불을 그것에 채우고 또 곱게 간 향기로운 향을 두 손에 채워 가지고 휘장 안에 들어가서 여호와 앞에서 분향하여 향연으로 증거궤 위 속죄소를 가리게 할지니 그리하면 그가 죽지 아니할 것이며 그는 또 수송아지의 피를 가져다가 손가락으로 속죄소 동쪽에 뿌리고 또 손가락으로 그 피를 속죄소 앞에 일곱 번 뿌릴 것이며(레위기 16:12-14)"

대제사장이 지성소로 들어가서 분향하는 모습인데, 향로에다가 향을 태우며 지성소의 언약궤를 향을 피워 가리고 피를 뿌리며 하나님께 나아갔다. 계시록 8장의 모습과 같다.

성도들의 모든 기도를 통해 복음의 역사는 이 땅에 펼쳐지는 것이다. 놀랍다. 기도 외에는 이런 유가 나갈 수 없느니라고 하신 말씀이 사실이다.

3. 첫 나팔(8:6-7)

> (8:6) 일곱 나팔을 가진 일곱 천사가 나팔 불기를 준비하더라

성도의 기도와 함께 일곱 천사가 나팔 불 준비를 한다.

출애굽 한 백성들이 광야를 출발하거나 전투에 나갈 때 나팔을 불었다. 적군을 무찌를 때도 불었다.

여리고 성을 무너뜨릴 때도 불었다. 이스라엘에는 승리의 소리였고, 여리고 백성에게는 멸망의 소리였다. 나팔 소리에 점령 불가능한 여리고 성이 무너져 내렸다.

"제사장 일곱은 일곱 양각 나팔을 잡고 언약궤 앞에서 나아갈 것이요 일곱째 날에는 그 성을 일곱 번 돌며 그 제사장들은 나팔을 불 것이며 제사장들이 양각 나팔을 길게 불어 그 나팔 소리가 너희에게 들릴 때에는 백성은 다 큰 소리로 외쳐 부를 것이라 그리하면 그 성벽이 무너져 내리리니 백성은 각기 앞으로 올라갈지니라 하시매(여호수아 6:4-5)"

예배드릴 때도 나팔을 불었다.

"또 너희의 희락의 날과 너희가 정한 절기와 초하루에는 번제물을 드리고 화목제물을 드리며 나팔을 불라 그로 말미암아 너희의 하나님이 너희를 기억하시리라 나는 너희의 하나님 여호와니라(민수기 10:10)"

왕을 세울 때도 나팔을 불었다.

"제사장 사독이 성막 가운데에서 기름 담은 뿔을 가져다가 솔로몬에게 기름을 부으니 이에 뿔 나팔을 불고 모든 백성이 솔로몬 왕은 만세수를 하옵소서 하니라(열왕기상 1:39)"

나팔은 하나님의 나라 완성에 대한 공포이다.

"일곱째 천사가 나팔을 불매 하늘에 큰 음성들이 나서 이르되 세상 나라가 우리 주와 그의 그리스도의 나라가 되어 그가 세세토록 왕 노릇 하시리로다 하니 하나님 앞에서 자기 보좌에 앉아 있던 이십사 장로가 엎드려 얼굴을 땅에 대고 하나님께 경배하여 이르되 감사하옵나니 옛적에도 계셨고 지금도 계신 주 하나님 곧 전능하신 이여 친히 큰 권능을 잡으시고 왕 노릇 하시도다(요한계시록 11:15-17)"

회개와 하나님 나라가 임박해 왔을 때도 불었다. 하나님의 나라가 가까이 왔으니 회개하고 맞아들이라고 불었다.

"여호와의 큰 날이 가깝도다 가깝고도 빠르도다 여호와의 날의 소리로다 용사가 거기서 심히 슬피 우는도다 그날은 분노의 날이요 환난과 고통의 날이요 황폐와 패망의 날이요 캄캄하고 어두운 날이요 구름과 흑암의 날이요 나팔을 불어 경고하며 견고한 성읍들을 치며 높은 망대를 치는 날이로다 내가 사람들에게 고난을 내려 맹인 같이 행하게 하리니 이는 그들이 나 여호와께 범죄하였음이라 또 그들의 피는 쏟아져서 티끌 같이 되며 그들의 살은 분토 같이 될지라(스바냐 1:14-17)"

"인자야 너는 네 민족에게 말하여 이르라 가령 내가 칼을 한 땅에 임하
게 한다 하자 그 땅 백성이 자기들 가운데의 하나를 택하여 파수꾼을 삼
은 그 사람이 그 땅에 칼이 임함을 보고 나팔을 불어 백성에게 경고하되
그들이 나팔 소리를 듣고도 정신차리지 아니하므로 그 임하는 칼에 제
거함을 당하면 그 피가 자기의 머리로 돌아갈 것이라(에스겔 33:2-4)"

> (8:7) 첫째 천사가 나팔을 부니 피 섞인 우박과 불이 나와서 땅에 쏟아
> 지매 땅의 삼 분의 일이 타 버리고 수목의 삼 분의 일도 타 버리고 각
> 종 푸른 풀도 타 버렸더라

일곱 천사가 일곱 나팔을 불 때 일어나는 재앙이 애굽에 있었던 10
가지 재앙을 연상케 한다. 일곱 나팔의 첫 번째 재앙인 우박은 애굽
의 일곱 번째 우박 재앙과 흡사하다. 애굽의 첫 재앙인 물이 피가 된
것 같이 세 번째 나팔 재앙으로 물이 쑥이 되어 못 먹게 된다. 네 번
째 나팔로 해와 달과 별의 삼 분의 일이 어두워진다. 아홉 번째 흑암
재앙을 생각나게 한다. 다섯 번째 나팔의 황충(메뚜기) 재앙은 애굽의
여덟 번째 메뚜기 재앙을, 일곱 대접의 첫 번째 재앙인 개구리 재앙은
애굽의 두 번째 재앙을 생각나게 한다. 애굽에 내리셨던 재앙을 보여
주시면서 메시지하고 있다. 출애굽 때 어린 양 보혈을 문설주에 바를
때 구원받았다는 것을 말씀하시고 싶은 것이다. 다른 구원 얻을 길이
없었음을 말씀하신다.

첫째 천사가 나팔을 부니, 우박과 불이 피에 섞여서 땅에 떨어졌다. 땅의 삼 분의 일이 타버리고, 나무의 삼 분의 일이 타버리고, 푸른 풀이 다 타버렸다.

인의 재앙에서는 사 분의 일이었던 것이 이제 나팔 재앙으로 넘어와서는 삼 분의 일로 늘어난다. 삼 분의 일이라는 말은 아직 끝이 아니라는 표현이다. 앞으로 남은 생명이 더 많이 남아 있다는 말씀이다.

"여호와께서 모세에게 이르시되 너는 하늘을 향하여 손을 들어 애굽 전국에 우박이 애굽 땅의 사람과 짐승과 밭의 모든 채소에 내리게 하라 모세가 하늘을 향하여 지팡이를 들매 여호와께서 우렛소리와 우박을 보내시고 불을 내려 땅에 달리게 하시니라 여호와께서 우박을 애굽 땅에 내리시매 우박이 내림과 불덩이가 우박에 섞여 내림이 심히 맹렬하니 나라가 생긴 그때로부터 애굽 온 땅에는 그와 같은 일이 없었더라 우박이 애굽 온 땅에서 사람과 짐승을 막론하고 밭에 있는 모든 것을 쳤으며 우박이 또 밭의 모든 채소를 치고 들의 모든 나무를 꺾었으되 31 그 때에 보리는 이삭이 나왔고 삼은 꽃이 피었으므로 삼과 보리가 상하였으나(출애굽기 9:22-25, 31)"

그 결과 어떤 일이 일어났다. 기근이다. 에스겔도 비슷한 말씀을 한다.

"그 성읍을 에워싸는 날이 차거든 너는 터럭 삼 분의 일은 성읍 안에서 불사르고 삼 분의 일은 성읍 사방에서 칼로 치고 또 삼 분의 일은 바람에 흩으라 내가 그 뒤를 따라 칼을 빼리라 12 너희 가운데에서 삼 분의 일은 전염병으로 죽으며 기근으로 멸망할 것이요 삼 분의 일은 너의 사방에서 칼에 엎드러질 것이며 삼 분의 일은 내가 사방에 흩어 버리고 또 그 뒤를 따라가며 칼을 빼리라(에스겔 5:2, 12)"

앞에서 보았듯이 세 번째 인을 뗄 때 흉년과 기근이 왔다.

세계가 흉년이 들고 기근이 임하는 일도 무서운 일이지만, 말씀의 기근이 오면 영원한 죽음에 이르는 병에 걸리게 된다.

사탄은 최선을 다해 기근을 가져온다는 것을 앞서 살펴보았다. 물이 많은데 마실 물이 없다. 옛 뱀이 교회를 떠내려 보내려고 물을 토하기 때문이다. 다른 복음으로 인해 영적 건강을 잃어버리게 한다. 능력이 없고 무력하게 만든다.

4. 둘째 나팔(8:8-9)

(8:8-9) 둘째 천사가 나팔을 부니 불붙는 큰 산과 같은 것이 바다에 던져지매 바다의 삼 분의 일이 피가 되고 9 바다 가운데 생명 가진 피조물들의 삼 분의 일이 죽고 배들의 삼 분의 일이 깨지더라

첫째 나팔을 부니 불이 땅에 떨어졌고, 둘째 나팔을 부니 불이 바다에 떨어졌고 다음 구절에 볼 셋째 나팔을 부니 강에, 넷째 나팔을 부니 하늘에 떨어졌다. 반복해서 복음을 설명한다. 이 부분을 문자적

으로 해석해서는 안 된다. '불붙는 큰 산과 같은 것'은 단수이다. 그리고 불붙는 큰 산이 아니라 '불붙는 큰 산과 같은 것'이라고 했다.

예레미야는 바벨론을 큰 산이라고 표현했다.

"너희 눈 앞에서 그들이 시온에서 모든 악을 행한 대로 내가 바벨론과 갈대아 모든 주민에게 갚으리라 여호와의 말씀이니라 여호와의 말씀이니라 온 세계를 멸하는 멸망의 산아 보라 나는 네 원수라 나의 손을 네 위에 펴서 너를 바위에서 굴리고 너로 불 탄 산이 되게 할 것이니(예레미야 51:24-25)"

바벨론의 우상인 지그라트는 피라미드처럼 생긴 산처럼 보였다. 제물을 태울 때는 불타는 산처럼 보였는데 바벨론을 '멸망의 산'이라고 부른 이유가 여기에 있다. 두 번째 나팔은 거대한 우상 숭배에 대해 심판을 상징하는 말이다.

바다가 피로 변하고 바닷속에 살던 것들이 죽고 배들의 삼 분의 일이 깨어지는 것은 "이에 한 힘 센 천사가 큰 맷돌 같은 돌을 들어 바다에 던져 이르되 큰 성 바벨론이 이같이 비참하게 던져져 결코 다시 보이지 아니하리로다(요한계시록 18:21)"라고 한 말씀을 통해 이해할 수 있다.

세상에서 풍요를 추구하던 자들이 망하는 것을 말한다.

"땅의 상인들이 그를 위하여 울고 애통하는 것은 다시 그들의 상품을 사는 자가 없음이라 바벨론으로 말미암아 치부한 이 상품의 상인들이 그의 고통을 무서워하여 멀리 서서 울고 애통하여 이르되 화 있도다 화 있도다 큰 성이여 세마포 옷과 자주 옷과 붉은 옷을 입고 금과 보석과 진주로 꾸민 것인데 그러한 부가 한 시간에 망하였도다 모든 선장과 각처를 다니는 선객들과 선원들과 바다에서 일하는 자들이 멀리 서서 그가 불타는 연기를 보고 외쳐 이르되 이 큰 성과 같은 성이 어디 있느냐 하며 티끌을 자기 머리에 뿌리고 울며 애통하여 외쳐 이르되 화 있도다 화 있도다 이 큰 성이여 바다에서 배 부리는 모든 자들이 너의 보배로운 상품으로 치부하였더니 한 시간에 망하였도다(요한계시록 18:11, 15-19)"

당시 무역은 바다의 상선을 통해서만 이루어졌기에 바다를 심판하시는 것이다. 하나님의 심판 앞에서는 부귀영화가 소용없다.

"힘찬 음성으로 외쳐 이르되 무너졌도다 무너졌도다 큰 성 바벨론이여 귀신의 처소와 각종 더러운 영이 모이는 곳과 각종 더럽고 가증한 새들이 모이는 곳이 되었도다 그 음행의 진노의 포도주로 말미암아 만국이 무너졌으며 또 땅의 왕들이 그와 더불어 음행하였으며 땅의 상인들도 그 사치의 세력으로 치부하였도다 하더라 또 내가 들으니 하늘로부터 다른 음성이 나서 이르되 내 백성아, 거기서 나와 그의 죄에 참여하지 말고 그가 받을 재앙들을 받지 말라(요한계시록 18:2-4)"

이 땅의 것만 모으며 사는 자들이 당할 일이다. 종이 딱지를 목숨 걸고 모으던 어린아이처럼 삽시간에 사라질 것에 목숨 걸고 살아가는 사람들이 많음에 안타깝다.

5. 셋째 나팔(8:10-11)

> (8:10-11) 셋째 천사가 나팔을 부니 횃불 같이 타는 큰 별이 하늘에서 떨어져 강들의 삼 분의 일과 여러 물 샘에 떨어지니 11 이 별 이름은 쑨 쑥이라 물의 삼 분의 일이 쓴 쑥이 되매 그 물이 쓴 물이 되므로 많은 사람이 죽더라

나팔을 불 때마다 땅, 바다, 강, 하늘에 사건이 일어난다. 셋째 나팔을 부니 강에 불이 떨어진다. '쓴 쑥'은 풍요 우상을 섬기는 자를 심판할 때 사용한 말이다.

"그 마음의 완악함을 따라 그 조상들이 자기에게 가르친 바알들을 따랐음이라 그러므로 만군의 여호와 이스라엘의 하나님께서 이와 같이 말씀하시니라 보라 내가 그들 곧 이 백성에게 쑥을 먹이며 독한 물을 마시게 하고(예레미야 9:14-15)"

큰 별이 하늘에서 떨어진다는 말은 "너 아침의 아들 계명성이여 어찌 그리 하늘에서 떨어졌으며 너 열국을 엎은 자여 어찌 그리 땅에 찍혔는고 네가 네 마음에 이르기를 내가 하늘에 올라 하나님의 뭇 별 위에 내 자리를 높이리라 내가 북극 집회의 산 위에 앉으리라 가장

높은 구름에 올라가 지극히 높은 이와 같아지리라 하는도다 그러나 이제 네가 스올 곧 구덩이 맨 밑에 떨어짐을 당하리로다(이사야 14:12-15)"라고 설명하셨다. 예언대로 바벨론이 멸망한 것처럼 마지막 때 사탄의 도성 바벨론은 망할 것이다.

6. 넷째 나팔(8:12)

(8:12) 넷째 천사가 나팔을 부니 해 삼 분의 일과 달 삼 분의 일과 별들의 삼 분의 일이 타격을 받아 그 삼 분의 일이 어두워지니 낮 삼 분의 일은 비추임이 없고 밤도 그러하더라

네 번째 나팔을 부니 하늘이 타격을 입는다. 애굽의 흑암 재앙을 기억나게 한다.

"주 여호와의 말씀이니라 그 날에 내가 해를 대낮에 지게 하여 백주에 땅을 캄캄하게 하며 너희 절기를 애통으로, 너희 모든 노래를 애곡으로 변하게 하며 모든 사람에게 굵은 베로 허리를 동이게 하며 모든 머리를 대머리가 되게 하며 독자의 죽음으로 말미암아 애통하듯 하게 하며 결국은 곤고한 날과 같게 하리라(아모스 8:9-10)"

"너희는 애곡할지어다 여호와의 날이 가까웠으니 전능자에게서 멸망이 임할 것임이로다 보라 여호와의 날 곧 잔혹히 분냄과 맹렬히 노하는 날

이 이르러 땅을 황폐하게 하며 그 중에서 죄인들을 멸하리니 하늘의 별들과 별 무리가 그 빛을 내지 아니하며 해가 돋아도 어두우며 달이 그 빛을 비추지 아니할 것이로다(이사야 13:6, 9-10)"

바벨론의 멸망을 경고하신 내용이 비슷하다. 마지막 날에 사탄이 세운 큰 성 바벨론은 기겁을 할 것이다.

7. 화, 화, 화(8:13)

(8:13) 내가 또 보고 들으니 공중에 날아가는 독수리가 큰 소리로 이르되 땅에 사는 자들에게 화, 화, 화가 있으리니 이는 세 천사들이 불어야 할 나팔 소리가 남아 있음이로다 하더라

갑자기 공중에 날아가는 독수리가 등장한다.
출애굽기 19장에서 어떻게 너희를 독수리의 날개로 업어 구원했는지 기억하라고 하신다.

"내가 애굽 사람에게 어떻게 행하였음과 내가 어떻게 독수리 날개로 너희를 업어 내게로 인도하였음을 너희가 보았느니라(출애굽기 19:4)"

하나님께서 보호하심에 대해 말씀을 하실 때 독수리를 언급하셨다.

"여호와께서 그를 황무지에서, 짐승이 부르짖는 광야에서 만나시고 호위하시며 보호하시며 자기의 눈동자 같이 지키셨도다 마치 독수리가 자기의 보금자리를 어지럽게 하며 자기의 새끼 위에 너풀거리며 그의 날개를 펴서 새끼를 받으며 그의 날개 위에 그것을 업는 것 같이 여호와께서 홀로 그를 인도하셨고 그와 함께 한 다른 신이 없었도다(신명기 32:10-12)"

반대로 독수리를 심판의 동물로 상징하기도 했다.

"곧 여호와께서 멀리 땅 끝에서 한 민족을 독수리가 날아오는 것 같이 너를 치러 오게 하시리니 이는 네가 그 언어를 알지 못하는 민족이요(신명기 28:49)"

"나팔을 네 입에 댈지어다 원수가 독수리처럼 여호와의 집에 덮치리니 이는 그들이 내 언약을 어기며 내 율법을 범함이로다(호세아 8:1)"

독수리는 하나님의 보호하심과 심판을 동시에 표현하는 동물이다. 그 독수리가 "화, 화, 화가 있도다" 하고 '화'를 선포하며 날아간다. 하나님께서 내리시는 재앙이 세상에는 '화'이지만, 하나님의 백성들에게는 보호하심이다.

9장 나팔(9:1-21) 다섯째와 여섯째

1. 다섯째 나팔(9:1-12)

1) 무저갱을 여니(9:1-6)

(9:1) 다섯째 천사가 나팔을 불매 내가 보니 하늘에서 땅에 떨어진 별 하나가 있는데 그가 무저갱의 열쇠를 받았더라

무저갱에서 황충들이 나오는 이야기다. 다섯째 나팔을 부니 땅에 떨어진 별 하나가 무저갱의 열쇠를 받아 일어난 일이다. "하늘에서 땅에 떨어진 별"에 대해서는 여러 가지 주장이 있다.

여기서 "떨어졌다(πίπτω, 핍토)"는 표현에서 볼 때 어린 양은 분명히 아니다. "떨어진"에 쓰인 단어가 사탄이나 천사에 쓰이는 단어이기 때문이다. 20장에 무저갱의 열쇠를 가지고 하늘에서 내려오신(καταβαίνω,

카타바이노) 예수님께 사용한 단어와는 다르다.

"예수께서 이르시되 사탄이 하늘로부터 번개같이 떨어지는 것을 내가 보았노라(누가복음 10:18)"에 사용된 단어(πίπτω, 핍토)와 같은 것으로 보아 사탄으로 보는 것이 옳다. "하늘에서 땅에 떨어진 별"에 쓰인 완료능동태 분사로 이미 떨어진 존재라는 것이다.

"무저갱의 열쇠를 받았더라"라는 것은 복음을 방해하는 열쇠를 받았다고 보면 된다.

(9:2) 그가 무저갱을 여니 그 구멍에서 큰 화덕의 연기 같은 연기가 올라오매 해와 공기가 그 구멍의 연기로 말미암아 어두워지며

무저갱의 문을 여니까 연기가 나는데 연기가 아니다. 연기는 하나님의 거룩과 현현의 표이다. '연기 같은 연기'다. 사탄은 하나님을 흉내 내는 달인이다. 사탄은 속이는 놈이다. 미혹해서 심판의 자리로 데려가려고 한다. 가짜 연기는 더욱 어두워지게 한다. 연기 같은 연기가 해와 하늘을 어둡게 만든다. 연기 같은 연기는 다른 복음을 토하는 물이다.

(9:3) 또 황충이 연기 가운데로부터 땅 위에 나오매 그들이 땅에 있는 전갈의 권세와 같은 권세를 받았더라

무저갱을 여니 황충이 연기 가운데로부터 나와서 전갈의 권세 같은 권세를 받는다. 메뚜기 재앙을 생각해 보면 태풍 토네이도에 버금가는 엄청난 파괴력을 가지고 있다. 갑자기 나타났다 사라지는 특징이

있다.

"이스라엘이 파종한 때면 미디안과 아말렉과 동방 사람들이 치러 올라
와서 진을 치고 가사에 이르도록 토지 소산을 멸하여 이스라엘 가운데
에 먹을 것을 남겨 두지 아니하며 양이나 소나 나귀도 남기지 아니하니
이는 그들이 그들의 짐승과 장막을 가지고 올라와 메뚜기 떼 같이 많이
들어오니 그 사람과 낙타가 무수함이라 그들이 그 땅에 들어와 멸하려
하니(사사기 6:3-5)"

> (9:4) 그들에게 이르시되 땅의 풀이나 푸른 것이나 각종 수목은 해하지
> 말고 오직 이마에 하나님의 인침을 받지 아니한 사람들만 해하라 하시
> 더라

무저갱이 열리자 전갈의 권세와 같은 권세를 받은 자가 올라 오지
만, 인침을 받은 자에게는 아무 영향을 미치지 못한다. 인침을 받은
자는 이미 이긴 자이기 때문이다. 인침을 받지 아니한 자들은 해를
입게 된다.

> (9:5) 그러나 그들을 죽이지는 못하게 하시고 다섯 달 동안 괴롭게만
> 하게 하시는데 그 괴롭게 함은 전갈이 사람을 쏠 때에 괴롭게 함과 같
> 더라

전갈의 권세 같은 권세를 받아 다섯 달 동안만 괴롭힌다. 엄청난 고
통을 당한다. 하나님의 은혜의 통치권 밖에 있는 자가 당하는 고통이

다. 세상이 무거운 짐일 수밖에 없다.

"네 마음이 교만하여 네 하나님 여호와를 잊어버릴까 염려하노라 여호와는 너를 애굽 땅 종 되었던 집에서 이끌어 내시고 너를 인도하여 그 광대하고 위험한 광야 곧 불뱀과 전갈이 있고 물이 없는 간조한 땅을 지나게 하셨으며 또 너를 위하여 단단한 반석에서 물을 내셨으며(신명기 8:14-15)"

하나님의 은혜가 없는 사람들은 진정한 행복이 없다. 순간의 쾌락은 있지만, 전갈이 쏘는 고통 속에 살아간다.

"부하려 하는 자들은 시험과 올무와 여러 가지 어리석고 해로운 욕심에 떨어지나니 곧 사람으로 파멸과 멸망에 빠지게 하는 것이라 돈을 사랑함이 일만 악의 뿌리가 되나니 이것을 탐내는 자들은 미혹을 받아 믿음에서 떠나 많은 근심으로써 자기를 찔렀도다(디모데전서 6:9-10)"

> (9:6) 그 날에는 사람들이 죽기를 구하여도 죽지 못하고 죽고 싶으나 죽음이 그들을 피하리로다

죽고 싶어도 죽을 수 없어 못 죽어 사는 인생이 된다. 많은 근심으로 자기를 찌르는 삶을 산다. 헛된 철학과 이념, 교육, 엉터리 교리, 인본주의, 뉴에이지, 기복주의, 물질주의 등은 결국은 자기를 찌르게 되는 것이다.

마귀가 총동원해서 무저갱에서 올라와 다른 복음으로 하나님의 흉내를 내며, 인침을 받지 않은 자를 미혹하여 인생을 도적질하고 죽이고 멸망시킨다. 그러나 믿는 당신에게는 사탄을 이길 권세가 주어졌다.

> "내가 너희에게 뱀과 전갈을 밟으며 원수의 모든 능력을 제어할 권능을 주었으니 너희를 해칠 자가 결코 없으리라(누가복음 10:19)"

2) 황충(9:7-12)

(9:7-10) 황충들의 모양은 전쟁을 위하여 준비한 말들 같고 그 머리에 금 같은 관 비슷한 것을 썼으며 그 얼굴은 사람의 얼굴 같고 8 또 여자의 머리털 같은 머리털이 있고 그 이빨은 사자의 이빨 같으며 9 또 철호심경 같은 호심경이 있고 그 날개들의 소리는 병거와 많은 말들이 전쟁터로 달려 들어가는 소리 같으며 10 또 전갈과 같은 꼬리와 쏘는 살이 있어 그 꼬리에는 다섯 달 동안 사람들을 해하는 권세가 있더라

황충들의 모양이다. 대단해 보인다. 소리도 대단하다. 다섯 달 동안 해하는 권세가 있다는 것은 정해진 짧은 기간에 활동한다는 말이다.

(9:11-12) 그들에게 왕이 있으니 무저갱의 사자라 히브리어로는 그 이름이 아바돈이요 헬라어로는 그 이름이 아볼루온이더라 12 첫째 화는 지나갔으나 보라 아직도 이 후에 화 둘이 이르리로다

황충에게 왕이 있다. 히브리어로는 아바돈이라고도 하고 헬라어로

는 아볼루온이라고 한다. 구약에는 히브리어를 사용했고 신약에는 헬라어를 사용했다. 이놈들은 신구약 전 기간에 걸쳐서 활동하던 놈들이다.

2. 여섯째 나팔(9:13-21)

1) 풀려난 네 천사와 마병대(9:13-19)

> (9:13-14) 여섯째 천사가 나팔을 불매 내가 들으니 하나님 앞 금 제단 네 뿔에서 한 음성이 나서 14 나팔 가진 여섯째 천사에게 말하기를 큰 강 유브라데에 결박한 네 천사를 놓아주라 하매

음성이 나서 "큰 강 유브라데에 결박한 네 천사를 놓아주라"라고 한다. 네 천사가 풀려나는 것이다. 유브라데는 앗수르와 바벨론 지역으로 하나님의 진노를 생각하게 한다. 네 천사라는 말은 그 지역을 장악하고 있는 마귀를 말한다.

예레미야가 바벨론에 닥칠 모든 재난 곧 바벨론에 대하여 기록한 모든 말씀을 책에 기록한 후 "너는 이 책 읽기를 다한 후에 책에 돌을 매어 유브라데 강 속에 던지며 말하기를 바벨론이 나의 재난 때문에 이같이 몰락하여 다시 일어서지 못하리니 그들이 피폐하리라 하라(예레미야 51:63-64)"라고 하셨다. 바벨론이 큰 강 유브라데 강에 가라앉아

멸망할 것을 말씀한다.

> (9:15) 네 천사가 놓였으니 그들은 그 년 월 일 시에 이르러 사람 삼 분
> 의 일을 죽이기로 준비된 자들이더라

　"삼 분의 일을 죽이기로 준비된 자"라는 말은 앗수르와 바벨론이 하
나님께 속한 나라가 아니었지만, 하나님의 심판 도구로 사용된 후 완
전히 멸망 당한 것처럼 하나님을 믿지 않는 자의 결말이 엄청난 재앙
을 당할 것이라는 말씀이다.
　"그 년 월 일 시에"라는 말은 하나님의 정한 때를 말한다. 매일 매일
똑같은 삶을 사는 것 같지만 하나님의 정한 기한이 있는 것이다.

> (9:16) 마병대의 수는 이만 만이니 내가 그들의 수를 들었노라

　준비된 네 천사가 놓인 후 이만 만의 마병대가 나타난다. "이만 만"
이라는 표현은 성경의 예를 보면 쉽게 이해할 수 있는 숫자이다.

　"하나님의 병거는 천천이요 만만이라(시편 68:17)"

　"내가 또 보고 들으매 보좌와 생물들과 장로들을 둘러 선 많은 천사의
음성이 있으니 그 수가 만만이요 천천이라(요한계시록 5:11)"

　숫자가 많다는 의미로 한정된 수를 표현할 때 사용했다. 흰 옷 입
은 능히 셀 수 없는 큰 무리에 비교하면 한정된 수다.

> (9:17-19) 이같은 환상 가운데 그 말들과 그 위에 탄 자들을 보니 불빛과 자줏빛과 유황빛 호심경이 있고 또 말들의 머리는 사자 머리 같고 그 입에서는 불과 연기와 유황이 나오더라 18 이 세 재앙 곧 자기들의 입에서 나오는 불과 연기와 유황으로 말미암아 사람 삼 분의 일이 죽임을 당하니라 19 이 말들의 힘은 입과 꼬리에 있으니 꼬리는 뱀 같고 또 꼬리에 머리가 있어 이것으로 해하더라

말 탄 자들은 호심경을 입었고 머리는 사자 머리 같고 꼬리는 뱀 꼬리 같고 꼬리는 사람을 해한다. 호심경은 불빛과 자줏빛과 유황빛이다. 말들의 입에서 불과 연기와 유황이 나온다. 불과 유황 연기는 창세기 19장에 나오는 소돔과 고모라가 멸망할 때의 모습처럼 전부 지옥과 심판의 상징들이다.

"그 온 땅이 유황이 되며 소금이 되며 또 불에 타서 심지도 못하며 결실함도 없으며 거기에는 아무 풀도 나지 아니함이 옛적에 여호와께서 진노와 격분으로 멸하신 소돔과 고모라와 아드마와 스보임의 무너짐과 같음을 보고 물을 것이요(신명기 29:23)"

이렇게 말들의 입에서 불과 유황과 연기가 나온다. 이들이 심판의 도구로 사용된다는 말이다. 삼 분의 일이 죽임을 당한다는 말은 엄청난 수가 마귀에게 고통을 당한다는 의미이다.

"꼬리는 뱀 같고 또 꼬리에 머리가 있어 이것으로 해하더라(19절)"라는 말은 당시 파르티안이 적에게 겁주려고 말꼬리에 뱀 모양으로 묶었고, 달려오면서 사자 머리처럼 하고 활을 쏘는 공포의 대상이었다

고 한다. 두려움의 대상을 설명하기 위한 당시의 표현이다.

2) 회개하지 않음(9:20-21)

> (9:20) 이 재앙에 죽지 않고 남은 사람들은 손으로 행한 일을 회개하지 아니하고 오히려 여러 귀신과 또는 보거나 듣거나 다니거나 하지 못하는 금, 은, 동과 목석의 우상에게 절하고 21 또 그 살인과 복술과 음행과 도둑질을 회개하지 아니하더라

끝까지 회개하지 않는 완고함을 보라. 하나님께서는 회개하길 기다리시지만, 허무한 인생임을 알면서도 회개하지 않고 끝까지 헛된 쾌락을 따라간다. 여섯 번째 나팔의 결론은 세상의 어떤 다른 방법으로도 하나님께로 나올 수 없음을 보여 준다.

핍박이 일어날수록 믿는 자는 목숨을 바쳐 믿게 되지만, 인침을 받지 못한 자들은 핍박이 오면 방황의 길로 간다. 코로나19로 인해 이러한 현상을 뚜렷이 볼 수 있는 것 같다.

그들에게 하나님을 알만한 것이 있지만 하나님을 영화롭게 하지 않는다.

"하나님을 알되 하나님을 영화롭게도 아니하며 감사하지도 아니하고 오히려 그 생각이 허망하여지며 미련한 마음이 어두워졌나니 스스로 지혜 있다 하나 어리석게 되어 썩어지지 아니하는 하나님의 영광을 썩어질 사

람과 새와 짐승과 기어다니는 동물 모양의 우상으로 바꾸었느니라(로마
서 1:21-23)"

점점 더 허망함을 따르며 하나님의 진리를 거짓 것으로 바꾸어 피
조물을 조물주보다 더 경배하고 섬긴다.

"이 때문에 하나님께서 그들을 부끄러운 욕심에 내버려 두셨으니 곧 그
들의 여자들도 순리대로 쓸 것을 바꾸어 역리로 쓰며 그와 같이 남자들
도 순리대로 여자 쓰기를 버리고 서로 향하여 음욕이 불 일 듯 하매 남
자가 남자와 더불어 부끄러운 일을 행하여 그들의 그릇됨에 상당한 보
응을 그들 자신이 받았느니라(로마서 1:26-27)"

잘못되었다는 것을 모르는 것이 아니다.

"그들이 이같은 일을 행하는 자는 사형에 해당한다고 하나님께서 정하
심을 알고도 자기들만 행할 뿐 아니라 또한 그런 일을 행하는 자들을 옳
다 하느니라(로마서 1:32)"

10장 작은 두루마리(10:1-11)

1. 펴 놓인 작은 두루마리(10:1-7)

1) 큰소리로 외치니(10:1-4)

> (10:1) 내가 또 보니 힘 센 다른 천사가 구름을 입고 하늘에서 내려오는데 그 머리 위에 무지개가 있고 그 얼굴은 해 같고 그 발은 불기둥 같으며

"회개하지 아니하더라"로 마친 9장에 대한 소망의 메시지다. 하늘에서 어린 양의 천사가 닫혔던 두루마리를 펴들고 입에 넣어 주시는 놀라운 일이 발생했다.

"힘센 다른 천사가 구름을 입고 하늘에서 내려"온다. 구름을 입고

오시는 분은 예수 그리스도시다. 구원하시러 오신 예수님이다. 성경에 천사가 하나님을 대신해 나타나는 경우가 많다. "구름을 입고"할 때 '구름'은 하나님의 영광을 말한다. 예수 그리스도가 강림하실 때 구름을 타고 오신다고 표현했다. "볼지어다 그가 구름을 타고 오시리라(요한계시록 1:7)"라고 했다.

"머리 위에 무지개가 있고"라고 했는데 예수님께 임한 하나님의 영광과 광채를 말한다.

"앉으신 이의 모양이 벽옥과 홍보석 같고 또 무지개가 있어 보좌에 둘렸는데 그 모양이 녹보석 같더라(요한계시록 4:3)"

"그 사방 광채의 모양은 비 오는 날 구름에 있는 무지개 같으니 이는 여호와의 영광의 형상의 모양이라(에스겔 1:28)"

"그 얼굴은 해같고"라는 말도 예수님을 나타낸다.
"그 얼굴은 해가 힘있게 비치는 것 같더라(요한계시록 1:16)"라고 했다.

"그 발은 불기둥 같으며"라는 말도 예수님을 표현한다.
"그의 발은 풀무불에 단련한 빛난 주석 같고(요한계시록 1:15)"라는 표현을 했다.

> (10:2) 그 손에는 펴 놓인 작은 두루마리를 들고 그 오른 발은 바다를 밟고 왼 발은 땅을 밟고

예수님의 손에 작은 두루마리를 들고 계신다. 그 두루마리를 펴거나 보기에 합당한 자는 일찍이 죽임을 당한 어린 양이다(요한계시록 5:4-6 참고).

그 오른발은 바다를 밟고 왼발은 땅을 밟고 온 세상을 장악하고 승리하신 예수 그리스도의 모습이다.

회개하지 아니하는 가운데 구름 기둥과 불기둥으로 인도하신 하나님께서 인침을 받은 자들을 보호하시는 모습이다. 무지개 하나님의 방법으로 구원하실 계획을 보여 주신다.

> (10:3-4) 사자가 부르짖는 것 같이 큰 소리로 외치니 그가 외칠 때에 일곱 우레가 그 소리를 내어 말하더라 4 일곱 우레가 말을 할 때에 내가 기록하려고 하다가 곧 들으니 하늘에서 소리가 나서 말하기를 일곱 우레가 말한 것을 인봉하고 기록하지 말라 하더라

천사가 외친 큰 우렛소리를 기록하지 말라고 한다. 인봉하고 기록하지 말라(4)고 하신다. 기록하지 말라고 하셨기에 일곱 우렛소리가 무슨 소리인지 아무도 알 수 없다.

2) 그 비밀이 이루어지리라(10:5-7)

(10:5-7) 내가 본 바 바다와 땅을 밟고 서 있는 천사가 하늘을 향하여
오른손을 들고 6 세세토록 살아 계신 이 곧 하늘과 그 가운데에 있는
물건이며 땅과 그 가운데에 있는 물건이며 바다와 그 가운데에 있는
물건을 창조하신 이를 가리켜 맹세하여 이르되 지체하지 아니하리니
7 일곱째 천사가 소리 내는 날 그의 나팔을 불려고 할 때에 하나님이
그의 종 선지자들에게 전하신 복음과 같이 하나님의 그 비밀이 이루
어지리라 하더라

이제 읽으면 이해가 될 것이다. "바다와 땅을 밟고 서 있는 천사(5)"
는 2절에도 표현되었다. 온 세상을 장악하고 승리하신 예수 그리스도
의 모습이다. "오른손을 들고(5)"라는 말은 고대에 맹세할 때처럼 힘센
다른 천사가 오른손을 들고 "맹세하여 이르되 지체하지 아니하리니
(6)"라고 한다. 이제 얼마 남지 않았다고 한다. 일곱 번째 나팔을 불려
고 할 때 비밀이 열린다고 한다. 그 비밀은 "하나님이 그의 종 선지자
들에게 전하신 복음(7)"이다. 여기 놀라운 비밀이 숨어 있다. 두루마
리가 복음이라고 하는 이유가 이 구절에 있다. 지금 복음을 펼쳐 나
가고 있다는 것을 알 수 있는 말씀이다. 복음이 하나님의 비밀이다.
복음은 예수이다. "그 비밀이 이루어지리라(7)"

2. 갖다 먹어 버리니(10:8-11)

1) 갖다 먹어 버리라(10:8-10)

> (10:8) 하늘에서 나서 내게 들리던 음성이 또 내게 말하여 이르되 네가 가서 바다와 땅을 밟고 서 있는 천사의 손에 펴 놓인 두루마리를 가지라 하기로

천사의 손에서 펴 놓인 두루마리를 가지라고 하셨다. 두루마리가 펴져 있다. 분명한 메시지를 말한다.

> (10:9-10) 내가 천사에게 나아가 작은 두루마리를 달라 한즉 천사가 이르되 갖다 먹어 버리라 네 배에는 쓰나 네 입에는 꿀 같이 달리라 하거늘 10 내가 천사의 손에서 작은 두루마리를 갖다 먹어 버리니 내 입에는 꿀 같이 다나 먹은 후에 내 배에서는 쓰게 되더라

펴 놓인 두루마리를 달라고 하니 갖다 먹으라고 한다. "펴 놓인 두루마리"라는 말은 예수 그리스도로 열린 복음을 말한다.

두루마리는 5장에서는 일곱 인(印)으로 봉해져 있었다. 본문은 펴 놓인 두루마리다. 펴려고 하지 않아도 펴 놓여 있다.

이 땅에 오시고 십자가를 지시고 부활하셔서 승천하시고 재림하실 것을 보여 주심으로 여기셨다. 십자가에 돌아가시고 부활하심으로 임마누엘의 복음이 열렸다. 이것을 먹으라고 한다.

복음의 조명이 밝아지면 배에선 쓰지만, 입에는 달 것이라고 하신다. 에스겔서 3장에서도 에스겔이 같은 내용을 기록한다. 복음을 발견한 사람은 입에는 꿀송이보다 더 달아서 감격과 감사가 넘친다. 동시에 배에서는 쓰게 된다. 복음을 알지 못하는 자들을 향한 아픔이 엄청나게 생기기 때문이다. 그래서 선교사로도 가고 온몸을 바쳐 복음만을 전하겠다는 결단을 하게 되는 것이다.

나는 임마누엘 조명을 받으면서 온몸에 소름이 돋았다. 영원한 임마누엘로 내 안에 생수의 강이 흘러넘친다는 것을 깨닫는 날 "큰일 날 뻔했네. 평생 모르고 살 뻔했네."라는 생각에 놀랐다. 동시에 '복음 전하는 일이 시급하네. 교회 안에도 빨리 전해야 하는데 큰일이네.'라는 생각으로 입에는 달지만, 마음엔 쓴 말씀이 되었다.

2) 다시 예언하라(10:11)

> (10:11) 그가 내게 말하기를 네가 많은 백성과 나라와 방언과 임금에게 다시 예언하여야 하리라 하더라

두루마리를 먹은 요한에게 다시 예언할 것을 말씀한다. 십자가 부활의 복음은 '하나님의 의'를 가져왔고 영원한 임마누엘을 주셨다. 입에 한없이 달았고 동시에 마음엔 이 소식을 전하지 않고는 견딜 수 없는 쓰디쓴 마음 때문에 복음을 다시 전할 수밖에 없게 되는 것이다.

예수 그리스도를 믿음으로 말미암아 모든 믿는 자에게 주시는 차별이 없는 하나님의 의의 문이 열린 것이다(로마서 3:22 참고). "그런즉 누구든지 그리스도 안에 있으면 새로운 피조물이라 이전 것은 지나갔으니 보라 새 것이 되었도다(고린도후서 5:17)"라는 복음의 문이 열렸다. 다시 예언해야만 한다.

I. 두 증인(11:1-6)

1) 측량(11:1-2)

> (11:1상) 또 내게 지팡이 같은 갈대를 주며 말하기를

갈대는 당시 길이를 재는 자로 3m(10피트) 정도라고 한다. 에스겔 40장에도 이러한 광경이 나온다. "바깥 문 통로에서부터 안 문 현관 앞까지 쉰 척이며 문지기 방에는 각각 닫힌 창이 있고 문 안 좌우편에 있는 벽 사이에도 창이 있고 그 현관도 그러하고 그 창은 안 좌우편으로 벌여 있으며 각 문 벽 위에는 종려나무를 새겼더라(에스겔 40:15-16)" 측량의 목적은 파괴나 보호를 측량하는 것이다.

요한계시록을 기록할 당시는 예루살렘 성전이 파괴된 이후이기 때
문에 실제 성전이 아니다. 그렇다면 성전은 무엇인가?

"너희는 너희가 하나님의 성전인 것과 하나님의 성령이 너희 안에 계시
는 것을 알지 못하느냐(고린도전서 3:16)"

우리가 하나님의 성전이다. 교회가 하나님의 성전이다. 교회란 교회
당을 말하는 것이 아니다. 측량의 목적은 보호하시기 위함이다. 측량
해 보면 그 안에 보좌가 있음을 알게 된다. 보좌에 어린 양이 앉아 있
음을 보게 된다. 천군 천사들이 있고, 흰 옷 입은 우리가 있음을 알
게 된다.

측량하지 말아야 할 곳을 말씀하신다. 측량의 목적은 두 가지이다.
파괴하기 위함이거나 보호하기 위함이다. 아직 이방인들은 측량하지
말라고 하신다. 인내하시고 기다리시는 사랑의 하나님이시다. 기회를
주시는 것이다.

성전 바깥마당은 이방인의 뜰이다. 이방인을 기다리시는 주님의 마
음이다. 이 구절이 요한계시록의 요절이라고 보아도 좋을 것이다. 아

직 기다리시는 사랑의 하나님을 찬양한다. 우리는 지금 이 기간을 살아가고 있다.

> (11:2하) 그들이 거룩한 성을 마흔두 달 동안 짓밟으리라

성전 바깥마당을 측량하지 말라고 하신 기한은 무기한이 아니다. 기간이 정해져 있다. 마흔두 달 동안이다.

요한계시록에 삼 년 반이나 마흔두 달이나 일천이백육십일 등의 표현은 다 같은 말로 교회 시대를 말씀한다.

핍박이나 이방인들의 기간은 짧게 느껴지도록 기록한 것 같고, 우리가 누리는 기간은 길게 느껴지도록 기록한 것 같다. 우리에게는 일천이백육십일을 사용하셨다.

마흔두 달 동안이라는 말은 기간이 정해져 있는 교회 시대 전체를 의미한다. 이 땅에 교회가 있는 날 동안 하나님은 이방인의 뜰을 측량하지 않으신다. 기다리신다는 말씀이다.

로마서에서는 잠시 내어 버려두신다는 표현을 사용한다.

"그러므로 하나님께서 그들을 마음의 정욕대로 더러움에 내버려 두사 그들의 몸을 서로 욕되게 하게 하셨으니(로마서 1:24)"

주님의 기다림이 효과가 없는 것처럼 보이기도 하고 그들이 더 잘되는 것처럼 보이기도 한다. "그들이 거룩한 성을 마흔두 달 동안 짓밟으리라"라고 했다. 하나님께서 측량을 미루신 날 동안 이방인은 구원

받을 수 있는 기간은 주신 은혜를 은혜로 모르기 때문이고 사탄이 사람을 이용하기 때문에 일어나는 현상이다.

"하나님을 알되 하나님을 영화롭게도 아니하며 감사하지도 아니하고 오히려 그 생각이 허망하여지며 미련한 마음이 어두워졌나니 스스로 지혜 있다"라고 했다.

믿는 자가 이유 없이 왕따당하는 일도 있고, 무시와 미움을 받기도 하고 핍박을 받기도 한다. 로마서는 이런 이방인의 모습을 말씀하고 있다.

"곧 모든 불의, 추악, 탐욕, 악의가 가득한 자요 시기, 살인, 분쟁, 사기, 악독이 가득한 자요 수군수군하는 자요 비방하는 자요 하나님께서 미워하시는 자요 능욕하는 자요 교만한 자요 자랑하는 자요 악을 도모하는 자요 부모를 거역하는 자요 우매한 자요 배약하는 자요 무정한 자요 무자비한 자라"라고 했다. 그런데도 하나님은 기다리신다.

우리는 이런 일을 당할 때도 마음을 도적질 당하지 말아야 한다. 심지어 저들은 이런 일을 하면 사형에 해당한다는 것을 알면서도 그런 일을 한다는 것이다.

"그들이 이같은 일을 행하는 자는 사형에 해당한다고 하나님께서 정하심을 알고도 자기들만 행할 뿐 아니라 또한 그런 일을 행하는 자들을 옳다 하느니라(로마서 1:32)"

이런 일 속에서도 우리는 "그들이 거룩한 성을 마흔두 달 동안 짓밟으리라"라고 하신 말씀을 잊지 말아야 한다. 기억하자. 시간은 제한되어 있다. 마흔두 달, 삼 년 반이다. 1,260일이다. 때로는 사흘 반으로도 표현한다. 교회 시대 동안 있을 일이다. 곧 주님은 다시 오실 것이다.

2) 일천이백육십일(11:3-6)

> (11:3상) 내가 나의 두 증인에게 권세를 주리니

두 증인은 교회를 두고 하신 말씀이다. 증인이 두 명이라는 말은 증거의 진실성을 입증하기 위한 인원이다. 교회인 당신에게 복음을 전할 권세를 주신다는 말씀이다. 예수께서 승천하시면서 말씀하신 약속이다. 두 증인에게 임마누엘의 권세를 주셨다.

"예수께서 나아와 말씀하여 이르시되 하늘과 땅의 모든 권세를 내게 주셨으니 그러므로 너희는 가서 모든 민족을 제자로 삼아 아버지와 아들과 성령의 이름으로 세례를 베풀고 내가 너희에게 분부한 모든 것을 가르쳐 지키게 하라 볼지어다 내가 세상 끝날까지 너희와 항상 함께 있으리라 하시니라(마태복음 28:18-20)"

"믿는 자들에게는 이런 표적이 따르리니 곧 그들이 내 이름으로 귀신을 쫓아내며 새 방언을 말하며 뱀을 집어올리며 무슨 독을 마실지라도 해를 받지 아니하며 병든 사람에게 손을 얹은즉 나으리라 하시더라(마가복음 16:17-18)"

> (11:3하) 그들이 굵은 베옷을 입고 천이백육십일일을 예언하리라

당신은 일천이백육십일 동안, 교회 시대에 예언해야 한다. 예언은 예수 그리스도를 통해 이루어진 복음이다. 복음 전하는 일을 교회에게 주셨다. 성전 바깥마당을 측량하지 않으시고 기회를 주신 것이다. 구원할 기회다.

굵은 베옷을 입고 전하듯이 전해야 한다. 애통의 마음으로 전해야 한다. 두 증인이 입은 굵은 베옷은 유대인들이 회개하고 참회할 때 입던 옷이다. 복음은 전하는 우리의 자세가 어떠해야 함을 보여 준다.

> (11:4) 그들은 이 땅의 주 앞에 서 있는 두 감람나무와 두 촛대니

스가랴 4장에서 두 감람나무와 금 등대의 등잔 일곱을 말씀한다 (스가랴4:1-14 참고).

"두 감람나무"는 당시 유대 총독이었던 스룹바벨과 대제사장이었던 여호수아를 가리킨다. 교회가 왕 같은 제사장이라는 말이다.

"두 촛대"는 두 증인이다. 교회를 가리킨다. 증거의 진실성을 입증하기 위해 사용되는 숫자이다.

"죽일 자를 두 사람이나 세 사람의 증언으로 죽일 것이요 한 사람의 증언으로는 죽이지 말 것이며(신명기 17:6)" 예수님께서도 제자들을 파송하실 때 둘씩 보내신다.

"열두 제자를 부르사 둘씩 둘씩 보내시며 더러운 귀신을 제어하는 권능을 주시고(마가복음 6:7)"

(11:5) 만일 누구든지 그들을 해하고자 하면 그들의 입에서 불이 나와서 그들의 원수를 삼켜 버릴 것이요 누구든지 그들을 해하고자 하면 반드시 그와 같이 죽임을 당하리라

증인 된 교회를 함부로 해할 수 없음을 말씀한다. 교회인 당신의 입에서 나오는 말씀은 불과 같다. 말씀의 능력으로 원수를 삼켜 버릴 것이다. 믿는 자의 권세가 대단하다.

"믿는 자들에게는 이런 표적이 따르리니 곧 그들이 내 이름으로 귀신을 쫓아내며 새 방언을 말하며 뱀을 집어 올리며 무슨 독을 마실지라도 해를 받지 아니하며 병든 사람에게 손을 얹은즉 나으리라 하시더라(마가복음 16:17-18)"

"그러므로 만군의 하나님 여호와께서 이와 같이 말씀하시니라 너희가 이 말을 하였은즉 볼지어다 내가 네 입에 있는 나의 말을 불이 되게 하고 이 백성을 나무가 되게 하여 불사르리라(예레미야 5:14)"

(11:6) 그들이 권능을 가지고 하늘을 닫아 그 예언을 하는 날 동안 비가 오지 못하게 하고 또 권능을 가지고 물을 피로 변하게 하고 아무 때든지 원하는 대로 여러 가지 재앙으로 땅을 치리로다

교회에 말씀의 권세를 주셨다. 믿는 우리에게 표적이 따른다. 표적은 표시라는 말이다. 술을 먹어도 표가 나고, 담배를 피워도 표가 난다. 예수를 믿는 자는 그리스도의 냄새요, 그리스도의 향기다. 예수 믿는 당신은 표가 나게 되어 있다.

"제자들이 나가 두루 전파할새 주께서 함께 역사하사 그 따르는 표적으로 말씀을 확실히 증언하시니라(마가복음 16:20)"

확실히 증언하실 것이다. 말씀을 증거할 때 주신 권세를 모세와 엘리야의 이야기를 인용한다. 모세는 애굽의 바로 왕을 이겼다. 엘리야는 이세벨의 바알과 아세라 신을 섬기는 것을 이겼다. 복음을 전할 때 나타나는 표적은 엄청나다.

다시 기억할 것은 흐름을 잊지 말아야 한다. 지금 9장 마지막에 여섯 번째 나팔을 불어도 "회개하지 아니하더라(요한계시록 9:21)"라고 했는데 회개하지 않는 그들을 어떻게 회개하도록 하시는지 10장에서 14장까지 말씀하고 계신다. 하나님은 하나님의 계획을 반드시 성취하시는 분이시다.

2. 죽었다 일어나 하늘로(11:7-13)

1) 죽임(11:7-10)

> (11:7) 그들이 그 증언을 마칠 때에 무저갱으로부터 올라오는 짐승이 그들과 더불어 전쟁을 일으켜 그들을 이기고 그들을 죽일 터인즉

교회가 증언을 마칠 때 "무저갱에서 올라온 짐승"이 적극적인 전쟁을 일으킨다. 무저갱에서 올라온 짐승은 지금 올라온다는 말이 아니라 이미 올라와 있다. 이놈은 복음을 전하지 못하게 하고, 듣지 못하게 한다.

"죽일 터인즉"이라는 것은 예수께서 이 땅에 오셨을 때 사탄은 이기고 이기는 자처럼 보였다. 결국 주님을 십자가에 못 박았다. 스데반에게도 그러했다.

또 이 말은 교회가 존재하는 이상 복음을 전한다는 말이다. 교회 존재의 유일한 사명이기 때문이다. 교회는 복음을 전하라고 존재한다. 교회는 거룩해져 가는 신부가 아니다. 십자가로 '하나님의 의'가 된 거룩한 신부이다. 우리가 이 땅을 사는 유일한 목적은 복음 증거뿐이다. 생명 있는 동안에 우리는 복음을 전할 것이다. 반면에, 교회가 생명이 있는 동안 짐승은 죽이려 할 것이다.

> (11:8) 그들의 시체가 큰 성 길에 있으리니 그 성은 영적으로 하면 소돔이라고도 하고 애굽이라고도 하니 곧 그들의 주께서 십자가에 못 박히신 곳이라

교회의 사명은 복음을 전하는 것이다. 우리는 복음을 전하다가 죽음을 맞이하는 자다. 당신은 복음을 위해 살다가 갈 것이다. 주님도 이 땅에서 그렇게 십자가를 지셨다. 우리도 주님처럼 이 땅에 보냄을 받았다. 예수님의 마지막 기도에서 분명히 말씀하신다.

"아버지께서 나를 세상에 보내신 것 같이 나도 그들을 세상에 보내었고
(요한복음 17:18)"

그렇다. 교회는 예수께서 십자가를 지신 세상 속에 있다. 영적으로 소돔이라고도 하고 애굽이라고도 하는 곳이다. 영적으로 주님이 못 박힌 곳에 우리는 살고 있다. 우리가 이 땅을 사는 것은 부자로 잘살다가 천국 가기 위함이 아니다.

우리는 "성전 바깥마당은 측량하지 말고 그냥 두라(요한계시록 11:2)"라고 하신 영광의 시대를 살고 있다.

> (11:9) 백성들과 족속과 방언과 나라 중에서 사람들이 그 시체를 사흘 반 동안을 보며 무덤에 장사하지 못하게 하리로다

세상이 교회를 대하는 모습이다. "내가 진실로 너희에게 이르노니 심판 날에 소돔과 고모라 땅이 그 성보다 견디기 쉬우리라(마태복음 10:5)"라고 하셨다. 소돔과 고모라보다 더 악한 모습으로 교회를 대할 것을 말하고 있다. 우리가 복음을 전할 이 땅이 그러함을 알면 실망할 필요가 없다.

바울도 루스드라에서 돌에 맞아 죽게 되었지만, 디모데를 얻는 기쁨이 있었다. 영광의 복음을 전하는 당신에게 기쁨으로 단을 거두는 일이 반드시 있다. 당신의 복음 전함은 결코 실패할 수 없는 영광스러운 일이다.

주님도 양을 이리 가운데로 보내는 것 같다고 말씀하셨다.

"보라 내가 너희를 보냄이 양을 이리 가운데로 보냄과 같도다 그러므로 너희는 뱀 같이 지혜롭고 비둘기같이 순결하라(마태복음 10:6)"

"장차 형제가 형제를, 아버지가 자식을 죽는 데에 내주며 자식들이 부모를 대적하여 죽게 하리라(마태복음 10:21)"

"제자가 그 선생보다, 또는 종이 그 상전보다 높지 못하나니 제자가 그 선생 같고 종이 그 상전 같으면 족하도다 집 주인을 바알세불이라 하였거든 하물며 그 집 사람들이랴(마태복음 10:24-25)"

"사람의 원수가 자기 집안 식구리라(마태복음 10:36)"

당신은 복음을 전하다가 어떤 일을 당하더라도 목숨 건 전도자이기에 감격으로 감당할 수 있는 자다.

> (11:10) 이 두 선지자가 땅에 사는 자들을 괴롭게 한 고로 땅에 사는 자들이 그들의 죽음을 즐거워하고 기뻐하여 서로 예물을 보내리라 하더라

"너는 이것을 알라 말세에 고통하는 때가 이르러 사람들이 자기를 사랑하며 돈을 사랑하며 자랑하며 교만하며 비방하며 부모를 거역하며 감사하지 아니하며 거룩하지 아니하며 무정하며 원통함을 풀지 아니하며 모함하며 절제하지 못하며 사나우며 선한 것을 좋아하지 아니하며 배신하며 조급하며 자만하며 쾌락을 사랑하기를 하나님 사랑하는 것보다 더하며 경건의 모양은 있으나 경건의 능력은 부인하니 이같은 자들에게서 네가 돌아서라(디모데후서 3:1-5)"라고 하신 말씀이 사실이다.

세상이 복음을 전하는 교회를 어떻게 대하든지 우리는 알려야만한다. 당신은 이 일을 위해 이 땅을 살고 있다.

2) 일어나 하늘로(11:11-13)

> (11:11) 삼 일 반 후에 하나님께로부터 생기가 그들 속에 들어가매 그들이 발로 일어서니 구경하는 자들이 크게 두려워하더라

예수 그리스도는 돌아가시고 부활하셨다. 교회도 그러하다. 아무리 죽이려고 해도 죽은 것이 아니다. 교회는 하나님께서 세우셨고, 유지하게 하시고, 지키신다. 세상이 승리한 것 같이 보일지라도 승리는 우리 주님께 있다.

당신은 부활 신앙으로 세상을 놀라게 하는 자다. 죽은 것 같았는데 살아나는 자다.

요셉은 애굽에 종으로 팔려 갔고 감옥까지 갔다. 죽은 것 같았다. 그러나 그에게 생명이 있었다. 하나님이 함께한다는 것을 요셉은 알았다. 보디발의 집에 있을 때도, 감옥에 있을 때도 그는 죽은 자 같았으나 산 자였다. 그의 눈은 살아있었다. 그의 생각은 살아있었다. 세상은 그를 구경하며 놀랐다. 그를 팔았던 형들도 놀랐다. 당신은 이런 자다.

"너희를 넘겨 줄 때에 어떻게 또는 무엇을 말할까 염려하지 말라 그 때에 너희에게 할 말을 주시리니 말하는 이는 너희가 아니라 너희 속에서 말씀하시는 이 곧 너희 아버지의 성령이시니라(마태복음 10:19-20)"

당신은 하나님의 사람이다. 성령의 사람이다. 죽어도 산다. 임마누엘의 마음을 도적질 당해선 안 된다. 임마누엘을 묵상하라. 당신에게 묻는 먼지를 떨어 버려라. 당신에게 부활 생명, 즉 임마누엘의 복음이 넘쳐나게 하라.

"누구든지 너희를 영접하지도 아니하고 너희 말을 듣지도 아니하거든 그 집이나 성에서 나가 너희 발의 먼지를 떨어 버리라(마태복음 10:14)"

(11:12) 하늘로부터 큰 음성이 있어 이리로 올라오라 함을 그들이 듣고 구름을 타고 하늘로 올라가니 그들의 원수들도 구경하더라

당신의 삶은 원수들이 구경하는 삶이다. 어둠 속의 빛이기 때문이다. 당신은 보좌를 품은 자다. 당신은 하나님 우편에 앉힌 자다.

"또 함께 일으키사 그리스도 예수 안에서 함께 하늘에 앉히시니(에베소서 2:6)"

당신은 천국을 보여 주며 사는 자다. 하늘의 큰 음성을 들어보라. 이리로 올라오라는 음성이 들릴 것이다.

요셉이 하나님과 함께함을 보디발도 보았고, 감옥의 간수도 보았다. 하나님의 사람은 어디를 가든지 하나님께서 함께하심을 저들이 보게 된다. 저들은 당신을 구경할 것이다.

요한계시록은 앞으로 당할 큰 핍박을 어떻게 이길까 하고 걱정을 하라고 주신 성경이 아니다. 당신은 "성전 바깥마당은 측량하지 말고 그냥 두라(요한계시록 11:2)"라고 하신 사랑하는 주님의 마음을 알고 복음 전하는 자로 살라는 것이다.

> (11:13) 그 때에 큰 지진이 나서 성 십 분의 일이 무너지고 지진에 죽은 사람이 칠천이라 그 남은 자들이 두려워하여 영광을 하늘의 하나님께 돌리더라

심판이 가까이 왔다. "성전 바깥마당은 측량하지 말고 그냥 두라(요한계시록 11:2)"라고 하신 말씀을 닫을 시간이 가까이 왔다.

성 십 분의 일이 무너질 것이고 칠천의 사람이 죽을 것이다. 십 분의 일이라는 말은 십일조의 개념처럼 전부라는 의미이다. 한 사람도 하나님의 심판을 피할 수 없다.

죽은 사람이 칠천이란 말은 칠이라는 완전수에 충만의 수인 천을

곱한 수로 전부라는 의미이다. 전부 죽을 것이다. 하나님께 영광 돌릴 자들만 남게 된다.

우리는 이때가 가까이 오고 있음을 알고 있다.

"너희를 영접하는 자는 나를 영접하는 것이요 나를 영접하는 자는 나를 보내신 이를 영접하는 것이니라(마태복음 10:40)"라고 하셨다. 당신은 이렇게 귀한 자다.

3. 일곱째 나팔(11:14-19)

1) 일곱째 나팔과 찬양(11:14-18)

(11:14) 둘째 화는 지나갔으나 보라 셋째 화가 속히 이르는도다

주님의 기다림이 곧 끝이 날 것이다. 곧 이날이 올 것이다. 개인적으로 올 수도 있고 우주적으로도 올 수 있다. 개인적 종말이나 우주적 종말은 개인에게 있어서는 같은 종말이다. 우리는 이때를 기다리며 임마누엘로 행복하고 명랑하고 기쁨으로 이 땅을 사는 자들이다.

동시에 간절함과 안타까움으로 복음 전하는 자들이다. 당신은 당신의 유익만 추구하고, 당신의 영적 성장만을 위해 사는 자가 아님을 알고 있다.

> (11:15) 일곱째 천사가 나팔을 불매 하늘에 큰 음성들이 나서 이르되 세상 나라가 우리 주와 그의 그리스도의 나라가 되어 그가 세세토록 왕 노릇 하시리로다 하니

이제 주의 나라가 이루어지고 주님이 세세토록 왕이 되어 세세토록 영광을 받으실 것이다.

> (11:16-17) 하나님 앞에서 자기 보좌에 앉아 있던 이십사 장로가 엎드려 얼굴을 땅에 대고 하나님께 경배하여 17 이르되 감사하옵나니 옛 적에도 계셨고 지금도 계신 주 하나님 곧 전능하신 이여 친히 큰 권능을 잡으시고 왕 노릇 하시도다

보좌에 앉아 있던 이십사 장로가 엎드려 얼굴을 땅에 대고 하나님 께 경배한다. 이십사 장로는 교회이다. 우리도 얼굴을 땅에 대고 경배 한다. "장차 오실 이"라는 말은 없다. 일곱 번째 나팔이 우주의 최후 의 종말이라는 의미다.

"큰 권능을 잡으시고"라는 말씀은 이제 하나님께만 권세가 있으시 고 사탄의 권세는 없어졌다는 것을 포함한다.

> (11:18) 이방들이 분노하매 주의 진노가 내려 죽은 자를 심판하시며 종 선지자들과 성도들과 또 작은 자든지 큰 자든지 주의 이름을 경외 하는 자들에게 상 주시며 또 땅을 망하게 하는 자들을 멸망시키실 때 로소이다 하더라

최후 심판의 때를 말한다. 하나님의 진노가 내려질 것이다. 주의 이름을 경외하는 자들에게 상을 주시고 땅을 망하게 한 자들을 멸망시킬 것이다. 이 멸망은 무서운 멸망이다.

다시는 나오지 못하는 영원한 불못이 준비되어 있다는 것은 우리에게 경각심을 갖게 한다. 이날이 오기 전 한 사람이라도 더 건져내고 복음을 전해야 한다.

"이것은 둘째 사망 곧 불못이라 누구든지 생명책에 기록되지 못한 자는 불못에 던져지더라(요한계시록 20:15)"

우리에게 주시는 상은 어떤 상일까? 일곱 교회에 주실 상을 2장과 3장에서 보았다.

① 낙원에 있는 생명나무의 과실을 먹게 한다(2:7)
② 생명의 면류관과 둘째 사망의 해를 받지 않는다(2:10-11)
③ 감추어진 만나와 흰 돌을 받는다(2:17)
④ 만국을 다스리는 권세와 새벽 별을 얻게 된다(2:27-28)
⑤ 흰 옷을 입으며 생명책에 기록된다(3:5)
⑥ 하나님 성전의 기둥이 되고 그 위에 새 이름이 기록된다(3:12)
⑦ 그리스도의 보좌에 함께 앉게 된다(3:21)

종합해 보면 주님과 함께 영원히 사는 것이 우리의 상이다. 주님이 다시 오시는 목적은 임마누엘을 위해 오시는 것이다.

2) 성전이 열림(11:19)

> (11:19) 이에 하늘에 있는 하나님의 성전이 열리니 성전 안에 하나님의 언약궤가 보이며 또 번개와 음성들과 우레와 지진과 큰 우박이 있더라

이 구절은 12장~14장까지를 설명하기 위한 전환 절이라고 볼 수 있다. 성전이 열리니 언약궤가 보인다. 언약궤는 예수 그리스도시다. 구원의 문이다. 하나님의 임재가 있는 곳이다. 구름 기둥과 불기둥의 출발점이다. 언약궤에서 모든 죄와 문제가 해결되었다. 보혈이 흐르는 곳이다. 또 번개와 음성과 우레와 지진과 우박이 있더라고 한다. 하나님의 위엄이다. 하나님의 심판이다. 구원과 심판이 동시에 보였다. 이것이 복음이다. 12장~14장의 문을 열기 위한 뚜껑이다.

요한계시록은 편지 형식이다. 장과 절이 구분되어 적힌 책이 아니라 연속해서 기록된 책이라는 것을 기억하며 전체 흐름을 읽을 수 있어야 한다.

이제 마지막 심판이 있게 된 배경을 12장과 13장과 14장에서 설명하려고 한다. 교회와 예수 그리스도와 사탄의 영적 전쟁의 핵심을 기록하고 있다. 여섯 번째 나팔을 분 후 9장 마지막 21절에서 "회개하지 아니하더라"라는 말씀을 이어 가고 있다.

11장에서 일곱 번째 나팔을 불기 전 주님은 "성전 바깥마당은 측량

하지 말고 그냥 두라(11:2)"라고 하신 기간 동안 일어나는 총체적인 사실을 12~14장에서 다시 총정리하여 보여 준다.

예수님의 초림과 재림을 총망라해서 기록했다고 보면 될 것이다. 그 후 마지막 대접 재앙으로 반복해서 설명해 주고 있다. 그래서 12~14 장은 중요한 주제를 담고 있다. 요한계시록의 핵심이라고 볼 수도 있다. 이렇게 복음을 반복해서 점진적으로 정리해 주고 있음을 기억하면서 살펴보자.

12장의 기록을 보면

붉은 용은 교회를 파괴하려고 물을 토지만

하나님께서 지키시고 보호하신다.

13장에서는

두 짐승이 예수를 흉내 내며

성도와 교회를 유혹한다는 것을 보여 준다.

그러는 가운데

14장에서 십사만 사천의 무리가

노래하며 승리를 선포한다.

2부 넷째 부분

일곱째 나팔로
하늘이 열림(12:~14:)

12장 여자와 용(12:1-17)

1. 여자와 붉은 용(12:1-6)

1) 한 여자(12:1)

> (12:1) 하늘에 큰 이적이 보이니 해를 옷 입은 한 여자가 있는데 그 발 아래에는 달이 있고 그 머리에는 열두 별의 관을 썼더라

하늘 문이 열리고, 성전이 열리면 볼 수 있는 세계다. 해를 옷 입은 여자가 보인다. 하늘 문이나 성전 문은 같은 문이다.

성경은 구속사다. 인간이 타락하자마자 원(시) 복음이라고 불리는 창세기 3장 15절을 말씀하시며 하나님의 계획을 말씀해 주셨다. 이 말씀은 우리에게 주신 놀라운 약속이다. 성경 전체는 원 복음을 이루시는 설명이다. 이것은 하나님의 창조 섭리 속에 포함된 말씀이다. 창

세기는 창조를 이야기하는 책이 아니다. 예수 그리스도를 통한 속량을 비밀로 감추어 놓은 하나님의 계획을 말씀하신 책이고, 우리에게는 언약의 책이다. 천지 창조부터 예수 그리스도를 통한 속량과 심판을 말씀하고 있다.

하나님의 가장 큰 일, 하나님께서 계획하신 핵심은 하나님께서 성육신하시는 것이었다. 예수 그리스도께서 성육신하신 일이다. 우리에게 이것보다 더 큰 이적은 없다. 이 놀라운 이적이 교회를 통해 일어난다고 말씀하고 있다.

여자는 교회, 즉 우리 모습이다. 열두 별의 관을 썼다는 말은 열두 지파, 열두 교회를 상징한다. 교회는 하나가 되어 열두 별의 관을 쓰고 있다.

2) 아이 밴 여자(12:2)

> (12:2) 이 여자가 아이를 배어 해산하게 되매 아파서 애를 쓰며 부르짖더라

여인이 아이를 배어 아이를 낳게 된다. 5절에 보면 그 여인이 낳은 아이가 장차 철장으로 만국을 다스릴 남자라고 하는데 바로 예수 그리스도이다. 이 철장으로 만국을 다스릴 예수 그리스도를 낳은 이 여인은 누구인가? 태양을 입고, 달을 발아래 두고, 열두 별의 관을 쓴 이 여자가 바로 교회다.

하나님은 교회를 창조하셨다. 교회를 세우시고 유지하시며 지키신다. 하나님은 지금도 교회를 통해 일하신다. 하나님의 피로 값 주고 사신 교회를 사랑하시고 귀히 보신다.

교회에 예수가 필요해서 예수께서 오셨다. 교회가 예수를 낳았다. 교회는 예수를 품고 있다. 예수가 없는 교회는 교회가 아니다. 교회는 예수만 있어야 한다. 교회는 예수뿐이다.

구약 여러 곳에서 이스라엘을 아이를 밴 여인으로 묘사한다. 창세기의 원 복음에서부터 이야기하고 있다. 놀랍고 놀랍다. 원 복음은 예수를 품은 교회 이야기다.

"내가 너로 여자와 원수가 되게 하고 네 후손도 여자의 후손과 원수가 되게 하리니 여자의 후손은 네 머리를 상하게 할 것이요 너는 그의 발꿈치를 상하게 할 것이니라 하시고(창세기 3:15)"

"여호와여 잉태한 여인이 산기가 임박하여 산고를 겪으며 부르짖음 같이 우리가 주 앞에서 그와 같으니이다(이사야 26:17)"

3) 큰 붉은 용(12:3-4)

(12:3) 하늘에 또 다른 이적이 보이니 보라 한 큰 붉은 용이 있어 머리가 일곱이요 뿔이 열이라 그 여러 머리에 일곱 왕관이 있는데

하늘에서 다른 이적을 보았다. 머리가 일곱 개, 뿔이 열 개가 있는 붉은 용이 보였다. 6장에서 백마 탄 자 다음에 나오는 붉은 말을 탄 자가 생각난다. 붉은 용의 일곱 머리에 일곱 면류관이 있다. 9절에서 용의 정체를 마귀라고 밝힌다.

> "큰 용이 내쫓기니 옛 뱀 곧 마귀라고도 하고 사탄이라고도 하며 온 천하를 꾀는 자라 그가 땅으로 내쫓기니 그의 사자들도 그와 함께 내쫓기니라(요한계시록 12:9)"

붉은색은 "너희 죄가 주홍 같을지라도"라고 하며 성경에서 '죄'를 나타낼 때 쓰이는 색깔이기도 하다. 붉은 용은 죄의 원흉 사탄, 마귀를 뜻한다. 공산당이 붉은색과 용을 좋아하는 것이 우연의 일치일까? 그 용이 머리가 일곱 개, 뿔이 열이다.

13장과 17장에서도 비슷한 표현이 있다.

> "내가 보니 바다에서 한 짐승이 나오는데 뿔이 열이요 머리가 일곱이라 그 뿔에는 열 왕관이 있고 그 머리들에는 신성모독 하는 이름들이 있더라(요한계시록 13:1)"

> "천사가 이르되 왜 놀랍게 여기느냐 내가 여자와 그가 탄 일곱 머리와 열 뿔 가진 짐승의 비밀을 네게 이르리라 네가 본 짐승은 전에 있었다가 지금은 없으나 장차 무저갱으로부터 올라와 멸망으로 들어갈 자니 땅에 사는 자들로서 창세 이후로 그 이름이 생명책에 기록되지 못한 자들이 이전에 있었다가 지금은 없으나 장차 나올 짐승을 보고 놀랍게 여기리

라(요한계시록 17:7-8)"

용은 교회와 대적 세력인 사탄이다. 17장에 이어진 말씀을 보면 설명이 된다.

"지혜 있는 뜻이 여기 있으니 그 일곱 머리는 여자가 앉은 일곱 산이요
(요한계시록 17:9)"

일곱 머리를 일곱 산이라고 표현했다. 일곱 산라는 말이 로마임을 금방 알 수 있는 말이다. 로마는 일곱 개의 산으로 되어 있다. 로마는 일곱 산을 화폐에 그렸고 로마 지형의 대표가 일곱 산이었다. 로마는 핍박의 근원지였다.

이어진 10절을 보면, "또 일곱 왕이라(요한계시록 17:10)"라고 일곱 산을 일곱 왕으로, 왕국을 의미한다. 일곱이라는 완전수와 우두머리를 상징하는 머리를 동원해서 사탄이 세상의 왕임을 보여 주고 있다. 마귀는 일곱 머리에 관이 있다.

열 뿔은 마귀가 엄청난 권세를 갖고 교회를 괴롭힌다는 것을 보여 주는 것이다. 뿔은 권세, 능력을 표현한다. 열 뿔은 엄청난 권세를 말한다. 그러나 그의 권세는 거짓이다.

(12:4) 그 꼬리가 하늘의 별 삼분의 일을 끌어다가 땅에 던지더라 용이 해산하려는 여자 앞에서 그가 해산하면 그 아이를 삼키고자 하더니

하늘의 별 삼 분의 일을 끌어다가 땅에 던지는 힘을 나타낸다. 믿지

않는 세상을 향한 힘이다. 이놈은 예수를 믿고 예수 생명을 가진 것을 아는 사람에게는 힘을 쓸 수가 없다. 속이는 가짜 힘이기 때문이다. 사기꾼을 사기꾼인 줄 모르면 사기꾼의 힘이 가짜이지만 속을 수밖에 없는 것과 같다.

이 용이 해산하려는 여자 앞에서 아이가 태어나면 삼키고자 한다. 철장을 가진 예수가 영원한 불못으로 사탄을 던진다는 것을 알기에 예수 그리스도가 오시는 것을 막으려고 최선을 다한다.

가인에게 아벨을 죽이게 한 것도 예수께서 오시는 길을 막는 일이었다. 사라를 바로 왕에게 주어 예수님 오시는 길을 막으려 했다. 아비멜렉을 통해서도 막으려 했다. 유다의 아들에게 아이를 못 낳도록 방해하여 막으려고 했다. 모세가 태어날 즈음에 남자아이를 다 죽여 막으려 했다. 나오미의 남편과 아들을 다 죽여 예수가 오시는 길을 막으려 했다. 하나님께서는 보아스와 룻을 통해 역사하셨다. 사울 왕을 통해 다윗을 죽이려고 삼천 군대를 데리고 십 년 이상을 찾으러 다니며 예수께서 오시는 길을 막으려 했다. 페르시아에서 유대인들을 모두 죽이려고 하만을 통해 모의했다. 예수께서 태어났을 때도 헤롯이 예수를 죽이려 했다. 사탄은 예나 지금도 임마누엘을 잊고 살라고 한다. 예수가 전해지는 것을 방해한다.

4) 여자가 아들을 낳으니(12:5-6)

(12:5) 여자가 아들을 낳으니 이는 장차 철장으로 만국을 다스릴 남자라 그 아이를 하나님 앞과 그 보좌 앞으로 올려가더라

사탄의 무수한 방해에도 하나님의 계획은 성취되어 있다. 여자가 아이를 낳았다. 철장으로 만국을 다스릴 남자인 예수를 낳았다.

예수는 사명을 완수하시고 보좌 앞으로 올라가셨다. 혼자 올라가신 것이 아니라 우리도 함께 올라갔다. 하나님의 계획이었고, 놀라운 비밀이었고, 지금도 세상이 알지 못하는 비밀이다.

"또 함께 일으키사 그리스도 예수 안에서 함께 하늘에 앉히시니(에베소서 2:6)"

"의에 대하여라 함은 내가 아버지께로 가니 너희가 다시 나를 보지 못함이요(요한복음 16:10)"

예수님의 승천하심은 의로운 분이시기 때문에 아버지께로 갈 수 있다고 말씀하신다. 하나님의 계획을 완수하셨다. 철장으로 만국을 다스릴 남자지만 십자가에서 돌아가시고 부활하셔서 승천하셨다. 예수님의 부활과 승천은 완벽한 승리이다.

> (12:6) 그 여자가 광야로 도망하매 거기서 천이백육십 일 동안 그를 양육하기 위하여 하나님께서 예비하신 곳이 있더라

사탄의 위협으로 여자가 도망한 곳이 광야같이 보이지만 하나님의 예비하신 곳이다. 임마누엘 한 장소다. 요셉이 애굽에 있었지만, 하나님께서 그와 함께하셨다.

천이백육십 일이라는 말은 여자인 교회가 잠시 머물 기간이다. 개

인에게는 개개인의 일생이 있다. 교회는 교회 안에 계신 예수 그리스도를 통해 양육된다. 이 땅에서 승리하며 복음을 전할 힘을 얻으려면 임마누엘의 생각을 당신 속에 가득 채우면 된다.

2. 미가엘과 용의 싸움(12:7-12)

1) 하늘에 전쟁(12:7-9)

(12:7-8) 하늘에 전쟁이 있으니 미가엘과 그의 사자들이 용과 더불어 싸울새 용과 그의 사자들도 싸우나 이기지 못하여 다시 하늘에서 그들이 있을 곳을 얻지 못한지라

도망하여 광야에서 일어나는 일을 6절에서 17절까지 설명한다. 읽으면 이해되는 구절이다. 예수님은 하늘에 올라가셨지만, 사탄은 땅으로 쫓겨났다. 하늘에 그들이 있을 곳이 없다. 하늘의 전쟁을 미가엘과 용의 싸움으로 묘사한다.

사탄은 하늘이나 땅에서 결코 이기지 못한다. 당신이 임마누엘을 알고 주장할 때 사탄은 당신을 건드리지 못한다.

(2) 큰 용이 내쫓기니 옛 뱀 곧 마귀라고도 하고 사탄이라고도 하며 온 천하를 꾀는 자라 그가 땅으로 내쫓기니 그의 사자들도 그와 함께 내쫓기니라(12:9)

"큰 용, 옛 뱀 곧 마귀라고도 하고 사탄이라고도 하며"라는 말씀에서 그놈들의 이름이 이렇게 다양하게 사용되지만, 같은 이름이다. 이름은 대단한데 천사를 이길 수 없다. 그러나 이놈은 온 천하를 꾀는 놈이다. 속인다는 말이다. 거짓말쟁이다. 거짓의 아비다. 도적이다.

"너희는 너희 아비 마귀에게서 났으니 너희 아비의 욕심대로 너희도 행하고자 하느니라 그는 처음부터 살인한 자요 진리가 그 속에 없으므로 진리에 서지 못하고 거짓을 말할 때마다 제 것으로 말하나니 이는 그가 거짓말쟁이요 거짓의 아비가 되었음이라(요한복음 8:44)"

"도둑이 오는 것은 도둑질하고 죽이고 멸망시키려는 것뿐이요(요한복음 10:10상)"

이놈들은 지금 땅에 내쫓겨 온 천하를 거짓으로 속인다. 가짜 뉴스를 진짜처럼 만들어 사기 치고 있다.
예수께서 돌아가시기 전에 이런 말씀을 하셨다.

"이제 이 세상에 대한 심판이 이르렀으니 이 세상의 임금이 쫓겨나리라 내가 땅에서 들리면 모든 사람을 내게로 이끌겠노라 하시니 이렇게 말씀하심은 자기가 어떠한 죽음으로 죽을 것을 보이심이러라(요한복음 12:31-33)"

2) 하늘에 큰 음성(12:10-12)

천국은 찬양하는 곳이다. 저절로 찬양할 수밖에 없고, 어린 양 예수를 이해하는 순간 영원히 찬양할 힘이 생긴다. 본문도 하늘에서 큰 음성이 있어 찬양하는 내용을 기록했다.

7절부터 9절까지 예수 그리스도의 승천으로 사탄이 하늘에서 쫓겨났음을 설명하고 10절부터 12절까지는 그 승리에 대한 찬양이다. 항상 찬양할 것만 넘쳐난다.

> (12:10) 내가 또 들으니 하늘에 큰 음성이 있어 이르되 이제 우리 하나님의 구원과 능력과 나라와 또 그의 그리스도의 권세가 나타났으니 우리 형제들을 참소하던 자 곧 우리 하나님 앞에서 밤낮 참소하던 자가 쫓겨났고

큰 음성으로 찬양할 수밖에 없다. "하나님의 구원과 능력과 나라와 또 그의 그리스도의 권세"가 나타났다고 찬양한다. 그 권세가 "참소하던 자"를 쫓아냈다고 찬양한다. 우리는 승리자이다.

> (12:11) 또 우리 형제들이 어린 양의 피와 자기들이 증언하는 말씀으로써 그를 이겼으니 그들은 죽기까지 자기들의 생명을 아끼지 아니하였도다

우리가 행복할 수 있는 이유가 여기 있다.

"자기 아들을 아끼지 아니하시고 우리 모든 사람을 위하여 내주신 이가 어찌 그 아들과 함께 모든 것을 우리에게 주시지 아니하겠느냐(로마서 8:32)"

어린 양의 피와 자기들이 증언하는 말씀으로만 이길 수 있다.

> (12:12) 그러므로 하늘과 그 가운데에 거하는 자들은 즐거워하라 그 러나 땅과 바다는 화 있을진저 이는 마귀가 자기의 때가 얼마 남지 않 은 줄을 알므로 크게 분내어 너희에게 내려갔음이라 하더라

즐거워하란다. 당신은 괴로운 인생길 가는 몸이 아니다. 당신은 슬 픔 많고, 고통이 많은 세상을 사는 자가 아니다. 당신은 주님과 함께 사는 행복한 자다. 이유 있는 즐거움이다. 마귀가 활동하고 있지만, 당신은 즐거움으로 복음을 전하는 자들이다.

3. 여자와 용의 싸움(12:13-17)

1) 물을 강같이 토함(12:13-16)

> (12:13) 용이 자기가 땅으로 내쫓긴 것을 보고 남자를 낳은 여자를 박 해하는지라

마귀는 분이 넘쳐 교회를 핍박한다. 염려할 일은 전혀 아니다. 도리어 즐거워할 일이다. 당신과 내가 남자를 낳은 여자이기 때문이다. 당신이 예수를 품은 교회이기 때문이다. 할렐루야!

> (12:14) 그 여자가 큰 독수리의 두 날개를 받아 광야 자기 곳으로 날아가 거기서 그 뱀의 낯을 피하여 한 때와 두 때와 반 때를 양육 받으매

여자에게 큰 독수리의 두 날개를 주셨다. 하나님의 완벽한 보호를 말한다. 광야 자기 곳으로 날아가 뱀의 낯을 피한다.

잊지 말고 말해야 한다. 모세가 시내산에 처음 올라갔을 때 제일 먼저 하신 말씀이다. "말하고 … 말하라(출애굽기 19:3)"라고 하셨다. 말해야 한다. 말할 것도 알려 주셨다.

"내가 애굽 사람에게 어떻게 행하였음과 내가 어떻게 독수리 날개로 너희를 업어 내게로 인도하였음을 너희가 보았느니라(출애굽기 19:4)"라고 하셨다. 어떻게 독수리의 날개로 너희를 업어 내게도 인도한 것을 말하라고 하신다.

여자는 두 독수리의 날개를 받아 광야 자기 곳, 하나님께서 예비하신 곳(출애굽기 19:6 참고)에 뱀의 낯을 피해 있다. 거기서 한 때, 두 때, 반 때를 양육 받을 것이다. 한 때, 두 때, 반 때라는 말은 기간이 정해진 짧은 기간을 나타낸다.

우리는 주님의 품에 피해서 안겨 있다. 교회 시대, 즉 우리의 일생이 주님의 품에 있다. 우리는 임마누엘의 흔들 깃발을 가지고 있다.

임마누엘로 즐거움을 만끽하자.

이 땅이 그래서 행복하다. 광야에서 능력으로 살 수 있는 이유는 큰 독수리의 두 날개로 광야 자기 곳으로 날아가 살고 있기 때문이다. 세상을 사는 것 같으나 천국을 살고 있다.

> (12:15) 여자의 뒤에서 뱀이 그 입으로 물을 강 같이 토하여 여자를 물에 떠내려 가게 하려 하되

뱀이 물을 강같이 토한다. 반석 위에 지은 집, 임마누엘을 알고 믿음으로 지은 집은 사탄이 토하는 물에 떠내려가지 않는다. 당신은 임마누엘의 사람이다.

"그러므로 누구든지 나의 이 말을 듣고 행하는 자는 그 집을 반석 위에 지은 지혜로운 사람 같으리니 비가 내리고 창수가 나고 바람이 불어 그 집에 부딪치되 무너지지 아니하나니 이는 주초를 반석 위에 놓은 까닭이요(마태복음 7:24-25)"

복음 위에 짓지 않은 집은 비참하다.

"비가 내리고 창수가 나고 바람이 불어 그 집에 부딪치매 무너져 그 무너짐이 심하니라(마태복음 7:27)"

사탄이 토하는 물은 다른 복음이다. 말씀이 풍부한 시대가 되었다. 유튜브와 인터넷의 발달로 풍부한 메시지가 있지만, 복음만을 전하

는 메시지를 듣기가 쉽지 않다.

옛 뱀은 오늘도 물을 토하고 있다는 것을 알고 잠자는 성령의 능력을 복음으로 깨워야 한다. 깨어 있어야 한다. 마지막 때가 될수록 아마겟돈 전쟁인 입 전쟁은 치열할 것이다.

> "때가 이르리니 사람이 바른 교훈을 받지 아니하며 귀가 가려워서 자기의 사욕을 따를 스승을 많이 두고 또 그 귀를 진리에서 돌이켜 허탄한 이야기를 따르리라(디모데후서 4:3-4)"

(12:16) 땅이 여자를 도와 그 입을 벌려 용의 입에서 토한 강물을 삼키니

땅이 여자를 도와 그 입을 벌려 용의 입에서 토한 강물을 삼킨다. 복음으로 이긴다는 말씀이다. 당신과 나를 복음의 사람으로 성령의 사람으로 세워주심을 감사하자. 어린 양의 피와 자기들이 증언하는 말씀으로만 이길 수 있다(요한계시록 12:11).

2) 싸우려고 바다 모래 위에(12:17)

(12:17) 용이 여자에게 분노하여 돌아가서 그 여자의 남은 자손 곧 하나님의 계명을 지키며 예수의 증거를 가진 자들과 더불어 싸우려고 바다 모래 위에 서 있더라

사탄은 끝날까지 포기하지 않을 것이다. 마귀는 포기하지 않는다. 그러나 염려할 것은 전혀 없다. 거할 곳이 안전하다. 사탄은 자기가 이기지 못할 싸움을 싸우려고 바다 모래 위에 서 있다. 그 이야기는 13장에서 계속된다.

13장 두 짐승(13:1-18)

1. 바다에서 한 짐승이 나오는데(13:1-10)

존 번연이 쓴 『천로역정』의 배경이 된 곳이다. 13장은 바른 신앙을 요약하고 있다. 666, 즉 짐승의 표가 나온다. "싸우려고 바다 모래 위에 서" 있는 놈은 속이는 놈이다.

1) 뿔이 열, 머리가 일곱(13:1-2)

> (13:1) 내가 보니 바다에서 한 짐승이 나오는데 뿔이 열이요 머리가 일곱이라 그 뿔에는 열 왕관이 있고 그 머리들에는 신성 모독하는 이름들이 있더라

12장 3절의 말씀을 반복한다. 12장 3절 설명을 참고하라. '바다에서 나오는 짐승이 누구일까?'라는 식으로 접근해선 안 된다. 답을 얻을 수 없기 때문이다. 총체적으로 신성 모독하는, 즉, 예수를 흉내 내는 마귀임을 알면 된다.

다니엘도 비슷한 환상을 보았다.

"다니엘이 진술하여 이르되 내가 밤에 환상을 보았는데 하늘의 네 바람이 큰 바다로 몰려 불더니 3 큰 짐승 넷이 바다에서 나왔는데 그 모양이 각각 다르더라 4 첫째는 사자와 같은데 독수리의 날개가 있더니 내가 보는 중에 그 날개가 뽑혔고 또 땅에서 들려서 사람처럼 두 발로 서게 함을 받았으며 또 사람의 마음을 받았더라 또 보니 5 다른 짐승 곧 둘째는 곰과 같은데 그것이 몸 한쪽을 들었고 그 입의 잇사이에는 세 갈빗대가 물렸는데 그것에게 말하는 자들이 있어 이르기를 일어나서 많은 고기를 먹으라 하였더라 6 그 후에 내가 또 본즉 다른 짐승 곧 표범과 같은 것이 있는데 그 등에는 새의 날개 넷이 있고 그 짐승에게 또 머리 넷이 있으며 권세를 받았더라 7 내가 밤 환상 가운데에 그 다음에 본 넷째 짐승은 무섭고 놀라우며 또 매우 강하며 또 쇠로 된 큰 이가 있어서 먹고 부서뜨리고 그 나머지를 발로 밟았으며 이 짐승은 전의 모든 짐승과 다르고 또 열 뿔이 있더라 8 내가 그 뿔을 유심히 보는 중에 다른 작은 뿔이 그 사이에서 나더니 첫 번째 뿔 중의 셋이 그 앞에서 뿌리까지 뽑혔으며 이 작은 뿔에는 사람의 눈 같은 눈들이 있고 또 입이 있어 큰 말을 하였더라 (다니엘 7:2-8)"

다니엘이 꾼 꿈이다. 바다에서 네 짐승이 나온다. 다니엘서에서 등장한 네 짐승의 복합체가 오늘 본문에 나오는 바다에서 올라오는 짐승이다.

다니엘은 이 짐승을 다음과 같이 설명한다.

"그 네 큰 짐승은 세상에 일어날 네 왕이라 지극히 높으신 이의 성도들이 나라를 얻으리니 그 누림이 영원하고 영원하고 영원하리라 이에 내가 넷째 짐승에 관하여 확실히 알고자 하였으니 곧 그것은 모든 짐승과 달라서 심히 무섭더라 그 이는 쇠요 그 발톱은 놋이니 먹고 부서뜨리고 나머지는 발로 밟았으며 또 그것의 머리에는 열 뿔이 있고 그 외에 또 다른 뿔이 나오매 세 뿔이 그 앞에서 빠졌으며 그 뿔에는 눈도 있고 큰 말을 하는 입도 있고 그 모양이 그의 동류보다 커 보이더라 내가 본즉 이 뿔이 성도들과 더불어 싸워 그들에게 이겼더니 옛적부터 항상 계신 이가 와서 지극히 높으신 이의 성도들을 위하여 원한을 풀어 주셨고 때가 이르매 성도들이 나라를 얻었더라 모신 자가 이처럼 이르되 넷째 짐승은 곧 땅의 넷째 나라인데 이는 다른 나라들과는 달라서 온 천하를 삼키고 밟아 부서뜨릴 것이며 그 열 뿔은 그 나라에서 일어날 열 왕이요 그 후에 또 하나가 일어나리니 그는 먼저 있던 자들과 다르고 또 세 왕을 복종시킬 것이며 그가 장차 지극히 높으신 이를 말로 대적하며 또 지극히 높으신 이의 성도를 괴롭게 할 것이며 그가 또 때와 법을 고치고자 할 것이며 성도들은 그의 손에 붙인 바 되어 한 때와 두 때와 반 때를 지내리라 그러나 심판이 시작되면 그는 권세를 빼앗기고 완전히 멸망할 것이요 나라와 권세와 온 천하 나라들의 위세가 지극히 높으신 이의 거룩한 백성

에게 붙인 바 되리니 그의 나라는 영원한 나라이라 모든 권세 있는 자들
이 다 그를 섬기며 복종하리라(다니엘 7:17-27)"

바다에서 올라오는 짐승의 모습이 네 왕, 즉 바벨론, 페르시아, 헬
라, 로마를 합쳐 놓은 것처럼 한 몸으로 표현되어 있다. 사탄의 사주
를 받는 세상의 힘을 말한다. 이 땅에 존재하게 되는 사탄의 대리자
들을 총칭하는 것이다.

> (13:2) 내가 본 짐승은 표범과 비슷하고 그 발은 곰의 발 같고 그 입은
> 사자의 입 같은데 용이 자기의 능력과 보좌와 큰 권세를 그에게 주었
> 더라

짐승의 모습이 다양한 모습을 하고 있다. 다니엘이 본대로 사탄이
통치하는 제국들을 상징한다(다니엘 7:17-27 참고).
2절 후반부에 짐승이 용으로부터 능력과 보좌와 큰 권세를 받았다.
그 엄청난 권세로 교회를 핍박하고 세상을 유혹할 것이다. 그러나 기
억하라. 우리에게는 큰 독수리의 날개가 있고 안전하게 거할 곳, 즉
우리에게 임마누엘이 있다.

2) 상처가 나으매(13:3-4)

> (13:3) 그의 머리 하나가 상하여 죽게 된 것 같더니 그 죽게 되었던 상
> 처가 나으매 온 땅이 놀랍게 여겨 짐승을 따르고

짐승의 일곱 머리 중 하나가 죽은 것 같았다가 다시 살아난다. 5장 6절의 어린 양을 흉내 내고 있다. 이놈은 비슷하게 보이게 하는 전문가이며 사기꾼이다.

2절에 용이 짐승에게 능력과 권세와 보좌를 주었다는 것도 하나님을 따라 흉내 낸 것이다.

온 땅이 놀랍게 여겨 짐승을 따른다고 했다. 예수를 흉내 내는 이단들을 이상하리만큼 따르는 것을 볼 수 있다.

쉽게 볼 수 있는 것이 신천지, 하나님의 교회 등을 들 수 있다. 그들은 자칭 보혜사로, 하나님으로 살아났다. 사람들은 놀라서 따라간다. 문선명이 실패한 일, 박태선이 실패한 일인데 교주가 죽어도 또 다른 사람이 다른 옷을 입고 살아나 교주 행세를 하니 비슷한 이단이 사라지지 않는 것이다. 신기할 정도이다. 성경이 그렇게 말하고 있으니 이상할 일은 분명 아니다.

"바다에서 올라오는 짐승"은 하나님을 대적하고, 교회를 대적하는 모든 세대에 마귀 세력을 말한다.

> (13:4) 용이 짐승에게 권세를 주므로 용에게 경배하며 짐승에게 경배하여 이르되 누가 이 짐승과 같으냐 누가 능히 이와 더불어 싸우리요 하더라

용이 우두머리로 나타난다. 사탄이다. 사탄의 졸개들에게 권세를 준다. 졸개들은 용을 하나님처럼 섬긴다. 사탄은 모방의 달인이다. 속이는 권세를 가지고 있고 속이는 권세를 전수해 준다. 사기 치는 기법을 전수해 준다. 경배받는 것도 흉내 낸다.

이들의 기세는 대단하다. "누가 능히 이와 더불어 싸우리요" 하며 자화자찬도 한다. 세력이 거대하게 보인다.

신천지가 한꺼번에 모여 행사할 때 보면 굉장하다. 다니엘의 세 친구를 위협했던 두라 평지에 세운 금 신상은 거대했다. 다윗 앞에 선 골리앗도 대단했다. 다니엘 앞에 있는 사자 굴은 정말 무서웠다. 모르드개를 죽이려 했던 하만의 장대는 높아만 보였다. 바벨탑은 거대했고 난공불락의 성처럼 보였다. 이것이 하나님께 쫓겨난 마귀의 권세이다.

이런 것이 우리에게 두려울 게 없다는 것이 증명되어 버렸다. 우리의 삶이 겉으로 보기에는 약하고, 보잘것없이 보이고, 인내와 겸손으로 하나님을 섬기는 것이 세상이 볼 때는 약하고 무지한 삶처럼 보일지 몰라도 사탄의 세력을 부수고 이길 수 있는 자는 우리뿐이다. 마흔두 달 동안 이 땅에 있는 교회는 승리한 교회요, 승리하는 교회이다.

3) 다 그 짐승에게 경배(13:5-8)

(13:5) 또 짐승이 과장되고 신성 모독을 말하는 입을 받고 또 마흔두 달 동안 일할 권세를 받으니라

사탄은 과장되었다. 사탄의 권세는 부풀려진 권세다. 신성 모독하는 입으로 마흔두 달의 교회 시대 동안 엄포를 놓고, 사기 칠 것이다.

도둑질하고 죽이고 멸망시킬 것이다(요한복음 10:10상 참고).

우리는 큰 독수리의 두 날개를 받아 광야 자기 곳으로 날아가 거기서 그 뱀의 낯을 피하여 한 때와 두 때와 반 때를 양육 받고 있기에 두려워할 것 없다(12:14 참고).

11장 2절의 "성전 바깥마당은 측량하지 말고 그냥 두라"라고 하신 기간을 살고 있고, 잠시 동안에 펼쳐지는 사탄의 일임을 알고 있다. "이것은 이방인에게 주었은즉 그들이 거룩한 성을 마흔두 달 동안 짓밟으리라"라고 했다. 마흔두 달 동안 짓밟는 것처럼 보일 뿐이다.

> (13:6-7) 짐승이 입을 벌려 하나님을 향하여 비방하되 그의 이름과 그의 장막 곧 하늘에 사는 자들을 비방하더라 또 권세를 받아 성도들과 싸워 이기게 되고 각 족속과 백성과 방언과 나라를 다스리는 권세를 받으니

세상이 기독교를 개독교라고 비방하는 것을 보라. 우리가 그런 소리를 들을 만하기 때문에 하는 소리라고 생각하면 오해다. 그들의 비방은 성공한 것처럼 보일 것이고 성도마저도 믿는 자가 잘못해서 하는 소리로 알고 주눅이 들기도 한다. 사탄은 대단한 권세처럼 보일 것이고, 골리앗처럼 거대해 보일 것이다. 예수를 죽여 승리한 것처럼 보일 것이고, 세상은 속을 것이다.

"그 열 뿔은 그 나라에서 일어날 열 왕이요 그 후에 또 하나가 일어나리니 그는 먼저 있던 자들과 다르고 또 세 왕을 복종시킬 것이며 그가 장차 지극히 높으신 이를 말로 대적하며 또 지극히 높으신 이의 성도를 괴

롭게 할 것이며 그가 또 때와 법을 고치고자 할 것이며 성도들은 그의
손에 붙인 바 되어 한 때와 두 때와 반 때를 지내리라(다니엘 7:24-25)”

교회 시대 동안 그렇게 보일 것이지만 우리에겐 큰 독수리의 두 날
개를 받아 광야 자기 곳으로 날아가 거기서 그 뱀의 낯을 피할 수 있
는 복음이 있다.

“사람이 감당할 시험 밖에는 너희가 당한 것이 없나니 오직 하나님은 미
쁘사 너희가 감당하지 못할 시험 당함을 허락하지 아니하시고 시험 당할
즈음에 또한 피할 길을 내사 너희로 능히 감당하게 하시느니라(고린도전
서 10:13)”

그렇다. 본문은 우리가 이겼지만, 마귀의 관점에서 본 것을 기록한
것일 뿐이다. 우리는 어떤 어려움 속에서도 복음 증거의 사명을 감당
할 수 있는 임마누엘 사람이기에 감격이다.

> (13:8) 죽임을 당한 어린 양의 생명책에 창세 이후로 이름이 기록되지
> 못하고 이 땅에 사는 자들은 다 그 짐승에게 경배하리라

생명책에 기록되지 못한 사람들은 다 그 짐승에게 경배한다. 사탄
에게 경배하고 세상의 흐름을 합리화시키는 것이 지혜롭고 잘하는 것
처럼 보이고 합리적인 일이라는 생각을 할 것이다. 세상이 비대면 예
배를 요구하니 그렇게 하는 것이 지혜라고 생각되게 만들어 버렸다.
마지막 때가 될수록 모이기를 폐하는 어떤 사람들의 습관과 같이 하

지 말고 더욱 모여 예배해야 한다.

"죽임당한 어린 양의 생명책"이라고 한 것은 죽임당한 어린 양이 이루어 놓으신 일을 값없이 믿고 받아들이는 자가 생명책에 기록되기 때문에 그렇게 표현한 것이다.

> "모이기를 폐하는 어떤 사람들의 습관과 같이 하지 말고 오직 권하여 그
> 날이 가까움을 볼수록 더욱 그리하자(히브리서 10:25)"

4) 성도들의 인내와 믿음(13:9-10)

> (13:9) 누구든지 귀가 있거든 들을지어다

모두 다 세상 소리를 따라갈지라도 영의 귀가 있는 자는 성령이 하시는 말씀을 들어야 한다. 우리는 성령의 사람으로 성령의 음성을 듣는 자다. 교회는 마땅히 성령의 음성으로 감격해야만 한다.

2장과 3장에서 일곱 교회에 공통으로 하신 말씀이다.
"귀 있는 자는 성령이 교회들에게 하시는 말씀을 들을지어다"

> (13:10) 사로잡힐 자는 사로잡혀 갈 것이요 칼에 죽을 자는 마땅히 칼
> 에 죽을 것이니 성도들의 인내와 믿음이 여기 있느니라

기억하자. 하나님의 인침을 받은 자를 해할 수 없다.

"그들에게 이르시되 땅의 풀이나 푸른 것이나 각종 수목은 해하지 말고 오직 이마에 하나님의 인침을 받지 아니한 사람들만 해하라 하시더라(요한계시록 9:4)"

말씀으로 인해 사로잡힐 자들은 잡힐 것이다. 칼에 죽을 자, 말씀에 목숨을 거는 자는 말씀대로 죽을 것이다. 성도의 인내와 믿음이 나타나게 되어 있다. 복음의 칼에 죽은 자는 복음이 아닌 다른 소리를 들을 수 없다. 죽은 자에겐 다른 소리가 들리지 않는다. 우리는 죄에 대하여 죽은 자고 하나님께 대하여는 산 자이기에 하나님의 음성만 들리는 자다.

"이와 같이 너희도 너희 자신을 죄에 대하여는 죽은 자요 그리스도 예수 안에서 하나님께 대하여는 살아 있는 자로 여길지어다(로마서 6:11)"

"장차 형제가 형제를, 아버지가 자식을 죽는 데에 내주며 자식들이 부모를 대적하여 죽게 하리라(마태복음 10:21)"

"내가 세상에 화평을 주러 온 줄로 생각하지 말라 화평이 아니요 검을 주러 왔노라(마태복음 10:34)"

"자기 목숨을 얻는 자는 잃을 것이요 나를 위하여 자기 목숨을 잃는 자는 얻으리라(마태복음 10:39)"

우리는 마귀에게 사로잡힌 자가 아니라 말씀의 칼에 죽어 예수로 죽고 새 사람으로 사는 자다. 말씀의 사람은 승리한 자다. 마귀에게 사로잡히지 않고 칼에 죽임당한 것 같으나 죽어도 살겠다고 하신 예수님의 말씀이 사실이다. 당신은 산 자다.

2. 다른 짐승이 땅에서 올라오니(13:11-18)

1) 어린 양 같이(13:11-12)

> (13:11) 내가 보매 또 다른 짐승이 땅에서 올라오니 어린 양 같이 두 뿔이 있고 용처럼 말을 하더라

땅에서 올라온다. 이놈들은 바다에서도(1절) 올라오고 땅에서도(11절) 올라오는데 여기저기서 활동한다는 말이다. 흉내의 달인 사탄이다. 어린 양을 흉내 낸다. 심지어 어린 양 같아 보이기까지 하고 용처럼 말을 하므로 굉장한 힘이 있어 보인다.

> (13:12) 그가 먼저 나온 짐승의 모든 권세를 그 앞에서 행하고 땅과 땅에 사는 자들을 처음 짐승에게 경배하게 하니 곧 죽게 되었던 상처가 나은 자니라

바다에서 올라온 짐승은 예수님과 똑같이 흉내 내고 있다. 다른 복음으로 유혹하며 경배하게 한다. 예수도 당대에 사람들이 못 알아보

았듯이 짐승도 자기를 사람들이 못 알아본다고 말하면서 유혹하고 속이며 스스로 하나님이라고 주장하기도 한다. 이단들을 보라. 교주가 죽어도 또 다른 파가 생겨 다른 교주가 비슷하게 이어받아 살아나는 것을 볼 수 있다.

2) 우상을 만들라(13:13-15)

> (13:13) 큰 이적을 행하되 심지어 사람들 앞에서 불이 하늘로부터 땅에 내려오게 하고

사탄은 이적까지 행한다. 사람들 앞에서 불이 땅에 떨어지는 것 같은 큰 이적을 행한다. 이 놈들의 결과는 비참하다.

"짐승이 잡히고 그 앞에서 표적을 행하던 거짓 선지자도 함께 잡혔으니 이는 짐승의 표를 받고 그의 우상에게 경배하던 자들을 표적으로 미혹하던 자라 이 둘이 산 채로 유황불 붙는 못에 던져지고(요한계시록 19:20)"

바다에서 올라온 짐승은 적그리스도이다. 적그리스도를 경배하게 하는 땅에서 올라온 짐승의 정체는 거짓 선지자이다. 다른 복음을 가르쳐 미혹하는 자들이다.

어둠의 세력의 맨 꼭대기에는 용, 옛 뱀, 사탄 마귀가 있다. 그가 바다에서 올라오는 짐승(적그리스도)에게 권세와 힘을 주어 세상을 핍박하고, 미혹하게 한다.

적그리스도를 추종하고 경배하게 만드는 자들이 바로 땅에서 올라온 짐승, 거짓 선지자들, 즉 다른 종교, 철학, 거짓 가르침을 퍼뜨리는 자들, 가짜 신학자들, 가짜 목사들이다.

"예수를 시인하지 아니하는 영마다 하나님께 속한 것이 아니니 이것이 곧 적그리스도의 영이니라 오리라 한 말을 너희가 들었거니와 지금 벌써 세상에 있느니라 자녀들아 너희는 하나님께 속하였고 또 그들을 이기었나니 이는 너희 안에 계신 이가 세상에 있는 자보다 크심이라(요한일서 4:3-4)"

(13:14) 짐승 앞에서 받은 바 이적을 행함으로 땅에 거하는 자들을 미혹하며 땅에 거하는 자들에게 이르기를 칼에 상하였다가 살아난 짐승을 위하여 우상을 만들라 하더라

사탄은 말씀으로 죽지 않는다. 말씀이 있는 곳을 얼마 동안 피할 뿐이다. 칼에 상하였다가 다시 살아나는 것이다.

"마귀가 모든 시험을 다 한 후에 얼마 동안 떠나니라(누가복음 4:13)"

당신이 복음을 주장할 때 얼마 동안 떠날 것이다. 그래서 계속된 복음의 선포가 필수적이다. 칼에 상했다가 살아난 사탄의 능력이 나타난다. 죽었다가 다시 살아난 것처럼 나타나 자신을 위해 우상을 만들게 한다. 자신을 섬기게 한다.

"거짓 그리스도들과 거짓 선지자들이 일어나서 이적과 기사를 행하여 할 수만 있으면 택하신 자들을 미혹하려 하리라 너희는 삼가라 내가 모든 일을 너희에게 미리 말하였노라(마가복음 13:22-23)"

기적만 보고 따라가면 안 된다. 복음과 함께 일어나는 표적인지 구별할 수 있어야 한다. 무서운 말씀을 하신다.

"나더러 주여 주여 하는 자마다 다 천국에 들어갈 것이 아니요 다만 하늘에 계신 내 아버지의 뜻대로 행하는 자라야 들어가리라 그 날에 많은 사람이 나더러 이르되 주여 주여 우리가 주의 이름으로 선지자 노릇 하며 주의 이름으로 귀신을 쫓아 내며 주의 이름으로 많은 권능을 행하지 아니하였나이까 하리니 그 때에 내가 그들에게 밝히 말하되 내가 너희를 도무지 알지 못하니 불법을 행하는 자들아 내게서 떠나가라 하리라 (마태복음 7:21-23)"

> (13:15) 그가 권세를 받아 그 짐승의 우상에게 생기를 주어 그 짐승의 우상으로 말하게 하고 또 짐승의 우상에게 경배하지 아니하는 자는 몇이든지 다 죽이게 하더라

하나님을 흉내 내는 사탄을 보라. 생기를 사탄도 준다. 또 우상이 말을 한다. 사람이 우상이 된다는 말이다. 자신에게 경배하지 않으면 죽인다. 사탄이 장악한 공산 세력은 세상 사람을 다 죽여서라도 장악하려고 한다. 바이러스를 만들어 세계 권력을 장악하려는 무서운 음모를 꾸미고 있다.

3) 육백육십육(13:16-18)

> (13:16) 그가 모든 자 곧 작은 자나 큰 자나 부자나 가난한 자나 자유
> 인이나 종들에게 그 오른손에나 이마에 표를 받게 하고

사탄은 빈부 귀천과 관계없이 유혹한다. 오른손이나 이마에 표를 받게 하는데 표는 소유와 보호를 의미한다. 고대에는 노예와 군인과 신전 제사장의 손에 도장을 찍었다. 소유나 소속을 의미한다. 당시 사람들은 표를 받는다고 하면 바로 무슨 말인지 알아들었다.

"또 내가 보니 보라 어린 양이 시온 산에 섰고 그와 함께 십사만 사천이 서 있는데 그들의 이마에는 어린 양의 이름과 그 아버지의 이름을 쓴 것이 있더라(요한계시록 14:1)"

십사만 사천이 서 있는데 이마에 표가 있다. 666의 표만 있는 것이 아니다. 어린 양의 이름과 아버지의 이름을 쓴 표가 성도들의 이마에 있다. 이 표는 눈에 보이는 표가 아니다. 거듭난 자와 거듭나지 않은 자를 구분하는 표이다.

"또 증거는 이것이니 하나님이 우리에게 영생을 주신 것과 이 생명이 그의 아들 안에 있는 그것이니라 아들이 있는 자에게는 생명이 있고 하나님의 아들이 없는 자에게는 생명이 없느니라(요한일서 5:11-12)"

아들이 있는지 없는지 알 수 있는 표다. 아들이 있는 자에겐 영생이

있다. 요한은 분명히 말한다. 믿는 자는 아들이 있고 영생이 있다.

"내가 하나님의 아들의 이름을 믿는 너희에게 이것을 쓰는 것은 너희로
하여금 너희에게 영생이 있음을 알게 하려 함이라(요한일서 5:13)"

본문(13:6)의 "그가"는 거짓 선지자이다. 그가 오른손이나 이마에 표
를 받게 한다. 눈에 보이는 표가 아니다. 믿는 자가 받은 표처럼 영적
인 표이다. 성경은 흐름 속에 일관성을 가지고 보아야 한다.

"다른 이로써는 구원을 받을 수 없나니 천하 사람 중에 구원을 받을 만
한 다른 이름을 우리에게 주신 일이 없음이라 하였더라(사도행전 4:12)"

가인도 표를 받았다. 가인이 받은 표는 구원의 표가 아니다. 같은
편이 알아보고 그를 죽이지 않도록 한 표였다.

"여호와께서 그에게 이르시되 그렇지 아니하다 가인을 죽이는 자는 벌
을 칠 배나 받으리라 하시고 가인에게 표를 주사 그를 만나는 모든 사람
에게서 죽임을 면하게 하시니라(창세기 4:15)"

가인은 저주의 표를 받은 것이다. 세상이 하나님을 공격하지만, 표
를 보면 세상이 너를 공격하지 않을 것이라고 하셨다. 물론 이 표가
눈에 보이는 표인지 보이지 않는 표인지 정확하지 않지만, 눈에 보이
지 않는 표라고 생각한다. 가인이 받은 표는 저주의 표였다. 이 표는
세상이 좋아하는 표이고 세상과 함께할 수 있는 표이다. 사상과 이념

의 표이고 권력과 정욕의 표다.

> (13:17) 누구든지 이 표를 가진 자 외에는 매매를 못하게 하니 이 표는
> 곧 짐승의 이름이나 그 이름의 수라

세상과 함께하는 이 표가 없으면 불이익을 당할 때도 있다. 세상의 생각과 다른 생각 때문에 그렇다. 일본이 신사참배를 강요할 때 정부와 교회 총회에서 신사참배는 국가 의례이기 때문에 참여해도 된다고 했다. 국가가 정한 일에 교계도 동조했다. 주기철 목사 등 순교자들이 나오게 된 것은 분명히 손해 보는 일처럼 보인다.

주변 사람들과 생각이 다를 수도 있고 국가의 결정에 순응하기가 어려울 때도 있다. 그때 직장을 잃게 되는 경우도 발생하고, 감옥에 가거나 손해 보는 일이 일어나기도 한다. 지혜롭게 대처할 일도 있지만, 손해 보며 믿음을 지키는 일은 귀하고 그렇게 해야 할 때가 있다.

코로나19로 유례없는 일이 발생했다. 대면 예배하면 요양 보호 일이나 아이 돌보미 등의 일을 하는데 거부당하는 일이 발생하기도 했다. 대면 예배를 하면 벌금을 내야 한다는 법을 제정하기도 하고 유독 하나님께 예배하는 일만 방해하는 일이 발생하는 것을 본다.

예배하다가 벌금을 내게 되는 일이 발생한다면 내겠다는 생각으로 예배드리면 오히려 잘하는 일이며 주님을 사랑하는 일이라고 할 수 있다. 주님이 아실 것이고 자녀들이 보고 배우기 때문에 큰 복이다. 만약 주님 사랑하는 마음보다 일자리를 유지하는 일이 우선이 되어

발생하는 일은 속는 것이다.

> (13:18) 지혜가 여기 있으니 총명한 자는 그 짐승의 수를 세어 보라 그
> 것은 사람의 수니 그의 수는 육백육십육이니라

총명한 자는 짐승의 수를 셀 수 있다. 6일 동안 천지를 창조하셨다.
7일째 안식했다. 6이라는 수는 아직 안식에 이르지 못한 미완성의 수
이다. 666이라는 수는 예수를 흉내 내는 가짜라는 의미이다. 성경에
6이라는 수를 그런 의미로 사용함을 볼 수 있다.

느부갓네살이 만든 금 신상의 높이와 폭이 60규빗, 6규빗으로 바벨
론, 바사, 헬라, 로마를 짐승으로 상징했는데, 이 규격은 의미가 있다.

솔로몬이 타락 시기의 기록을 보면 "솔로몬의 세입금의 무게가 금
육백육십육 달란트요(열왕기상 10:14)"라고 한 것도 그러하다.

솔로몬이 하나님의 말을 듣지 않고 은과 금과 말과 마병과 첩들로
자기의 힘을 과시하는 상징이다. 666이 어떤 바코드나 베리 칩 같은
눈에 보이는 것이 아니다.

또 게마트리아 계산법과 같은 이상한 계산법으로 밝혀지는 숫자가
아니다. 헬라어나 히브리어, 라틴어는 숫자로도 사용되는데 사용된
단어의 숫자를 가지고 계산하는 것을 게마트리아 계산법이라고 한다.
억지에 불과한 것이다.

666을 "바코드다." 혹은 "전자 신분증이다"라고 주장하는 어리석은

주장에 속지 말아야 한다. 666은 예수 믿지 않는 자들을 상징하는 숫자이다. 요한계시록은 예수님의 계시다. 666에 집중하는 일은 속는 일이다.

이 숫자는 사람의 수라고 했다. 사람의 수라는 말은 하나님께 미치지 못하는 육의 생각을 하는 수라는 말이다. 육신의 생각을 하는 사람은 하나님과 원수가 된다.

"육신의 생각은 하나님과 원수가 되나니 이는 하나님의 법에 굴복하지
아니할 뿐 아니라 할 수도 없음이라(로마서 8:7)"

14장 십사만 사천과 천사들(14:1-20)

1. 십사만 사천의 노래(14:1-5)

1) 십사만 사천(14:1)

> (14:1) 또 내가 보니 보라 어린 양이 시온 산에 섰고 그와 함께 십사만 사천이 서 있는데 그들의 이마에는 어린 양의 이름과 그 아버지의 이름을 쓴 것이 있더라

어린 양과 함께 선 자들의 이마에 어린 양의 이름과 그 아버지의 이름을 쓴 것이 있다.

13장에서 666의 이름을 받은 자들과 대조된다. 시온산은 하나님의 산이다. 주님이 십자가를 지신 산이다. 율법을 받은 시내산과 대조되는 산이다. 은혜의 산이다. 모리아 산이다. 이삭을 살리신 산이다. 구

원의 산이다.

"여호와의 말씀이니라 구속자가 시온에 임하며 야곱의 자손 가운데에
서 죄과를 떠나는 자에게 임하리라(이사야 59:20)"

"이기는 자는 내 하나님 성전에 기둥이 되게 하리니 그가 결코 다시 나
가지 아니하리라 내가 하나님의 이름과 하나님의 성 곧 하늘에서 내 하
나님께로부터 내려오는 새 예루살렘의 이름과 나의 새 이름을 그이 위에
기록하리라(요한계시록 3:12)"

이기는 자는 예수 그리스도를 믿는 당신이다. 당신에게는 어린 양
의 이름과 아버지의 이름이 있다. 이름이면 된다.

"칠십 인이 기뻐하며 돌아와 이르되 주여 주의 이름이면 귀신들도 우리
에게 항복하더이다(누가복음 10:17)"

칠십 인의 보고를 보라. "주의 이름이면" 된다. 이런 보고를 날마다
할 수 있어야 한다. 주님은 이 일에 기뻐하셨다. 당신에게 어린 양의
이름과 그 아버지의 이름이 있다.

2) 십사만 사천만 배울 수 있는 노래(14:2-5)

(14:2-3) 내가 하늘에서 나는 소리를 들으니 많은 물 소리와도 같고 큰 우렛소리와도 같은데 내가 들은 소리는 거문고 타는 자들이 그 거문고를 타는 것 같더라

하늘에서 신비로운 소리가 들린다. 물소리와도 같고, 큰 우렛소리와도 같고 거문고 타는 소리와도 같다. 신비의 소리기 때문에 무슨 소리인지 정확히 표현할 수 없다.

(14:3) 그들이 보좌 앞과 네 생물과 장로들 앞에서 새 노래를 부르니 땅에서 속량함을 받은 십사만 사천 밖에는 능히 이 노래를 배울 자가 없더라

십사만 사천만이 배울 수 있는 노래가 있다. 아무나 할 수 있거나 배울 수 있는 노래가 아니다. 속량함을 받은 십사만 사천만이 배울 수 있는 노래다. 구원받은 자만이 할 수 있는 노래다. 이 노래가 당신 몸 안에서 울려 퍼지고 있다. 그 소리를 들어 보라. 웅장한 찬양이 성전에 있다.

(14:4-5) 이 사람들은 여자와 더불어 더럽히지 아니하고 순결한 자라 어린 양이 어디로 인도하든지 따라가는 자며 사람 가운데에서 속량함을 받아 처음 익은 열매로 하나님과 어린 양에게 속한 자들이니 5 그 입에 거짓말이 없고 흠이 없는 자들이더라

이 사람들은 여자와 더불어 더럽히지 아니했다. 666표를 받지 않았다는 말이다. 이들을 보고 순결하다고 하신다.

"또 일곱 대접을 가진 일곱 천사 중 하나가 와서 내게 말하여 이르되 이리로 오라 많은 물 위에 앉은 큰 음녀가 받을 심판을 네게 보이리라 땅의 임금들도 그와 더불어 음행하였고 땅에 사는 자들도 그 음행의 포도주에 취하였다 하고 그의 이마에 이름이 기록되었으니 비밀이라, 큰 바벨론이라, 땅의 음녀들과 가증한 것들의 어미라 하였더라(요한계시록 17:1-2, 5)"

믿는 자는 어린 양의 인도를 따라 어디든지 하나님과 함께 산다. 무슨 일을 당하든지 어디를 가든지 임마누엘을 알고 승리한다. 어린 양은 임마누엘을 위해 십자가를 지셨다.

"무리와 제자들을 불러 이르시되 누구든지 나를 따라오려거든 자기를 부인하고 자기 십자가를 지고 나를 따를 것이니라 누구든지 자기 목숨을 구원하고자 하면 잃을 것이요 누구든지 나와 복음을 위하여 자기 목숨을 잃으면 구원하리라(마가복음 8:34-35)"

십자가의 결론은 임마누엘이다. 십자가를 진다는 것은 자기 생각을 부인하고 영의 생각을 통해 주님이 함께하심을 믿고 주님을 믿는 행복을 말한다. 십자가를 지는 일은 쉽다. 짐은 쉽고 가볍다. 임마누엘을 지는 일이기 때문이다.

"속량함을 받아 처음 익은 열매로 하나님과 어린 양에게 속한 자라"
는 임마누엘 한 자다.

"그 날에는 내가 아버지 안에, 너희가 내 안에, 내가 너희 안에 있는 것을
너희가 알리라(요한복음 14:20)"

어린 양에게 속한 자의 복은 엄청나다. "내가 주님 안에, 주님이 내
안에 계신 것"을 아는 자다. 그 입에 거짓말이 없고 흠이 없는 자다.
말하는 대로 이루어지는 능력이 있는 자다. 입술의 권세를 가진 자다.

예수께서 이 땅에 왔다 가신 것은 우리에게 '하나님의 의'가 되게 하
여 영원히 우리와 함께하기 위해서이다. 그래서 "어린 양이 어디로 인
도하든지 따라가는 자"는 어린 양과 함께 있는 줄 안다. 말세를 사는
우리는 늘 기뻐하며 행복한 삶을 살 수 있다. 우리에겐 십사만 사천만
이 배울 수 있는 노래가 있다.

2. 세 천사의 말(14:6-13)

1) 천사 1 : 영원한 복음(14:6-7)

> (14:6) 또 보니 다른 천사가 공중에 날아가는데 땅에 거주하는 자들 곧
> 모든 민족과 종족과 방언과 백성에게 전할 영원한 복음을 가졌더라

그렇다. 우리가 가진 복음은 영원한 복음이다. 이 복음은 모든 민족과 종족과 백성에게 전할 복음이다. 전해져야만 하는 복음이다. 그래서 하나님께서는 아직 "성전 바깥마당은 측량하지 말고 그냥 두라(요한계시록 11:2상)"라고 하신다. 이방인의 땅이다. 그들이 "거룩한 성을 마흔두 달 동안 짓밟을(요한계시록 11:2하)" 것을 아시지만, 전해져야만 하는 영원한 복음이 있기에 "성전 바깥마당은 측량하지 말고 그냥 두라"라고 하신다.

> (14:7) 그가 큰 음성으로 이르되 하나님을 두려워하며 그에게 영광을 돌리라 이는 그의 심판의 시간이 이르렀음이니 하늘과 땅과 바다와 물들의 근원을 만드신 이를 경배하라 하더라

전할 영원한 복음을 가진 천사는 하나님 아버지의 마음을 알고 있다. "성전 바깥마당은 측량하지 말고 그냥 두라(요한계시록 11:2상)"라고 하신 아버지의 마음을 모르고 "거룩한 성을 마흔두 달 동안 짓밟고(요한계시록 11:2하)" 있는 그들에게 "하나님을 두려워하며 그에게 영광을 돌리라"라고 경고하며, "심판의 시간이 이르렀음"이라고 선포한다. 그 시간은 곧 올 것이다.

"하늘과 땅과 바다와 물들의 근원을 만드신 이를 경배하라"라고 천사는 외치고 있다. 찬양은 지금도 올려지고 있고 영원히 올려질 것이다.

"이 일 후에 내가 보니 각 나라와 족속과 백성과 방언에서 아무도 능히 셀 수 없는 큰 무리가 나와 흰 옷을 입고 손에 종려 가지를 들고 보좌 앞과 어린 양 앞에 서서(요한계시록 7:9)"

2) 천사 2 : 무너졌도다(14:8)

(14:8) 또 다른 천사 곧 둘째가 그 뒤를 따라 말하되 무너졌도다 무너졌도다 큰 성 바벨론이여 모든 나라에게 그의 음행으로 말미암아 진노의 포도주를 먹이던 자로다 하더라

둘째 천사는 "무너졌도다 무너졌도다 큰 성 바벨론이여"라고 바벨론이 무너졌다고 외친다. 바벨론은 대단한 나라이다. 그런데 무너졌다고 선포한다. 바벨론은 악의 세력을 총칭한다.

"무너졌도다"라는 말은 '에페센'이라는 말로 부정 과거 시제이다. 과거에 이미 단번에 일어난 사건인 동시에 '반드시 일어날 미래의 사건'을 나타내는 시제이다. 고어가 된 헬라어만이 가진 독특한 천국 언어이다. 바벨론이 이미 십자가로 무너졌고, 반드시 무너지리라는 뜻이다.

이놈이 "그의 음행으로 말미암아 진노의 포도주를 먹이던 자"라고 한다. '진노의 포도주'를 다른 나라에도 먹이던 놈이었다. 이놈은 복음을 방해하고 거룩한 성을 마흔두 달 동안 짓밟겠지만, 결국 무너졌고 무너질 것이다.

3) 천사 3 : 짐승의 표(14:9-11)

(14:9-10) 또 다른 천사 곧 셋째가 그 뒤를 따라 큰 음성으로 이르되 만일 누구든지 짐승과 그의 우상에게 경배하고 이마에나 손에 표를 받으면 10 그도 하나님의 진노의 포도주를 마시리니 그 진노의 잔에

> 섞인 것이 없이 부은 포도주라 거룩한 천사들 앞과 어린 양 앞에서 불
> 과 유황으로 고난을 받으리니

셋째 천사는 우상에게 경배하고 표를 받으면 불과 유황으로 고난을 받을 것을 선포한다. 무서운 사실이다. 우리는 이 일을 크게 나팔을 불고 알려야 한다.

> (14:11) 그 고난의 연기가 세세토록 올라가리로다 짐승과 그의 우상에게 경배하고 그의 이름 표를 받는 자는 누구든지 밤낮 쉼을 얻지 못하리라 하더라

불과 유황으로 고난을 받는 자들은 세세토록 고난을 받을 것이다. 정말 끔찍한 일이다. 지옥에 들어가면 밤낮 쉼을 얻지 못한다. 이 안타까운 현실을 당신은 알고 있는가? 알려야 한다. 가만히 있을 수 없다.

12장, 13장에서 짐승의 표를 받지 않은 믿는 자가 경제활동도 제약을 받고 많은 불이익 속에 노출되고 세상으로부터 멸시와 천대와 핍박을 받는 것 같지만, 사실 더 고통받으며 이 땅을 사는 자는 예수를 믿지 않고 사는 자들이다.

4) 성도의 인내와 복(14:12-13)

> (14:12) 성도들의 인내가 여기 있나니 그들은 하나님의 계명과 예수에 대한 믿음을 지키는 자니라

성도의 인내는 "하나님의 계명과 예수에 대한 믿음"을 지키는 것이다.

"하나님 앞에서는 율법을 듣는 자가 의인이 아니요 오직 율법을 행하는 자라야 의롭다 하심을 얻으리니(로마서 2:13)"

"율법의 행위로 그의 앞에 의롭다 하심을 얻을 육체가 없나니(로마서 3:20)"

"기록된 바 의인은 없나니 하나도 없으며(로마서 3:10)"

우리의 힘으로 불가능하기에 예수를 보내 주셨다. 예수를 믿는 자가 인내하는 자다.

"곧 예수 그리스도를 믿음으로 말미암아 모든 믿는 자에게 미치는 하나님의 의니 차별이 없느니라 모든 사람이 죄를 범하였으매 하나님의 영광에 이르지 못하더니 그리스도 예수 안에 있는 속량으로 말미암아 하나님의 은혜로 값없이 의롭다 하심을 얻은 자 되었느니라(로마서 3:22-24)"

우리가 지킬 인내는 예수께서 이루신 십자가의 결론인 값없이 주신

은혜에 설득되는 것이다. 예수를 믿는 자에게 주시는 하나님의 의를 받아들이는 열심만 가지면 된다. 우리가 할 유일한 노력은 예수께서 하신 일을 인정하고, 환영하고, 믿는 것이다. 그것이 성도의 인내다.

> (14:13) 또 내가 들으니 하늘에서 음성이 나서 이르되 기록하라 지금 이후로 주 안에서 죽는 자들은 복이 있도다 하시매 성령이 이르시되 그러하다 그들이 수고를 그치고 쉬리니 이는 그들의 행한 일이 따름이라 하시더라

하늘의 음성을 들어 보라. 누가 복이 있는 자인가? 주 안에서 죽는 자가 복이 있다. 영원한 생명이 주어졌기 때문이다.

주 안에서 죽는 자들은 복이다. 한 번은 이 땅을 떠나게 되는데 예수 믿지 않고 떠난다면 정말 비참하다. 정말 안타까운 일이다. 믿는 자의 죽음은 복되다. 영원한 천국과 하나님의 품에 가기 때문이다. 모든 사람이 죽음을 두려워하지만, 사실 믿는 자의 죽음은 두려운 것이 아니다. 우리의 죽음은 이 땅의 모든 수고가 그치고 영원한 안식을 누린다. "수고하고 무거운 짐 진 자들아 다 내게로 오라 내가 너희를 쉬게 하리라(마태복음 11:28)"라는 말씀은 우리의 것이다. 우리의 안식은 피곤해서 쉬는 것이 아니다. 작품을 만들어 놓고 점이라도 하나 더 찍으면 작품을 버리게 되기 때문에 붓을 놓는 것처럼 우리의 안식은 예수 안에서 더 필요한 것이 없는 완벽함 때문에 안식하는 것이다. "여호와는 나의 목자시니 내게 부족함이 없으리로다(시편 23:1)"의 고백이 우리의 고백이다.

3. 두 추수(14:14-20)

1) 익은 곡식 추수(14:14-16)

> (14:14) 또 내가 보니 흰 구름이 있고 구름 위에 인자와 같은 이가 앉으셨는데 그 머리에는 금 면류관이 있고 그 손에는 예리한 낫을 가졌더라

흰 구름은 하나님의 영광을 표현한다. 하나님의 영광을 입은 인자와 같은 이는 예수 그리스도이심을 금방 알 수 있다. 그런데 '인자 같은 이'라고 한 것은 예수 그리스도를 대신한 천사라는 말씀이다. 성경엔 천사가 자주 '여호와'로 하나님을 대신해서 나타나는 경우가 많다.

구약의 하나님은 모두 천사였다. 그 머리엔 금 면류관이 있다. 면류관은 승리를 표한다. 손에는 예리한 낫을 가졌다. 낫은 추수를 바라보고 있다는 말씀이다.

> (14:15-16) 또 다른 천사가 성전으로부터 나와 구름 위에 앉은 이를 향하여 큰 음성으로 외쳐 이르되 당신의 낫을 휘둘러 거두소서 땅의 곡식이 다 익어 거둘 때가 이르렀음이니이다 하니 16 구름 위에 앉으신 이가 낫을 땅에 휘두르매 땅의 곡식이 거두어지니라

낫을 휘둘러서 이제 익을 대로 다 익어버린 땅의 곡식을 거두라고 명령을 한다. 예수 그리스도께 천사가 명령한 것은 아니다. 14절에서 '인자 같은 이'라고 한 것은 예수 그리스도를 대신한 천사라고 했다.

그 천사에게 명령하는 것이다.

명령하는 천사는 성전에서 나왔다. 예수 그리스도에게서 나왔다는 말이다. 그는 말한다. 땅의 곡식이 다 익어 거둘 때가 되었다고 큰 음성으로 외친다. 낫을 휘두르니 곡식이 거두어진다. 그 때는 얼마 남지 않았다.

2) 포도주 틀 추수(14:17-20)

> (14:17-18) 또 다른 천사가 하늘에 있는 성전에서 나오는데 역시 예리한 낫을 가졌더라 18 또 불을 다스리는 다른 천사가 제단으로부터 나와 예리한 낫 가진 자를 향하여 큰 음성으로 불러 이르되 네 예리한 낫을 휘둘러 땅의 포도송이를 거두라 그 포도가 익었느니라 하더라

이번 천사는 분위기가 다르다. 낫을 표현할 때도 "예리한 낫"이라고 했다. 포도송이를 거두는데 심상치 않다. 포도가 익었다. 이제 때가 되었다는 말씀이다. 때가 아주 가까이 왔다.

> (14:19-20) 천사가 낫을 땅에 휘둘러 땅의 포도를 거두어 하나님의 진노의 큰 포도주 틀에 던지매 20 성 밖에서 그 틀이 밟히니 틀에서 피가 나서 말 굴레에까지 닿았고 천육백 스다디온에 퍼졌더라

휘둘러 포도를 거두는데 놀라운 것은 "하나님의 진노의 큰 포도주

틀"에 던지는데 성 밖에서 그 틀이 밟힌다. 틀에서 포도주가 아닌 "피가 나서"라고 표현한다. 무서운 심판을 말하고 있다. 피가 '말 굴레에까지' 닿았다는 말은 말의 재갈까지 튀었다는 표현으로 극심한 고통을 상징한다.

성 밖에서 밟혔다. 예수께서 성 밖에서 십자가에 못 박히셨다. 믿는 자가 예수와 함께 죽은 곳이다. 예수와 함께 거한 성 밖이다. 1,600 스타디온은 320㎞ 정도의 거리를 말하는데, $4 \times 4 \times 1,000 = 1,600$으로 4는 '땅의 수'이다. 천은 $1,000 = 10 \times 10$으로 땅에 완전히 퍼졌다는 의미로 대단한 심판을 말씀한다.

예수께서 우리를 구원하시기 위해 성 밖에서 우리와 하나 되어 이런 엄청난 고통을 당하셨다.

"그러므로 예수도 자기 피로써 백성을 거룩하게 하려고 성문 밖에서 고난을 받으셨느니라(히브리서 13:12)"

예수 믿지 않는 사람 중에 아무도 예리한 낫을 피할 수 있는 사람은 없다. 이 심판의 때는 다가오고 있다.

"자기의 육체를 위하여 심는 자는 육체로부터 썩어질 것을 거두고 성령을 위하여 심는 자는 성령으로부터 영생을 거두리라(갈라디아서 6:8)"

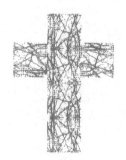

15장과 16장은 일곱 대접을 포괄적으로 이야기했는데

17장부터 21장 8절까지는

일곱 대접에 대한 보충 설명으로 보면 이해하기 쉽다.

일곱 대접의 마지막인 16장이

"그 재앙이 큼이러라"로 마치는데

17장~21장 8절까지 그 재앙이 얼마나 큰지를 설명하고 있는 것이다.

일곱 대접(15장~16장)

15장 일곱 대접을 받음(15:1-8)

I. 모세의 노래, 어린 양의 노래(15:1-4)

1) 마지막 재앙(15:1-2)

(15:1) 또 하늘에 크고 이상한 다른 이적을 보매 일곱 천사가 일곱 재앙을 가졌으니 곧 마지막 재앙이라 하나님의 진노가 이것으로 마치리로다

14장에서 낫을 들고 추수를 끝냈다. 또다시 이야기가 진행되는 것을 보면 시간 순서대로 기록한 성경이 아님을 알 수 있다.

대접 재앙은 낫을 휘두르며 심판하신 내용을 다시 한번 더 구체적으로 말씀하고 있다고 보면 된다.

"마지막 재앙이라"라는 말이 시간순으로 마지막 재앙이라는 말이 아니라 마지막 기록이라고 이해해야 한다. 인의 재앙과 나팔 재앙과 대접 재앙은 동시에 본 것을 순차적으로 기록하고 있다.

> (15:2) 또 내가 보니 불이 섞인 유리 바다 같은 것이 있고 짐승과 그의 우상과 그의 이름의 수를 이기고 벗어난 자들이 유리 바다 가에 서서 하나님의 거문고를 가지고

유리 바다는 4장에서 살펴보았다. 바다에서 마귀가 올라왔고 혼돈이 있던 곳인데 유리 바다는 예수 그리스도를 통해 재창조된 수정같이 맑은 바다, 평강을 상징한다.

본문은 "불이 섞인 유리 바다 같은 것"이라고 한다. 하나님께서 심판하시는 불이 쏟아질 것을 예견하게 해 준다.

"짐승과 그의 우상과 그의 이름의 수를 이기고 벗어난 자들이 유리 바다
가에 서서 하나님의 거문고를 가지고"

구원받은 자들이 유리 바닷가에서 하나님의 거문고를 가지고 찬양하고 있다.

2) 경배하는 노래(15:3-4)

> (15:3) 하나님의 종 모세의 노래, 어린 양의 노래를 불러 이르되 주 하나님 곧 전능하신 이시여 하시는 일이 크고 놀라우시도다 만국의 왕이시여 주의 길이 의롭고 참되시도다

하나님을 경배한다. 모세의 노래, 어린 양의 노래로 경배한다. 어린 양의 노래란 구원의 노래이다. 어린 양이 십자가에서 죽어 우리를 구원한 놀라운 일은 영원히 찬양할 노래이다.

모세의 노래는 출애굽기 15장에 나온다. 출애굽 한 후 애굽 군대가 뒤따라와 다급하게 되었을 때 홍해를 가르신 도저히 불가능한 것을 가능하게 하신 구원의 하나님을 높이는 것이다.

도저히 구원받을 가망이 전혀 없는 우리를 위해 주님이 돌아가심으로 우리에게 일어난 구원을 감사하고 찬양하는 모습이다. 어린 양을 계속 노래한다.

"주 하나님 곧 전능하신 이시여"
"하시는 일이 크고 놀라우시도다"

홍해가 그렇게 갈라질 것이라고 누가 생각이나 했겠는가? 하나님께서 하시는 일이 크시다.

"기록된 바 하나님이 자기를 사랑하는 자들을 위하여 예비하신 모든 것

은 눈으로 보지 못하고 귀로 듣지 못하고 사람의 마음으로 생각하지도 못하였다 함과 같으니라(고린도전서 2:9)"

주께서 하신 일은 의롭고 참되시다고 고백한다.

"곧 이 때에 자기의 의로우심을 나타내사 자기도 의로우시며 또한 예수 믿는 자를 의롭다 하려 하심이라(로마서 3:26)"

> (15:4) 주여 누가 주의 이름을 두려워하지 아니하며 영화롭게 하지 아니하오리이까 오직 주만 거룩하시니이다 주의 의로우신 일이 나타났으매 만국이 와서 주께 경배하리이다 하더라

주님을 아는 자는 이런 찬양을 하지 않을 수 없다. 영화롭고, 거룩하시고, 의로우신 일이 나타났기에 만국이 와서 주께 경배하는 것을 알고 함께 경배할 것이다.

"그런즉 이 일에 대하여 우리가 무슨 말 하리요 만일 하나님이 우리를 위하시면 누가 우리를 대적하리요(로마서 8:31)"

"누가 우리를 그리스도의 사랑에서 끊으리요 환난이나 곤고나 박해나 기근이나 적신이나 위험이나 칼이랴(로마서 8:35)"

2. 일곱 재앙을 가진 일곱 천사(15:5-8)

1) 증거 장막(15:5-6)

> (15:5) 또 이 일 후에 내가 보니 하늘에 증거 장막의 성전이 열리며

"이 일 후에"라는 말은 방면이 바뀔 때 하는 말씀이다.

모세의 노래와 어린 양의 노래를 부르는데 하늘에 장막이 보인다. 장막이라는 것은 예수님을 말한다. 예수 그리스도를 밝히 알 수 있는 눈이 열린 것을 말한다.

증거 장막의 성전이 열린다. 성전은 우리 몸이다.

"너희는 너희가 하나님의 성전인 것과 하나님의 성령이 너희 안에 계시는 것을 알지 못하느냐(고린도전서 3:16)"

우리 몸에 하나님의 임재를 알게 된다. 하나님의 임재가 있는 곳이 장막의 성전이다. 왜 증거 장막이라고 할까?

"속죄소를 궤 위에 얹고 내가 네게 줄 증거판을 궤 속에 넣으라 거기서 내가 너와 만나고 속죄소 위 곧 증거궤 위에 있는 두 그룹 사이에서 내가 이스라엘 자손을 위하여 네게 명령할 모든 일을 네게 이르리라(출애굽기 25:21-22)"

십계명이 그 안에 있다. 하나님의 마음이 그 안에 있다는 말이다. 증거궤는 예수님을 상징한다. 십계명을 증거궤 안에 넣은 것은 예수께서 십계명을 다 지키시고 완성하셨다는 의미다. 예수께서 하나님의 마음을 흡족하게 하셨다는 말이다.

경배와 찬양 속에 증거 장막의 성전이 열린다. 증거궤가 있는 성전이 열린다. 예수께서 계신 성전이 열린다. 우리 안에 계신 예수를 찬양할 때 보게 된다는 말이다.

> (15:6) 일곱 재앙을 가진 일곱 천사가 성전으로부터 나와 맑고 빛난 세마포 옷을 입고 가슴에 금 띠를 띠고

본문에 그 증거 장막의 성전이 열렸다. 그 '성전이 열렸다'라는 말은 '이제 하나님은 하나님의 은혜와 사랑으로 구원을 완성하셨고, 예수는 심판도 완성하실 분이시다'라는 말이다.

천사가 성전으로부터 나와 맑고 빛난 세마포 옷을 입고 가슴에 금 띠를 띠고 하나님에게서 나오는 천사가 하나님의 뜻대로 심판하실 것을 보여 준다.

2) 일곱 재앙이 마치기까지(15:7-8)

> (15:7) 네 생물 중의 하나가 영원토록 살아 계신 하나님의 진노를 가득히 담은 금 대접 일곱을 그 일곱 천사들에게 주니

"네 생물"은 4장에서 공부했다. 천사를 말한다. 네 생물에게서 일곱 천사가 하나님의 진노가 담긴 금 대접을 받는다.

"금 대접"은 5장과 8장에서 본 것처럼 성도의 기도가 담긴 그릇이다. 인의 재앙과 나팔 재앙에서도 금 대접이 나온다.

"그 두루마리를 취하시매 네 생물과 이십사 장로들이 그 어린 양 앞에 엎드려 각각 거문고와 향이 가득한 금 대접을 가졌으니 이 향은 성도의 기도들이라(요한계시록 5:8)"

하나님의 일은 성도의 기도를 통해 일하신다. 기도 대접을 받아서 땅에 쏟는 것이 16장이다. 기도는 하나님의 계획을 말하는 것이다. 이미 십자가에서 이루신 것들을 말하는 것이 기도이다. 하나님의 약속을 말하는 것이 기도다.

(15:8) 하나님의 영광과 능력으로 말미암아 성전에 연기가 가득 차매 일곱 천사의 일곱 재앙이 마치기까지는 성전에 능히 들어갈 자가 없더라

금 대접, 즉 성도의 기도를 일곱 천사에게 주었더니 하나님의 영광과 능력으로 성전에 연기가 가득 찬다. 찬양하고 기도할 때 영광의 구름은 성전을 가득 덮는다. 할렐루야.

이사야가 성전의 하나님을 뵈옵고 화답할 때 하나님의 연기가 성전에 가득하게 되었다.

"서로 불러 이르되 거룩하다 거룩하다 거룩하다 만군의 여호와여 그의
영광이 온 땅에 충만하도다 하더라 이같이 화답하는 자의 소리로 말미
암아 문지방의 터가 요동하며 성전에 연기가 충만한지라(아사야 6:3-4)"

하나님께서 하신 일에 영광을 돌리는 것이 기도다. 찬양과 기도로
십자가 부활을 통해 임마누엘을 화답할 때 하나님의 일이 성취되고
영광의 구름은 가득 차게 된다.

"주 여호와께서 이같이 말씀하셨느니라 그래도 이스라엘 족속이 이같이
자기들에게 이루어 주기를 내게 구하여야 할지라(에스겔 36:37)"

기도로 하나님의 일이 성취된다. 일곱 대접이 쏟아지고 일곱 재앙
이 부어지는 동안 하나님의 진노 앞을 막아설 자는 아무도 없다.

16장 마지막 대접 심판(16:1-21)

1. 첫째부터 네 번째 대접(16:1-9)

1) 첫째 천사: 독한 종기(16:1-2)

> (16:1) 또 내가 들으니 성전에서 큰 음성이 나서 일곱 천사에게 말하되 너희는 가서 하나님의 진노의 일곱 대접을 땅에 쏟으라 하더라

성전에서 큰 음성이 들린다. 일곱 천사에게 하나님의 진노의 일곱 대접을 땅에 쏟으라 하신다. 성도의 기도로 영광의 구름이 성전에 가득하게 되었고, 하나님의 영광이 땅에 쏟아진다. 하나님의 영광은 예수 그리스도를 통해 구원과 진노가 동시에 나타나는 것이다. 진노의 대접을 땅에 쏟으라 하신다.

> (16:2) 첫째 천사가 가서 그 대접을 땅에 쏟으매 짐승의 표를 받은 사람들과 그 우상에게 경배하는 자들에게 악하고 독한 종기가 나더라

대접 재앙은 나팔 재앙과 비슷한 모습이다. 첫 번째 나팔 재앙을 보면 "첫째 천사가 나팔을 부니 피 섞인 우박과 불이 나와서 땅에 쏟아지매 땅의 삼분의 일이 타 버리고 수목의 삼분의 일도 타 버리고 각종 푸른 풀도 타 버렸더라(요한계시록 8:7)"라고 했다.

둘 다 땅에 쏟아지는 재앙이다. 출애굽 때 열 가지 재앙과 유사하다. 하나님의 심판을 총체적으로 보여 준다. 첫 번째 대접이 땅에 쏟아져서 악하고 독한 종기가 나는 재앙은 애굽의 여섯 번째 재앙이다.

하나님의 심판을 반복해서 설명하고 있다. 짐승의 표를 받은 사람들과 우상에 경배하는 자들이 성도의 기도를 통해 주님이 다시 오시는 날 당할 심판을 악하고 독한 종기로 표현했다. 악하고 독한 종기는 치료 불가능한 고통을 상징한다. 주님 다시 오실 때 믿는 자에게 주실 것은 흰 옷과 영광이지만, 짐승의 표를 받은 자와 우상에게 경배하는 자들에게는 피할 수 없는 고통이다.

2) 둘째 천사: 바다가 피(16:3)

> (16:3) 둘째 천사가 그 대접을 바다에 쏟으매 바다가 곧 죽은 자의 피 같이 되니 바다 가운데 모든 생물이 죽더라

두 번째 대접 재앙도 두 번째 나팔 재앙과 비슷하다.

"둘째 천사가 나팔을 부니 불붙는 큰 산과 같은 것이 바다에 던져지매 바다의 삼분의 일이 피가 되고 바다 가운데 생명 가진 피조물들의 삼분의 일이 죽고 배들의 삼분의 일이 깨지더라(요한계시록 8:8-9)"

바다는 요한계시록에서 짐승이 올라오는 곳으로 상징된다. 주님이 재림하시는 날 이놈들이 활동하는 바다가 죽은 자의 피같이 되니 바다 가운데 모든 생물이 살 수가 없다. 모든 생물이 죽는다. 마귀의 역사는 없어지고 유리 바다가 되는 것이다.

3) 셋째 천사: 물 근원이 피(16:4-7)

(16:4) 셋째 천사가 그 대접을 강과 물 근원에 쏟으매 피가 되더라

셋째 대접 재앙이 셋째 나팔 재앙과 비슷하다.

"셋째 천사가 나팔을 부니 횃불 같이 타는 큰 별이 하늘에서 떨어져 강들의 삼분의 일과 여러 물샘에 떨어지니 이 별 이름은 쓴 쑥이라 물의 삼분의 일이 쓴 쑥이 되매 그 물이 쓴 물이 되므로 많은 사람이 죽더라(요한계시록 8:10-11)"

셋째 천사가 대접을 강과 물 근원에 쏟으니 피가 되었다. 마실 물이

없다는 말이다. 애굽에서 내린 첫째 재앙이었다. 마실 물이 없다고 상상해 보라. 마실 물이 있을 때가 기회이다. 기회는 바람처럼 왔다가 바람처럼 지나간다. 지나간 기회는 아무리 후회해도 소용없다. 지금은 마실 물이 있다. 마실 물이 없어질 때가 올 것이다. 생명의 말씀인 물이 있다는 것은 감사할 일이다. 힘써 세계 복음 운동을 해야 한다. 말씀의 물이 없어 기갈을 당할 때가 올 것이다.

17장에서는 유혹하는 음녀가 물 위에 있다고 한다.

"또 일곱 대접을 가진 일곱 천사 중 하나가 와서 내게 말하여 이르되 이리로 오라 많은 물 위에 앉은 큰 음녀가 받을 심판을 네게 보이리라(요한계시록 17:1)"

12장에서 보았듯이 옛 뱀은 물을 토하여 여자를 떠내려 보내려고 한다. 16장의 아마겟돈 전쟁이 입 전쟁임을 알 수 있다. 세상은 물싸움이다.

(16:5-7) 내가 들으니 물을 차지한 천사가 이르되 전에도 계셨고 지금도 계신 거룩하신이여 이렇게 심판하시니 의로우시도다 6 그들이 성도들과 선지자들의 피를 흘렸으므로 그들에게 피를 마시게 하신 것이 합당하니이다 하더라 7 또 내가 들으니 제단이 말하기를 그러하다 주 하나님 곧 전능하신 이시여 심판하시는 것이 참되시고 의로우시도다 하더라

"물을 차지한 천사"가 있다. 하나님의 말씀을 맡은 천사이다. 그가

하나님의 심판이 의롭다고 찬양한다. 음녀가 심판받는 일은 합당하고 참되고 의로우신 일이라고 주님을 높이고 있다. 하나님의 말씀을 믿지 못하도록 하여 도적질하고 죽이고 멸망시키는 일을 한 음녀가 받을 심판을 마땅한 심판임을 "물을 차지한 천사"는 선포하고 있다.

4) 넷째 대접 : 불(16:8-9)

> (16:8) 넷째 천사가 그 대접을 해에 쏟으매 해가 권세를 받아 불로 사람들을 태우니

넷째 나팔은 해가 빛을 잃고 어두워졌는데, 네 번째 대접을 해에 쏟으니 해가 뜨거워지고 열기로 사람을 태운다. 같은 재앙을 다르게 표현하고 있는 것뿐이다.

인간에게 가장 필요한 것이 태양이다. 가장 필요한 것이 가장 해로운 것으로 변한다는 무서운 말씀이다. 의지할 것이 아무것도 없게 된다. 바위라도 나를 좀 가려 줬으면 좋겠다는 고백을 하게 된다.

> (16:9) 사람들이 크게 태움에 태워진지라 이 재앙들을 행하는 권세를 가지신 하나님의 이름을 비방하며 또 회개하지 아니하고 주께 영광을 돌리지 아니하더라

가장 필요하고 그렇게 좋았던 것들이 고통으로 변해 지옥이 될 것이다. 어떤 것도 도움을 줄 수 없고, 그 어떤 것도 고통을 덜어 줄 수

없는 지옥! 지옥은 회개가 없는 곳이다. 하나님의 이름을 비방하고 영광을 돌리지도 않고 하나님께 영광을 돌릴 수도 없는 곳이 지옥이다. 하나님의 은혜를 보지도 못하고 알지도 못하기 때문이다.

하나님의 이름을 높일 수 있고 믿을 수 있는 당신은 복 받은 자다.

"그러므로 그들이 하나님의 보좌 앞에 있고 또 그의 성전에서 밤낮 하나님을 섬기매 보좌에 앉으신 이가 그들 위에 장막을 치시리니 그들이 다시는 주리지도 아니하며 목마르지도 아니하고 해나 아무 뜨거운 기운에 상하지도 아니하리니 이는 보좌 가운데에 계신 어린 양이 그들의 목자가 되사 생명수 샘으로 인도하시고 하나님께서 그들의 눈에서 모든 눈물을 씻어 주실 것임이라(요한계시록 7:15-17)"

낮에 해와 밤의 달도 우리를 상하게 하지 않도록 구름 기둥, 불기둥으로 인도하시는 하나님이 우리의 하나님이시다.

2. 다섯째에서 일곱째 대접(16:10-21)

1) 다섯째 천사: 종기(16:10-11)

(16:10) 또 다섯째 천사가 그 대접을 짐승의 왕좌에 쏟으니 그 나라가 곧 어두워지며 사람들이 아파서 자기 혀를 깨물고

같은 이야기를 이렇게 반복해서 말씀하시는 이유가 있다. 영원히 영원히 고통당할 지옥이 있고, 영원한 천국이 있음을 알려 지옥만은 오지 말라고, 지옥만은 오지 말게 막아달라고 호소하시는 주님의 음성이다.

> "거기에서는 구더기도 죽지 않고 불도 꺼지지 아니하느니라 사람마다 불로써 소금 치듯 함을 받으리라(마가복음 9:48-49)"

손을 찍어버리고라도 지옥에 가지 않을 수 있다면 그렇게 하라고 하셨고(마가복음 9:43 참고), 발을 찍어서라도 예수 믿어 지옥 가지 않을 수만 있다면 그렇게 하라고 하셨고(마가복음 9:45 참고), 눈을 빼버리고라도 예수 믿고 지옥만은 오지 말라고(마가복음 9:47 참고) 애절하게 호소하시는 주님의 음성이 들린다. 한 번 들어가면 다시 나올 수 없는 지옥이기에 반복하고, 반복해서 말씀하시며 애를 태우시는 주님의 눈동자를 올려다본다.

다섯째 천사가 대접을 짐승의 왕좌에 쏟았다. 거짓 유사품, 왕좌다. 그 나라가 빛을 잃고 어두워지며 사람들이 아파서 자기 혀를 깨문다.
비참하지 않은가? 그래서 우리에게 복음이 입에서는 달지만, 배에선 쓴 것이다. 눈물이 난다. 믿지 않는 사람이 많다. 오늘도 코로나 등 여러 질병과 여러 이유로 예수를 믿지 않고 죽어가는 사람들이 너무 많다. 코로나가 2019년 10월경에 발생하여 현재는 전 세계를 강타하며 공포에 떨게 하고 있다. 그런데 코로나보다 무서운 것이 예수 믿지 않는 것인 줄을 모르고 있다.

> (16:11) 아픈 것과 종기로 말미암아 하늘의 하나님을 비방하고 그들의 행위를 회개하지 아니하더라

회개의 기회를 놓친 자들을 보라. 오히려 하나님을 비방하는 일 외엔 할 수 있는 것이 없는 저들을 보라. 당신에게 하나님을 찬양할 수 있는 복을 주신 것이 얼마나 놀라운가!

"빛이 어둠에 비치되 어둠이 깨닫지 못하더라(요한복음 1:5)"

허물어진 성벽을 막아서서 무너지지 않도록 할 사람이 누구인가?

"이 땅을 위하여 성을 쌓으며 성 무너진 데를 막아 서서 나로 하여금 멸하지 못하게 할 사람을 내가 그 가운데에서 찾다가 찾지 못하였으므로 내가 내 분노를 그들 위에 쏟으며 내 진노의 불로 멸하여 그들 행위대로 그들 머리에 보응하였느니라 주 여호와의 말씀이니라(에스겔 22:30-31)"

"그 날에 내가 다윗의 무너진 장막을 일으키고 그것들의 틈을 막으며 그 허물어진 것을 일으켜서 옛적과 같이 세우고(아모스 9:11)"

하나님의 재앙들은 '회개'의 목적이다. 끝까지 회개하지 않으면 영원한 지옥에 간다. 전해야 한다. 전도의 미련함으로 구원하시는 비밀을 알고 전해야 한다.

"하나님의 지혜에 있어서는 이 세상이 자기 지혜로 하나님을 알지 못하

므로 하나님께서 전도의 미련한 것으로 믿는 자들을 구원하시기를 기뻐
하셨도다(고린도전서 1:21)"

"십자가의 도가 멸망하는 자들에게는 미련한 것이요 구원을 받는 우리
에게는 하나님의 능력이라(고린도전서 1:18)"

아직 기회는 있다. 아직 하나님께서는 "성전 바깥마당은 측량하지
말고 그냥 두라(요한계시록 11:2)"라고 하신다.

2) 여섯째 천사: 아마겟돈(16:12-16)

> (16:12) 또 여섯째 천사가 그 대접을 큰 강 유브라데에 쏟으매 강물이
> 말라서 동방에서 오는 왕들의 길이 예비되었더라

아마겟돈 전쟁! 여섯째 천사가 큰 강 유브라데에 대접을 쏟으니 강
물이 말라 버린다. 생수가 말라 버려 마실 물이 없어 갈급할 때 사탄
이 마음껏 활동할 수 있는 길이 예비되었다.

유브라데 강은 믿는 자에게 준 땅이다.

"그날에 여호와께서 아브람과 더불어 언약을 세워 이르시되 내가 이 땅
을 애굽 강에서부터 그 큰 강 유브라데까지 네 자손에게 주노니(창세기
15:18)"

믿는 자들이 말씀을 전해도 물이 말라서 마실 물이 없는 때가 왔다. 지금 당신은 그때를 보고 있다.

> (16:13) 또 내가 보매 개구리 같은 세 더러운 영이 용의 입과 짐승의 입과 거짓 선지자의 입에서 나오니

아마겟돈 전쟁은 입 전쟁이다.

세 더러운 영의 입이 있다. "개구리 같은 영"이다. 개구리는 개굴개굴 시끄럽다. "용의 입과 짐승의 입과 거짓 선지자의 입"이다. 다른 복음으로 세상을 속일 입이 모였다.

> (16:4) 그들은 귀신의 영이라 이적을 행하여 온 천하 왕들에게 가서 하나님 곧 전능하신 이의 큰 날에 있을 전쟁을 위하여 그들을 모으더라

세 입은 귀신의 영이다. 입에서 나오는 말로 이적을 행한다. 큰 날에 있을 전쟁을 위하여 모인다. 큰 날에 있을 전쟁이 무엇일까? 복음 전쟁이다. 주님이 십자가를 지시고 부활하신 큰 전쟁이다. 복음을 알리고 전하는 큰 날을 막아설 전쟁이다. 입 전쟁, 말씀 전쟁이 벌어지고 있다.

> (16:5) 보라 내가 도둑 같이 오리니 누구든지 깨어 자기 옷을 지켜 벌거벗고 다니지 아니하며 자기의 부끄러움을 보이지 아니하는 자는 복이 있도다

주님은 전쟁에서 승리할 수 있도록 힌트를 주신다.

"내가 도둑 같이 오리니"라고 하신다. 깨어 주님 주신 흰 옷을 입으라고 한다. 믿음으로 당신은 의의 옷을 입고 있음을 알면 된다. 그러면 속지 않고 부끄러움을 당하지 않을 것이다. 오직 의인은 믿음으로 복을 받았다.

우리는 십자가를 붙잡아야 한다. 십자가를 붙잡는 사람은 "하나님이 죄를 알지도 못하신 이를 우리를 대신하여 죄로 삼으신 것은 우리로 하여금 그 안에서 '하나님의 의'가 되게 하려 하심이라(고린도후서 5:21)"를 믿는 것이다.

"복음에는 '하나님의 의'가 나타나서 믿음으로 믿음에 이르게 하나니 기록된 바 오직 의인은 믿음으로 말미암아 살리라 함과 같으니라(롬마서 1:17)"

당신은 '하나님의 의'가 되었다. 이 놀라운 사실에 감격하는 삶을 살아야 한다. 임마누엘의 감격이 당신의 삶의 원동력이 되면 아마겟돈 전쟁에서 넉넉히 승리한다.

"내가 네 행위를 아노니 네가 차지도 아니하고 뜨겁지도 아니하도다 네가 차든지 뜨겁든지 하기를 원하노라 네가 이같이 미지근하여 뜨겁지도 아니하고 차지도 아니하니 내 입에서 너를 토하여 버리리라 네가 말하기를 나는 부자라 부요하여 부족한 것이 없다 하나 네 곤고한 것과 가련한 것과 가난한 것과 눈 먼 것과 벌거벗은 것을 알지 못하는도다(요한계시록

3:15-17)"

> (16:6) 세 영이 히브리어로 아마겟돈이라 하는 곳으로 왕들을 모으더라

"용의 입과 짐승의 입과 거짓 선지자의 입"을 가진 세 영이 아마겟돈이라는 곳으로 모은다. 연합된 말의 힘을 말한다. 아마겟돈 전쟁은 세계대전이 아니다. 환란이나 큰 전쟁이 아니다.

가장 무서운 적은 비슷한 다른 복음이다. 교회가 다른 복음을 전하면 안 된다. 다른 복음이 제일 큰 전쟁이다. 입의 전쟁이다. 지금도 이 전쟁은 진행 중이다. 다른 복음은 없다. 다른 복음을 전하면 천사라도 저주를 받는다(갈라디아서 1:8 참고). 천년 왕국을 사는 우리는 왕의 권세를 빼앗기지 말고, 입 전쟁에서 승리하도록 복음만 말해야 한다.

3) 일곱째 천사: 큰 지진과 큰 우박(16:17-20)

> (16:17) 일곱째 천사가 그 대접을 공중에 쏟으매 큰 음성이 성전에서 보좌로부터 나서 이르되 되었다 하시니

일곱째 대접이 공중에 쏟아진다. 공중은 공중 권세 잡은 자의 세상이다.

"그 때에 너희는 그 가운데서 행하여 이 세상 풍조를 따르고 공중의 권

세 잡은 자를 따랐으니 곧 지금 불순종의 아들들 가운데서 역사하는 영이라(에베소서 2:2)"

큰 음성이 성전과 보좌로부터 나온다. 하나님께로 나온다는 말씀이다. "되었다"라고 하신다. 창조하실 때 "그대로 되니라"라는 말씀과 같은 말씀이다. 예수께서 십자가에서 "다 이루었다"라고 하신 말씀이다. '켄 하야(כי היה)'는 'It's done'이라는 뜻이다. 구원이 완성되고 심판이 완성되었다는 말씀이다.

"다 이루었다"라고 하신 십자가의 승리는 마귀의 완전한 패배를 의미한다.

"내가 너로 여자와 원수가 되게 하고 네 후손도 여자의 후손과 원수가 되게 하리니 여자의 후손은 네 머리를 상하게 할 것이요 너는 그의 발꿈치를 상하게 할 것이니라 하시고(창세기 3:15)"라고 하신 말씀이 이루어지는 순간이다.

성경 전부는 창세기 3장 15절을 이루신 말씀이다. 창조를 시작하신 하나님께서 창조를 완벽하게 완성하시는 이야기이다.

> (16:18) 번개와 음성들과 우렛소리가 있고 또 큰 지진이 있어 얼마나 큰지 사람이 땅에 있어 온 이래로 이같이 큰 지진이 없었더라

일곱 번째 대접이 쏟아지자 '번개와 음성과 뇌성과 큰 지진'이 일어나는데 그 소리와 지진이 땅이 생긴 이래로 가장 큰 지진이었다. 하나

님의 나타나심의 표현이다.

하나님의 현현과 심판을 묘사할 때 계속 등장하던 것들이다. 구약에서도 하나님의 현현이 있을 때 이 단어들이 사용됐다.

"셋째 날 아침에 우레와 번개와 **빽빽한** 구름이 산 위에 있고 나팔 소리가 매우 크게 들리니 진중에 있는 모든 백성이 다 떨더라 모세가 하나님을 맞으려고 백성을 거느리고 진에서 나오매 그들이 산기슭에 서 있는데 시내 산에 연기가 자욱하니 여호와께서 불 가운데서 거기 강림하심이라 그 연기가 옹기 가마 연기 같이 떠오르고 온 산이 크게 진동하며 나팔 소리가 점점 커질 때에 모세가 말한즉 하나님이 음성으로 대답하시더라 (출애굽기 19:16-19)"

십자가에서 예수 그리스도께서 승리하신 함성을 보는 것 같다.

"예수께서 다시 크게 소리 지르시고 영혼이 떠나시니라 이에 성소 휘장이 위로부터 아래까지 찢어져 둘이 되고 땅이 진동하며 바위가 터지고 무덤들이 열리며 자던 성도의 몸이 많이 일어나되 예수의 부활 후에 그들이 무덤에서 나와서 거룩한 성에 들어가 많은 사람에게 보이니라 백부장과 및 함께 예수를 지키던 자들이 지진과 그 일어난 일들을 보고 심히 두려워하여 이르되 이는 진실로 하나님의 아들이었도다 하더라 (마태복음 27:50-54)"

하나님의 현현과 그 하나님으로부터 말미암는 구원과 심판의 모습이 묘사될 때는 언제나 번개와 음성과 뇌성과 지진과 우박이라는 상징들이 동원되었다.

> (16:19-20) 큰 성이 세 갈래로 갈라지고 만국의 성들도 무너지니 큰 성 바벨론이 하나님 앞에 기억하신 바 되어 그의 맹렬한 진노의 포도주 잔을 받으매 각 섬도 없어지고 산악도 간 데 없더라

큰 성은 마귀의 성이다. 바벨론이라 부른다. 만국의 성을 통솔하는 성이다. 큰 성이 세 갈래로 갈라졌다.

창세기 11장을 연상시킨다. 바벨탑을 쌓아 하나님까지 올라가려 했던 그들이 언어가 갈라지니 흩어지고 힘을 잃었다. 여기도 언어 싸움이었다.

소돔이라고도 불렸고 애굽이라고도 불린 곳이다.

"들의 시체가 큰 성 길에 있으리니 그 성은 영적으로 하면 소돔이라고도 하고 애굽이라고도 하니 곧 그들의 주께서 십자가에 못 박히신 곳이라 (요한계시록 11:8)"

하나님을 대적하고 하나님의 백성을 잡아 괴롭히고 더럽힌 곳이다. 주께서 십자가에 못 박히신 곳이 되도록 하셨다.

"우리가 아직 연약할 때에 기약대로 그리스도께서 경건하지 않은 자를 위하여 죽으셨도다", "우리가 아직 죄인 되었을 때에 그리스도께서 우리를 위하여 죽으심으로 하나님께서 우리에 대한 자기의 사랑을 확증하셨

느니라", "곧 우리가 원수 되었을 때에 그의 아들의 죽으심으로 말미암아 하나님과 화목하게 되었은즉 화목하게 된 자로서는 더욱 그의 살아 나심으로 말미암아 구원을 받을 것이니라(로마서 5:6, 8, 10)"라고 하신 것 처럼 주님은 그곳에 오셔서 십자가를 지셨다. 자기 땅에 오셨지만 영접 하지 않았다. "자기 땅에 오매 자기 백성이 영접하지 아니하였으나(요한 복음 1:11)"

(16:21) 또 무게가 한 달란트나 되는 큰 우박이 하늘로부터 사람들에게 내리매 사람들이 그 우박의 재앙 때문에 하나님을 비방하니 그 재앙이 심히 큼이러라

한 달란트 되는 우박이 내린다. 한 달란트의 무게는 36kg 정도다. 재앙이 심히 크다는 말로 마치는데 17장부터는 이 재앙이 얼마나 큰 지를 설명하고 있다.

하나님을 더 비방하도록 바벨론 왕은 끝까지 유혹한다. 사탄은 한 달란트나 되는 우박이 그 사람 위에 내리도록 만든다. 이 땅은 절대 행복이 없다.

믿지 않는 자에게 행복의 문이 반드시 열리도록 도와야 한다. 영의 눈이 열려 구원을 볼 수 있고, 재앙을 볼 수 있도록 도와야 한다.

일곱 대접의 심판인 16장의 끝이 "그 재앙이 큼이러라"인데,

17장~21장 8절까지 그 재앙이 얼마나 큰지를 설명하고 있다.

21장 9절부터 요한계시록 끝까지 말씀은

믿는 자에게 임한 은혜가 얼마나 엄청난지를 기록한다.

임할 재앙과 믿는 자에게 주신 은혜가 얼마나 큰지를 설명하기 위해

반복 기법을 사용하셨다.

기억할 것은 시간 순서대로 기록한 것이 아니라

같은 말씀을 반복한다는 것을 염두에 둔다면

읽기만 해도 이해가 되고 쉬울 것이다.

일곱 대접 보충 설명

(17장~21장 8절)

17장 큰 음녀가 받은 심판

1. 심판받는 이유(17:1-6)

1) 큰 음녀가 받은 심판(17:1-2)

> (17:1) 또 일곱 대접을 가진 일곱 천사 중 하나가 와서 내게 말하여 이르되 이리로 오라 많은 물 위에 앉은 큰 음녀가 받을 심판을 네게 보이리라

일곱 대접을 가진 일곱 천사 중 하나가 요한에게 물 위에 앉은 큰 음녀가 받을 심판을 보여 주겠다고 이리로 오라고 한다.

큰 음녀는 시대마다 복음을 막아서는 사탄의 세력을 말한다. 성경에서 음녀라고 할 때 하나님을 버리고 사는 상태를 말한다. 음녀에게 불리는 바벨론이라는 대표적인 이름이 있다.

"또 네가 본 그 여자는 땅의 왕들을 다스리는 큰 성이라 하더라(요한계시록 17:18)"

일곱 대접의 심판인 16장의 끝이 "그 재앙이 큼이러라"인데 17장~21장 8절까지 그 재앙이 얼마나 큰지를 설명하고 있다. 대접 재앙의 내용을 여러 관점으로 반복해서 설명한다.

> (17:2) 땅의 임금들도 그와 더불어 음행하였고 땅에 사는 자들도 그 음행의 포도주에 취하였다 하고

음녀가 심판받는 이유를 설명한다. 음녀의 대표적인 인물은 아합의 아내 이세벨을 보면 알 수 있다. 이세벨은 음행과 술수가 엄청났다.

"요람이 예후를 보고 이르되 예후야 평안하냐 하니 대답하되 네 어머니 이세벨의 음행과 술수가 이렇게 많으니 어찌 평안이 있으랴 하더라(열왕기하 9:22)"

그녀를 가리켜 '이스라엘로 행음하게 한 여자'라고 정확하게 지적하고 있다. 하나님의 기다림을 짓밟는다.

"성전 바깥마당은 측량하지 말고 그냥 두라 이것은 이방인에게 주었은즉 그들이 거룩한 성을 마흔두 달 동안 짓밟으리라(요한계시록 11:2)"

본문도 그것을 설명한다. 임금들도 음녀와 더불어 음행하고 취해있

다. 그래도 아직 기회는 남아 있다고 반복해서 말씀하시는 주님의 마음, 하나님의 사랑을 읽을 수 있어야 한다. 요한계시록은 아직도 기다리시는 하나님의 마음이 담긴 책이다. 영원한 지옥에서 나와서 주님의 품에 안기길 간절히 기다리시는 하나님의 마음을 담은 책이 요한계시록이다.

'한때 두 때 반 때', '삼 년 반', '마흔두 달', '1,260일' 등으로 표현된 기간은 하나님께서 돌아오길 기다리시는 시간이 정해져 있다고 거듭 말씀하시는 사랑의 표현이다.

여섯 번째 인이 6장 끝에 "그들의 진노의 큰 날이 이르렀으니 누가 능히 서리요 하더라(요한계시록 6:17)"라는 말씀 후에도 놀라운 것은 설 수 있는 자가 있다는 것이다. 7장에서 십사만 사천이 하나님 앞에서 설 수 있다고 하신다.

여섯 번째 나팔 재앙의 끝도 비슷하다. "또 그 살인과 복술과 음행과 도둑질을 회개하지 아니하더라(요한계시록 9:21)" 회개하지 않는 자 속에서 10장에 "작은 두루마리"를 먹는 자, 말씀을 먹는 자, 회개하는 자가 있다고 말씀하신다.
그래서 하나님은 기다리신다고 말씀하신다.
"성전 바깥마당은 측량하지 말고 그냥 두라(요한계시록 11:2상)"라고 하신다.

지옥 백성이 돌아오길 간절히 기다리는 중에 일어나는 일과 그 결과를 기록한 것이 요한계시록이다. 구속의 역사다.

2) 여자의 모습(17:3-4)

> (17:3) 곧 성령으로 나를 데리고 광야로 가니라 내가 보니 여자가 붉은 빛 짐승을 탔는데 그 짐승의 몸에 하나님을 모독하는 이름들이 가득하고 일곱 머리와 열 뿔이 있으며

마귀는 거짓의 아비다. 속이는 자다. "그는 처음부터 살인한 자요 진리가 그 속에 없으므로 진리에 서지 못하고 거짓을 말할 때마다 제 것으로 말하나니 이는 그가 거짓말쟁이요 거짓의 아비가 되었음이라 (요한복음 8:44하)"라고 했다.

광야는 여자가 양육 받는 곳임을 12장에서 보았다. 교회가 있는 곳이 광야같이 보이지만, 하나님이 예비하신 곳이다.

"그 여자가 광야로 도망하매 거기서 천이백육십 일 동안 그를 양육하기 위하여 하나님께서 예비하신 곳이 있더라(요한계시록 12:6)"

교회가 광야에 있는 동안에 임마누엘로 양육하신다.

"그 여자가 큰 독수리의 두 날개를 받아 광야 자기 곳으로 날아가 거기서 그 뱀의 낯을 피하여 한때와 두 때와 반 때를 양육 받으매(요한계시록

12:14)"

교회가 있는 광야에 마귀는 여자처럼 모방하고 있지만, 자세히 보면 붉은 짐승을 탔다. 하나님을 모독하는 이름이 그 몸에 가득하다.

마귀는 우리가 있는 광야에도 교회의 일원처럼 속이고 함께 하지만 하나님께서는 우리가 감당할 시험만 허락하신다.

"사람이 감당할 시험 밖에는 너희가 당한 것이 없나니 오직 하나님은 미쁘사 너희가 감당하지 못할 시험 당함을 허락하지 아니하시고 시험당할 즈음에 또한 피할 길을 내사 너희로 능히 감당하게 하시느니라(고린도전서 10:13)"

여자가 탄 짐승이 붉은빛 짐승이며 그 짐승의 몸에 하나님을 모독하는 이름들이 가득하고 일곱 머리에 열 뿔이 있다.

"내가 보니 바다에서 한 짐승이 나오는데 뿔이 열이요 머리가 일곱이라 그 뿔에는 열 왕관이 있고 그 머리들에는 신성 모독하는 이름들이 있더라(요한계시록 13:1)"

12장에도 등장했다.

"하늘에 또 다른 이적이 보이니 보라 한 큰 붉은 용이 있어 머리가 일곱이요 뿔이 열이라 그 여러 머리에 일곱 왕관이 있는데(요한계시록 12:3)"

붉은색은 죄의 색이며 사치의 색이다.

"여호와께서 말씀하시되 오라 우리가 서로 변론하자 너희의 죄가 주홍 같을지라도 눈과 같이 희어질 것이요 진홍같이 붉을지라도 양털같이 희게 되리라(이사야 1:18)"

> (17:4) 그 여자는 자주빛과 붉은빛 옷을 입고 금과 보석과 진주로 꾸미고 손에 금잔을 가졌는데 가증한 물건과 그의 음행의 더러운 것들이 가득하더라

자주빛과 붉은빛 옷은 사치를 말한다.

"이르되 화 있도다 화 있도다 큰 성이여 세마포 옷과 자주 옷과 붉은 옷을 입고 금과 보석과 진주로 꾸민 것인데(요한계시록 18:16)"

금과 보석, 진주로 꾸민 것을 자랑하고 사치하고 사람의 시선을 끌려고 하는 모습이다.

손에 금잔을 가진 것은 흉내를 내는 것이다. 천사가 성도의 기도인 금 대접을 가진 것처럼 속이고 모방하고 있다.

"가증한 물건과 그의 음행과 더러운 것들이 가득"하다. 하나님께 기도하는 것을 흉내 내어 우상을 섬기고, 우상에게 기도하면 들어 준다는 사기행각을 저지르고 있다.

"하나님의 성전과 우상이 어찌 일치가 되리요 우리는 살아 계신 하나님의 성전이라 이와 같이 하나님께서 이르시되 내가 그들 가운데 거하며 두루 행하여 나는 그들의 하나님이 되고 그들은 나의 백성이 되리라(고린도후서 6:16)"

3) 여자의 이름(17:5)

(17:5) 그의 이마에 이름이 기록되었으니 비밀이라, 큰 바벨론이라, 땅의 음녀들과 가증한 것들의 어미라 하였더라

이름도 예수님을 모방한다. 예수 그리스도가 비밀이신데 이놈도 자기가 비밀이라고 속인다. 큰 바벨론, 땅의 음녀들과 가증한 것들의 어미, 거짓의 아비이다.

"너희는 너희 아비 마귀에게서 났으니 너희 아비의 욕심대로 너희도 행하고자 하느니라 그는 처음부터 살인한 자요 진리가 그 속에 없으므로 진리에 서지 못하고 거짓을 말할 때마다 제 것으로 말하나니 이는 그가 거짓말쟁이요 거짓의 아비가 되었음이라(요한복음 8:44)"

4) 피에 취한 여자(17:6)

> (17:6) 또 내가 보매 이 여자가 성도들의 피와 예수의 증인들의 피에 취한지라 내가 그 여자를 보고 놀랍게 여기고 크게 놀랍게 여기니

"성도들의 피와 예수의 증인들의 피"에 취해 있는 모습에 요한이 놀란다. 음녀가 승리한 것처럼 속이고 있다. 속아선 안 된다. 거짓 선전이다. 승리한 것처럼 세상에서 행세하여 많은 사람을 미혹한다. 피에 취해 승리한 것으로 알고 착각까지 하는 미련한 놈이기에 심판받아 마땅하다.

2. 음녀와 짐승(17:7-12)

1) 여자와 짐승의 비밀(17:7-12)

> (17:7) 천사가 이르되 왜 놀랍게 여기느냐 내가 여자와 그가 탄 일곱 머리와 열 뿔 가진 짐승의 비밀을 네게 이르리라

요한에게 "왜 그렇게 놀랍게 여기느냐? 진실을 알려 주겠다"라고 하신다. 마귀를 정확히 알아야 한다.

마귀는 우리가 힘을 실어 줄 때만 힘을 얻는다. 예를 들어, 테러 집단인 IS가 저지른 일이 아닌데 원인을 알 수 없는 사고를 IS가 저지른

일로 발표한다면 IS는 힘을 얻을 것이다. '우리를 두려워하는구나'라고 여기며 더욱 힘을 얻을 것이다.

마귀도 마찬가지이다. 마귀가 하는 일도 있고, 우리가 하는 일도 있고, 하나님께서 하시는 일이 있다. 마귀는 마귀를 무서워할 때 힘을 얻는다.

그래서 요한에게 이놈의 비밀을 알려 줄 테니 속지 말라고 하신다. 일곱 머리와 열 뿔을 가진 짐승은 13장에서 바다에서 올라온 짐승이다.

> (17:8) 네가 본 짐승은 전에 있었다가 지금은 없으나 장차 무저갱으로 부터 올라와 멸망으로 들어갈 자니 땅에 사는 자들로서 창세 이후로 그 이름이 생명책에 기록되지 못한 자들이 이전에 있었다가 지금은 없으나 장차 나올 짐승을 보고 놀랍게 여기리라

"전에 있었다가 지금은 없으나"라는 말은 전에는 사탄이 우리의 왕이었지만 지금은 아니라는 말이다. 지금은 우리는 하나님의 자녀가 되었다.

"그 때에 너희는 그리스도 밖에 있었고 이스라엘 나라 밖의 사람이라 약속의 언약들에 대하여는 외인이요 세상에서 소망이 없고 하나님도 없는 자이더니 이제는 전에 멀리 있던 너희가 그리스도 예수 안에서 그리스도의 피로 가까워졌느니라(에베소서 2:12-13)"

"장차 무저갱으로부터 올라와 멸망으로 들어갈 자"라는 말은 십자

가와 부활의 결과로 머리가 깨어진 상태로 활약하다가 활동할 수 없는 완전한 멸망으로 들어갈 자라는 말씀이다.

이놈이 십자가에서 완전히 머리가 깨어졌다. 사탄은 이미 패했다. 사랑의 하나님께서 머리가 깨어진 마귀를 완전히 멸망시키지 않으시고 기다리시는데, 놈이 붙잡고 있는 영혼을 구원하셔서 함께 멸망시키지 않으시기 위함이다.

하나님이 기다리시는 동안 머리가 깨어져 죽은 것 같았던 이놈은 권세 있는 놈처럼 속인다. 발악하며 일어나서 다시 살아난 것처럼 속여 짓밟는 일을 하고 있다.

"성전 바깥마당은 측량하지 말고 그냥 두라 이것은 이방인에게 주었은즉 그들이 거룩한 성을 마흔두 달 동안 짓밟으리라(요한계시록 11:2)"

마흔두 달 동안 이놈이 교회를 다른 복음으로 흔든다.

"여자의 뒤에서 뱀이 그 입으로 물을 강같이 토하여 여자를 물에 떠내려가게 하려 하되 땅이 여자를 도와 그 입을 벌려 용의 입에서 토한 강물을 삼키니 용이 여자에게 분노하여 돌아가서 그 여자의 남은 자손 곧 하나님의 계명을 지키며 예수의 증거를 가진 자들과 더불어 싸우려고 바다 모래 위에 서 있더라(요한계시록 12:15-17)"

그러나 주의 백성을 건드릴 수 없다. 속지 말라. 그렇지만 생명책에 기록되지 못한 자들은 마귀의 속임수에 넘어가 놀랍게 여기며 사탄을 섬긴다.

"그들에게 이르시되 땅의 풀이나 푸른 것이나 각종 수목은 해하지 말고
오직 이마에 하나님의 인침을 받지 아니한 사람들만 해하라 하시더라(요
한계시록 9:4)"

> (17:9) 지혜 있는 뜻이 여기 있으니 그 일곱 머리는 여자가 앉은 일곱
> 산이요

일곱 머리가 일곱 산이라고 하고 그 일곱 산은 일곱 왕이라고 한다.
로마가 일곱 산 위에 세워진 나라이기에 이런 설명을 그들은 쉽게 이
해했을 것이다.

로마는 '칠산절'이라는 명절이 있다. 성경에서 '산'이라는 것은 '세력,
힘, 통치'를 상징한다(예레미야 51:25 참고).

일곱 머리를 일곱 산이고, 일곱 왕이라고 한다.

일곱 머리는 '역사적으로 끊임없이 등장하는 하나님과 하나님의 백
성들을 대적하는 악한 세력의 총칭이다.

> (17:10) 또 일곱 왕이라 다섯은 망하였고 하나는 있고 다른 하나는 아
> 직 이르지 아니하였으나 이르면 반드시 잠시 동안 머무르리라

"다섯은 망하였고 하나는 있고 다른 하나는 아직 이르지 아니하였
으나"라는 말씀은 요한이 놀라는 모습에 답하시는 내용이다.

사탄은 엄청난 힘을 받아 이 땅을 핍박하고 미혹하며 승승장구하는 것처럼 보이지만, 이미 그 세력의 일곱 중에 다섯은 망했고, 하나만 겨우 남아 있는 상태라는 것이다.

일곱이 있어야 완전한 힘이 있는데 다섯이 망하였다. 마지막에 최후의 발악을 하지만, 결국 멸망할 것을 보여 주신 것이다.

사탄의 세력은 예수 그리스도의 십자가로 말미암아 완전히 무장해제 되었다. 사탄은 철저하게 위선자다. 속이는 거짓말쟁이다. 권세가 엄청난 것처럼 행세한다. 하나님의 백성들을 우는 사자처럼 공격하고 있다. 힘이 있는 것처럼 위장하고 속이다. 사탄은 속지 않으면 힘을 쓰지 못한다. 사기꾼에게 속으면 사기꾼은 엄포를 놓고 큰소리친다.

> (17:11) 전에 있었다가 지금 없어진 짐승은 여덟째 왕이니 일곱 중에 속한 자라 그가 멸망으로 들어가리라

여덟째 왕이라는 말은 속이는 위장술을 말한다. 마귀는 자신이 힘이 있는 것처럼 속인다. 일곱이라는 완전수를 벗어난 진실이 아닌 것이 여덟이다. 헛수다. 허상이다. 우리에겐 허상을 이기는 믿음이 있다.

"믿는 자들에게는 이런 표적이 따르리니 곧 그들이 내 이름으로 귀신을 쫓아내며(마가복음 16:17상)"

> (17:12) 네가 보던 열 뿔은 열 왕이니 아직 나라를 얻지 못하였으나 다만 짐승과 더불어 임금처럼 한동안 권세를 받으리라

이놈은 한동안 권세를 받는다. 그런데 "임금처럼" 받는다. 임금이 아니라는 말이다. 열 뿔이 있고 대단하게 보일지라도 왕인 것처럼 속이는 것이다. 임금이 아니다. 속임수이다. 그 속임수를 잠시 하나님께서 허락하신 것뿐이다.

"이는 하나님이 자기 뜻대로 할 마음을 그들에게 주사 한 뜻을 이루게 하시고 그들의 나라를 그 짐승에게 주게 하시되 하나님의 말씀이 응하기까지 하심이라(요한계시록 17:17)"

목적은 하나님의 말씀이 응하기까지 사탄을 두시는 것뿐이다. 구원받을 자를 구원하시기 위한 하나님의 열심이다.

2) 한뜻으로 싸우다(17:13-14)

(17:13) 그들이 한뜻을 가지고 자기의 능력과 권세를 짐승에게 주더라

사탄의 세력이 한뜻을 가지고 협력한다. 거짓에 하나가 된다. 허상, 속임수에 하나가 된다. 세상을 보라. 권력을 잡은 정부를 보라. 본래 거짓의 아비이기 때문에 사탄은 거짓에 협력한다.

(17:14) 그들이 어린 양과 더불어 싸우려니와 어린 양은 만주의 주시요 만왕의 왕이시므로 그들을 이기실 터이요 또 그와 함께 있는 자들 곧 부르심을 받고 택하심을 받은 진실한 자들도 이기리로다

사탄이 어린 양과 싸우는 것 같지만, 상대가 되지 않는다. 사탄이 어린 양을 이길 수 없고, 주의 백성도 그들이 이길 수 없다.

> "기약이 이르면 하나님이 그의 나타나심을 보이시리니 하나님은 복되시고 유일하신 주권자이시며 만왕의 왕이시며 만주의 주시요(디모데전서 6:15)"

예수 그리스도는 하나님이다. 아무리 세상이 크게 보여도 어린 양과 택함을 받은 자를 그들은 이길 수 없다.

3. 음녀의 멸망(17:15-18)

1) 분열(17:15-16)

> (17:15) 또 천사가 내게 말하되 네가 본 바 음녀가 앉아 있는 물은 백성과 무리와 열국과 방언들이니라

본문은 유대인이 흔히 사용하는 관용구로 음녀가 앉아 먹고 사는 물은 '그를 따르는 세상'이라는 말이다.

요한계시록은 쉽다. 문맥을 따라 그냥 읽으면 되는 성경이다. 어린 아이라도 이해할 수 있는 성경이다. 다른 의미를 찾으려 하지 말고 있는 그대로 흐름 따라 읽어라. 수수께끼나 더 깊은 의미를 찾으려고 해

선 안 된다. 쉽다고 가벼운 이야기를 하는 것은 아니다. 중요한 이야기를 쉽게 하고 계신다.

> (17:16) 네가 본 바 이 열 뿔과 짐승은 음녀를 미워하여 망하게 하고 벌거벗게 하고 그의 살을 먹고 불로 아주 사르리라

음녀와 짐승은 처음에는 동맹 관계였지만 끝까지 가지 못한다. 스스로 분열하여 자멸하게 된다. 왜냐하면, 저지른 일을 책임질 수 없기 때문이다. 거짓으로 하나 되었던 사람들도 자신이 다 뒤집어쓰게 되면 분열하게 되고 자멸의 길을 걷게 되는 것이다.

2) 기다리심(17:17-18)

> (17:17) 이는 하나님이 자기 뜻대로 할 마음을 그들에게 주사 한 뜻을 이루게 하시고 그들의 나라를 그 짐승에게 주게 하시되 하나님의 말씀이 응하기까지 하심이라

음녀와 짐승이 활동할 수 있는 기간도 사랑의 하나님께서 기다리고 계신 기간이라는 말씀이다. 우리가 사는 시대가 어떤 시대인지 분명히 알아야 한다. 우리의 시간은 하나님이 기다리시는 시간이다.

음녀가 이기는 것 같은 모습을 보일지라도 속지 말아야 한다.

"성전 바깥마당은 측량하지 말고 그냥 두라 이것은 이방인에게 주었은 즉 그들이 거룩한 성을 마흔두 달 동안 짓밟으리라(요한계시록 11:2)"

우리는 하나님께서 기다리는 시간 속을 살고 있다. 하나님의 말씀이 응하기까지 힘써 달려야 할 사명이 우리에게 있다.

> (17:18) 또 네가 본 그 여자는 땅의 왕들을 다스리는 큰 성이라 하더라

음녀의 정체를 설명해 주신다. 이 큰 성은 결국 세 갈래로 갈라지며 무너질 성을 보충 설명해 주신다.

"큰 성이 세 갈래로 갈라지고 만국의 성들도 무너지니 큰 성 바벨론이 하나님 앞에 기억하신 바 되어 그의 맹렬한 진노의 포도주잔을 받으매 각 섬도 없어지고 산악도 간데없더라 또 무게가 한 달란트나 되는 큰 우박이 하늘로부터 사람들에게 내리매 사람들이 그 우박의 재앙 때문에 하나님을 비방하니 그 재앙이 심히 큼이러라(요한계시록 16:19-21)"

18장 큰 성 바벨론(18:1-24)

1. 무너졌도다(18:1-8)

1) 멸망한 바벨론(18:1-3)

> (18:1) 이 일 후에 다른 천사가 하늘에서 내려 오는 것을 보니 큰 권세를 가졌는데 그의 영광으로 땅이 환하여지더라

17장 이후는 "또 무게가 한 달란트나 되는 큰 우박이 하늘로부터 사람들에게 내리매 사람들이 그 우박의 재앙 때문에 하나님을 비방하니 그 재앙이 심히 큼이러라(요한계시록 16:21)"라고 하신 재앙이 심히 크다는 말씀을 보충 설명하고 있다고 보면 쉽게 이해된다. 21장과 22장은 믿는 자에게 임한 은혜를 결론 짓고 있다는 것을 크게 유념하며 나머지 부분을 보도록 하자.

1절이 '이 일 후에' '메타 타우타'라는 단어로 시작된다. 장면이 전환될 때 사용해온 단어이다. 바벨론을 보고 크게 놀란 요한에게 바벨론의 비밀을 말씀해 주시고 계신다.

> "천사가 이르되 왜 놀랍게 여기느냐 내가 여자와 그가 탄 일곱 머리와 열 뿔 가진 짐승의 비밀을 네게 이르리라(요한계시록 17:7)"

요한은 여러 광경을 보고 있다. 우리가 경기하는 넓은 운동장을 본다면 한쪽에서는 달리기하고, 한쪽에서는 씨름하고, 한쪽에서는 배구 등 여러 종목의 경기가 동시에 열리고 있는 것을 한꺼번에 보게 된다. 이 상황을 구체적으로 옮겨 적으려면 장면마다 따로따로 표현할 수밖에 없다. 동시에 진행되는 경기지만, 따로따로 기록함을 이해하지 못하면 순차적으로 벌어진 일로 착각할 수도 있다. 따로 기록한다고 해서 순서대로 진행되는 것이 아니듯이 요한계시록의 기록도 진행되는 상황들을 동시에 본 것을 기록하고 있다.

17장 이후의 말씀은 일곱째 천사가 대접을 공중에 부은 후 "그 재앙이 심히 큼이러라(요한계시록 16:21)"라고 한 말씀을 설명하고 있다.

큰 권세를 가진 다른 천사가 하늘에서 내려오니 그의 영광으로 땅이 환해졌다. 이 영광은 하나님의 영광이다.

(18:2) 힘찬 음성으로 외쳐 이르되 무너졌도다 무너졌도다 큰 성 바벨론이여 귀신의 처소와 각종 더러운 영이 모이는 곳과 각종 더럽고 가증한 새들이 모이는 곳이 되었도다

앞에서 나왔던 표현과 비슷하다.

"또 다른 천사 곧 둘째가 그 뒤를 따라 말하되 무너졌도다 무너졌도다 큰 성 바벨론이여 모든 나라에게 그의 음행으로 말미암아 진노의 포도주를 먹이던 자로다 하더라(요한계시록 14:8)"

음녀의 성 바벨론은 이미 무너진 성이다. 무너지지 않은 것처럼 위장하고 있을 뿐이다. 이사야를 통해 바벨론이 멸망한 소돔과 고모라 같이 될 것을 예언하셨다.

"열국의 영광이요 갈대아 사람의 자랑하는 노리개가 된 바벨론이 하나님께 멸망 당한 소돔과 고모라 같이 되리니(이사야 13:19)"

그래서 아무도 거주하지 못하고 들짐승만 가득하게 될 날이 오래지 않다고 선언했다(이사야 12:20-22 참고).

예레미야 50장 39절에서 40절에도 같은 이야기를 하고 있다. 요한은 지금 구약에 예언된 대로 바벨론이 완전히 멸망한 모습을 생각하며 글을 썼을 것이다.

큰 성 바벨론은 이 땅을 총체적으로 표현한 것이다. 귀신의 처소와 각종 더러운 영이 모이는 더럽고 가증한 새들이 모이는 곳이 되었다.

천국과 반대되는 표현이다.

> (18:3) 그 음행의 진노의 포도주로 말미암아 만국이 무너졌으며 또 땅의 왕들이 그와 더불어 음행하였으며 땅의 상인들도 그 사치의 세력으로 치부하였도다 하더라

기록된 그대로이다. 바벨론의 실체는 '죽음'과 '무기력함'과 '어두움'과 '음행'이다. 음행하고, 상인들도 사치로 치부한다. 겉은 화려하게 해 보지만, 안은 썩고 죽었다. 사치의 세력으로 치부한다. 모든 왕과 상인들이 사치를 부의 표현으로 내세우며 자랑한다.

2) 내 백성아(18:4-6)

> (18:4) 또 내가 들으니 하늘로부터 다른 음성이 나서 이르되 내 백성아, 거기서 나와 그의 죄에 참여하지 말고 그가 받을 재앙들을 받지 말라

속지 말라는 말이다. 승리자임을 알라는 말이다. 당신은 승리했다. 17장에 이어 18장에서도 큰 성 바벨론의 멸망을 각기 다른 관점에서 말씀하고 있다. 18장은 당시 사용하던 경제 용어를 많이 언급한다. 화려한 바벨론, 귀신이 모이는 곳, 각종 더러운 영이 모이는 곳, 각종 새가 모이는 곳으로 비참한 일이 일어날 것이다.

하늘의 음성은 세상의 달콤함에 빠지지 말고 나오라고 명령한다.

빠져나오는 자는 복된 자이다. 빠져나오지 않는 자들은 재앙을 받을 것이다.

> (18:5) 그의 죄는 하늘에 사무쳤으며 하나님은 그의 불의한 일을 기억하신지라

죄는 하늘에 사무쳤다. 예수를 십자가에 죽여야 용서받을 수 있을 정도로 심각하다. 바울 사도도 이런 표현을 사용했다.

"다만 네 고집과 회개하지 아니한 마음을 따라 진노의 날 곧 하나님의 의로우신 심판이 나타나는 그 날에 임할 진노를 네게 쌓는도다(로마서 2:5)"

바벨탑은 '우리가 우리 힘으로 하늘에 올라가자'라고 하는 곳이다. 바벨탑에서 바벨론이라는 단어가 생겼다.

하나님은 믿는 자들의 죄는 기억하지 못하시지만, 불의한 일을 하는 자들의 불의는 모두 기억하신다. 믿는 자들의 죄를 기억하지 않으시는 주님을 찬양한다.

"그들이 다시는 각기 이웃과 형제를 가리켜 이르기를 너는 여호와를 알라 하지 아니하리니 이는 작은 자로부터 큰 자까지 다 나를 알기 때문이라 내가 그들의 악행을 사하고 다시는 그 죄를 기억하지 아니하리라 여호와의 말씀이니라(예레미야 31:34)"

'바벨론의 불의함을 모두 기억하시는 반면에' 회개하고 돌아온 하나님 백성의 죄는 하나도 기억하지 못하시는 길을 열어 주셨다.

> (18:6) 그가 준 그대로 그에게 주고 그의 행위대로 갑절을 갚아 주고 그가 섞은 잔에도 갑절이나 섞어 그에게 주라

믿지 않는 자에게는 행위대로 갚아 주신다. 갑절이라는 말은 두 배라는 말이 아니라 완전하게 갚아 주신다는 의미이다.

"스스로 속이지 말라 하나님은 업신여김을 받지 아니하시나니 사람이 무엇으로 심든지 그대로 거두리라 자기의 육체를 위하여 심는 자는 육체로부터 썩어질 것을 거두고 성령을 위하여 심는 자는 성령으로부터 영생을 거두리라(갈라디아서 6:7-8)"

3) 갚아 주라(18:7-8)

> (18:7) 그가 얼마나 자기를 영화롭게 하였으며 사치하였든지 그만큼 고통과 애통함으로 갚아 주라 그가 마음에 말하기를 나는 여왕으로 앉은 자요 과부가 아니라 결단코 애통함을 당하지 아니하리라 하니

사탄은 자기를 영화롭게 하고 사치하던 일이 고통과 애통하게 된다. 조개껍데기 수집하다가 하나님 앞에 서면 되겠는가?

"내가 증언하노니 그들이 하나님께 열심이 있으나 올바른 지식을 따른 것이 아니니라(로마서 10:2)"

12절과 13절에 사치하는 것을 조목조목 말씀한다.

"그 상품은 금과 은과 보석과 진주와 세마포와 자주 옷감과 비단과 붉은 옷감이요 각종 향목과 각종 상아 그릇이요 값진 나무와 구리와 철과 대리석으로 만든 각종 그릇이요 계피와 향료와 향과 향유와 유향과 포도주와 감람유와 고운 밀가루와 밀이요 소와 양과 말과 수레와 종들과 사람의 영혼들이라(요한계시록 18:12-13)"

'나는 여왕이요 과부가 아니라 결단코 애통을 당하지 않으리라'하고 교만을 떨고 있다.

> (18:8) 그러므로 하루 동안에 그 재앙들이 이르리니 곧 사망과 애통함과 흉년이라 그가 또한 불에 살라지리니 그를 심판하시는 주 하나님은 강하신 자이심이라

'하루 동안'은 '미아 헤메라(μία ἡμέρα)'는 삽시간이다. 하나님의 심판이 갑자기 온다는 말이다. 재앙이 사망과 애통함과 흉년과 불살라진다고 표현한다. 순식간에 허무하게 된다는 말이다.

2. 즐거워하라(18:9-20)

1) 삽시간에 이른 심판(18:9-10)

> (18:9) 그와 함께 음행하고 사치하던 땅의 왕들이 그가 불타는 연기를 보고 위하여 울고 가슴을 치며

'땅의 왕들'이 통곡한다. 땅의 왕들이란 음녀 바벨론의 미혹에 넘어간 사람이다. 그들이 누리던 권세와 힘이 삽시간에 안개처럼 사라짐을 보며 울고 가슴을 친다.

> (18:10) 그의 고통을 무서워하여 멀리 서서 이르되 화 있도다 화 있도다 큰 성, 견고한 성 바벨론이여 한 시간에 네 심판이 이르렀다 하리로다

'고통'이란 '바사니스모스(βασανισμός)'라는 말로 수동적인 고통을 의미한다.

'무서워하여'는 '포보스(φόβος)'라는 단어로 공포심, 경악을 말한다.

회회낙락하던 자들에게 갑자기 임한 재앙으로 벌벌 떠는 모습이다. 비웃던 저들의 머리에 경련이 일어날 것이다. 성령의 불은 믿는 자에겐 안식의 불이지만 저들에겐 무서운 지옥이다. 조만간에 이를 가는 일이 일어난다.

"풀무 불에 던져 넣으리니 거기서 울며 이를 갈게 되리라(마태복음 13:42)"

삽시간에 임한 바벨론을 향해 탄식하고 있다.

2) 장사가 안돼서 애통(18:11-16)

> (18:11) 땅의 상인들이 그를 위하여 울고 애통하는 것은 다시 그들의
> 상품을 사는 자가 없음이라

상인들이 운다는 것은 부가 삽시간에 소용없이 되었다는 말이다. 재벌일수록 예수를 믿지 않은 종말을 맞을 때 더 비참할 것이다. 예수 아니라도 안전하게 행복을 누릴 수 있다고 사기 치던 영적 상인들의 결과는 비참하다. 그들이 선전하던 모든 것이 신기루가 되어 아무도 거들떠보지 않는 쓰레기가 될 것이다. 자랑하던 부가 일시에 날아가 버릴 것이다.

"이르되 화 있도다 화 있도다 큰 성이여 세마포 옷과 자주 옷과 붉은 옷을 입고 금과 보석과 진주로 꾸민 것인데 그러한 부가 한 시간에 망하였도다 모든 선장과 각처를 다니는 선객들과 선원들과 바다에서 일하는 자들이 멀리 서서 그가 불타는 연기를 보고 외쳐 이르되 이 큰 성과 같은 성이 어디 있느냐 하며 티끌을 자기 머리에 뿌리고 울며 애통하여 외쳐 이르되 화 있도다 화 있도다 이 큰 성이여 바다에서 배 부리는 모든 자들이 너의 보배로운 상품으로 치부하였더니 한 시간에 망하였도다(요한계시록 18:16-19)"

> (18:12-16) 그 상품은 금과 은과 보석과 진주와 세마포와 자주 옷감과 비단과 붉은 옷감이요 각종 향목과 각종 상아 그릇이요 값진 나무와 구리와 철과 대리석으로 만든 각종 그릇이요 13 계피와 향료와 향과 향유와 유향과 포도주와 감람유와 고운 밀가루와 밀이요 소와 양과 말과 수레와 종들과 사람의 영혼들이라 14 바벨론아 네 영혼이 탐하던 과일이 네게서 떠났으며 맛있는 것들과 빛난 것들이 다 없어졌으니 사람들이 결코 이것들을 다시 보지 못하리로다 15 바벨론으로 말미암아 치부한 이 상품의 상인들이 그의 고통을 무서워하여 멀리 서서 울고 애통하여 16 이르되 화 있도다 화 있도다 큰 성이여 세마포 옷과 자주 옷과 붉은 옷을 입고 금과 보석과 진주로 꾸민 것인데

읽으면 이해가 된다. 그들이 바라보고 살았던 모든 아름다움이 허상이 될 것이다.

"너희를 위하여 보물을 땅에 쌓아 두지 말라 거기는 좀과 동록이 해하며 도둑이 구멍을 뚫고 도둑질하느니라 오직 너희를 위하여 보물을 하늘에 쌓아 두라 거기는 좀이나 동록이 해하지 못하며 도둑이 구멍을 뚫지도 못하고 도둑질도 못하느니라(마태복음 6:19-20)"

두로의 부귀영화가 무너지는 모습도 그러했다.

"네가 바다 깊은 데에서 파선한 때에 네 무역품과 네 승객이 다 빠졌음이여 섬의 주민들이 너로 말미암아 놀라고 왕들이 심히 두려워하여 얼굴에 근심이 가득하도다 많은 민족의 상인들이 다 너를 비웃음이여 네가 공포의 대상이 되고 네가 영원히 다시 있지 못하리라 하셨느니라(에

스겔 27:34-36)"

주님 앞에 서는 그날, 귀하게 여겼던 그 무엇도 아무 소용이 없는 것이 된다는 말씀이다. 한순간에 '뚝' 하고 사라져 버릴 것들이다.

3) 부가 한 시간에 망함(18:17-19)

(18:17-18) 그러한 부가 한 시간에 망하였도다 모든 선장과 각처를 다니는 선객들과 선원들과 바다에서 일하는 자들이 멀리 서서 18 그가 불타는 연기를 보고 외쳐 이르되 이 큰 성과 같은 성이 어디 있느냐 하며

그 멸망이 얼마나 허무하게 만드는가를 설명하기 위해 반복해서 말씀하고 있다. 예수 외에 모든 것은 허상이다. 속지 말아야 한다. 바울 사도의 경고를 듣자. 목숨 걸고 복음만 전하자.

"너는 이것을 알라 말세에 고통하는 때가 이르러 사람들이 자기를 사랑하며 돈을 사랑하며 자랑하며 교만하며 비방하며 부모를 거역하며 감사하지 아니하며 거룩하지 아니하며 무정하며 원통함을 풀지 아니하며 모함하며 절제하지 못하며 사나우며 선한 것을 좋아하지 아니하며 배신하며 조급하며 자만하며 쾌락을 사랑하기를 하나님 사랑하는 것보다 더하며 경건의 모양은 있으나 경건의 능력은 부인하니 이같은 자들에게서 네가 돌아서라(디모데후서 3:1-5)"

> (18:19) 티끌을 자기 머리에 뿌리고 울며 애통하여 외쳐 이르되 화 있
> 도다 화 있도다 이 큰 성이여 바다에서 배 부리는 모든 자들이 너의
> 보배로운 상품으로 치부하였더니 한 시간에 망하였도다

후회해도 소용없는 비참한 일이다. 온갖 것들로 치부하던 자들이 비통해할 그 날이 있다. 지식과 경험과 사상이 아무 소용없는 그 날 티끌을 자기 머리에 뿌릴 것이다.

4) 즐거워하라(18:20)

> (18:20) 하늘과 성도들과 사도들과 선지자들아, 그로 말미암아 즐거워
> 하라 하나님이 너희를 위하여 그에게 심판을 행하셨음이라 하더라

믿는 자에게 즐거워하라고 한다. 심판을 피하게 되었고 받은 복이 엄청나기 때문이다. 예수를 믿어 하나님의 의가 되었고 새로운 피조물이 되었다.

3. 다시 보이지도 들리지도 않음(18:21-24)

1) 다시 보이지 않음(18:21)

> (18:21) 이에 한 힘 센 천사가 큰 맷돌 같은 돌을 들어 바다에 던져 이
> 르되 큰 성 바벨론이 이같이 비참하게 던져져 결코 다시 보이지 아니
> 하리로다

엄청난 파괴의 장면이다. 큰 맷돌이 바다에 던져지는 것처럼 큰 성
바벨론이 이렇게 비참하게 던져져 다시 보이지 않게 된다는 것이다.
순식간에 일어날 일이다.

예레미야 51:63-64에 나오는 고대 바벨론의 멸망에 대한 예언이 있다.

"너는 이 책 읽기를 다한 후에 책에 돌을 매어 유브라데 강 속에 던지며
말하기를 바벨론이 나의 재난 때문에 이같이 몰락하여 다시 일어서지 못
하리니 그들이 피폐하리라 하라 하니라 예레미야의 말이 이에 끝나니라"

2) 다시 들리지 않음(18:22-23)

> (18:22) 또 거문고 타는 자와 풍류하는 자와 퉁소 부는 자와 나팔 부
> 는 자들의 소리가 결코 다시 네 안에서 들리지 아니하고 어떠한 세공
> 업자든지 결코 다시 네 안에서 보이지 아니하고 또 맷돌 소리가 결코
> 다시 네 안에서 들리지 아니하고

그날이 오면 음악도, 산업도, 빛도, 사람도, 생명도 아무 소용이 없다. 세상에 부의 상징인 고상한 어떤 취미 생활도 아무 소용이 없다. 세상이 추구하던 모든 화려함이 순식간에 허망해질 것이고 사라질 것이다.

"이 세상도, 그 정욕도 지나가되 오직 하나님의 뜻을 행하는 자는 영원히 거하느니라(요한일서 2:17)"

모든 기쁨의 소리가 그칠 것인데 에스겔이 두로를 향해 예언한 말씀을 연상하게 한다.

"내가 네 노래 소리를 그치게 하며 네 수금 소리를 다시 들리지 않게 하고(에스겔 28:13)"

온갖 부귀영화가 간 곳 없이 될 비참한 그때가 다가온다. 심판을 견딜 수 있을까? 영원한 생명이 지옥에서 영원히 거할 것을 생각하면 복음 전파가 시급하다.

(18:23) 등불 빛이 결코 다시 네 안에서 비치지 아니하고 신랑과 신부의 음성이 결코 다시 네 안에서 들리지 아니하리로다 너의 상인들은 땅의 왕족들이라 네 복술로 말미암아 만국이 미혹되었도다

집안의 소리와 혼인 잔치의 소리가 완전히 사라질 것이다.

"내가 그들 중에서 기뻐하는 소리와 즐거워하는 소리와 신랑의 소리와 신부의 소리와 맷돌 소리와 등불 빛이 끊어지게 하리니(예레미야 25:10)"

마지막 심판의 날이 다가온다. 만국을 미혹하던 자의 결말이 기다리고 있다. 그런데도 사탄은 복술로 만국을 미혹하고 있다.

3) 순교자 발견(18:24)

(18:24) 선지자들과 성도들과 및 땅 위에서 죽임을 당한 모든 자의 피가 그 성 중에서 발견되었느니라 하더라

에스겔은 "피를 흘린 성읍, 녹슨 가마 곧 그 속의 녹을 없이하지 아니한 가마여 화 있을진저(에스겔 24:6중)"라고 했다. 성도의 수고와 피 흘림을 주님은 아신다. 반드시 보상하실 것이다.

19장 혼인 잔치(19:1-21)

심판과 구원은 동시에 있는 일이다. 17장과 18장에서 바벨론이 무너지는 비참함을 보았다. 바벨론을 멸하시는 진노의 심판과 동시에 하늘에서는 할렐루야 찬양이 울려 퍼지고 있다.

밧모섬에서 유배되어 외로움과 심한 노동으로 괴로운 요한에게 놀라운 힘과 생수의 강이 터졌다. 우리는 그렇게 사는 사람들이다. 아래 말씀이 우리의 모습이다.

"이십사 장로들이 보좌에 앉으신 이 앞에 엎드려 세세토록 살아 계시는
이에게 경배하고 자기의 관을 보좌 앞에 드리며 이르되(요한계시록 4:10)"

1. 혼인 잔치(19:1-10)

1) 첫 번째 할렐루야(19:1-2) 심판을 찬양한다

> (19:1-2) 이 일 후에 내가 들으니 하늘에 허다한 무리의 큰 음성 같은 것이 있어 이르되 할렐루야 구원과 영광과 능력이 우리 하나님께 있도다 2 그의 심판은 참되고 의로운지라 음행으로 땅을 더럽게 한 큰 음녀를 심판하사 자기 종들의 피를 그 음녀의 손에 갚으셨도다 하고

또 '이 일 후에, 메타 타우타'로 시작한다. 시간적 순서가 아니다. 이미 일어났고 일어날 동시적인 사건이다. 허다한 무리의 큰 음성이다.

"할렐루야 구원과 영광과 능력이 우리 하나님께 있도다"라고 19장에서 할렐루야 찬양을 3번 한다.

① **허다한 무리가 심판을 찬양한다**
② **구원과 영광과 능력이 하나님께 있다고 찬양한다**
③ **하나님의 혼인에 대해 찬양한다**

2) 두 번째 할렐루야(19:3-5) 통치를 찬양한다

> (19:3) 두 번째로 할렐루야 하니 그 연기가 세세토록 올라가더라

두 번째 할렐루야를 하니 연기가 세세토록 올라간다. 바벨론이 불
타는 것과 대조된다. 세세토록 영원히 찬양받으실 하나님이다.

> (19:4-5) 또 이십사 장로와 네 생물이 엎드려 보좌에 앉으신 하나님께
> 경배하여 이르되 아멘 할렐루야 하니 5 보좌에서 음성이 나서 이르
> 시되 하나님의 종들 곧 그를 경외하는 너희들아 작은 자나 큰 자나
> 다 우리 하나님께 찬송하라 하더라

① **이십사 장로와 네 생물이 엎드려 보좌에 앉으신 하나님께 할렐
루야 화답한다**
② **보좌에서 음성이 나서 작은 자나 큰 자나 다 우리 하나님께 찬
송하라고 한다**

서로 화답하며 드리는 찬양은 모든 구원받은 사람이 드리는 혼인
잔치의 감격이다.

3) 세 번째 할렐루야(19:6-8) 혼인을 찬양한다

> (19:6) 또 내가 들으니 허다한 무리의 음성과도 같고 많은 물소리와도
> 같고 큰 우렛소리와도 같은 소리로 이르되 할렐루야 주 우리 하나님
> 곧 전능하신 이가 통치하시도다

혼인 잔치 현장에 할렐루야 연발이다. 허다한 무리의 음성, 맑은 물

소리, 큰 우렛소리와도 같은 소리다. 이 소리는 지상에서 들어보지 못한 무게 있고 엄청난 소리라는 표현이다. 할렐루야를 외치며 전능하신 하나님의 통치를 찬양한다.

> (19:7) 우리가 즐거워하고 크게 기뻐하며 그에게 영광을 돌리세 어린 양의 혼인 기약이 이르렀고 그의 아내가 자신을 준비하였으므로

혼인 잔치의 기약이 이르렀기에 우리가 즐거워하고 크게 기뻐하며 영광을 돌리자고 찬양이 이어진다. 아내가 자신을 준비했다고 선포한다.

아내는 아내 스스로 준비한 것이 아니다. 아내가 전혀 남편을 모를 때, 심지어 원수가 되었을 때 남편이 준비한 계획이었다.

"우리가 아직 연약할 때에, 우리가 아직 죄인 되었을 때에, 우리가 원수 되었을 때에(로마서 5:6, 8, 10)" 남편이 준비한 것이 화려한 신부였다. 그러기에 찬양받기 합당하다.

> (19:8) 그에게 빛나고 깨끗한 세마포 옷을 입도록 허락하셨으니 이 세마포 옷은 성도들의 옳은 행실이로다 하더라

오! 놀라운 일이다. 신부가 입은 옷이 빛난다. 하나님의 영광을 입었기 때문이다. 빛나고 깨끗한 세마포 옷을 입도록 허락하셨다. 예수 그리스도로 옷 입었다. 의의 옷이다. 그냥 의의 옷이 아니다. '하나님의 의'의 옷이다. 이 옷을 입히기 위해 어린 양께서 하신 일이 있다.

"하나님이 죄를 알지도 못하신 이를 우리를 대신하여 죄로 삼으신 것은 우리로 하여금 그 안에서 하나님의 의가 되게 하려 하심이라(고린도후서 5:21)"

죄 없는 어린 양이 비참한 죄가 되셨다. 신부에게 빛나고 깨끗한 세마포 옷을 입히기 위해 십자가를 지셨다.

신랑은 신부를 사랑한다. 영원히 함께하고 싶었지만, 신부가 더럽고 추하여 거룩하신 신랑은 그렇게 할 수 없었다. 그래서 당신이 의로운 길을 택하셨다. 신부를 목숨보다 더 사랑했기 때문이다. 당신도 의로우시고 신부도 의롭게 되는 길을 택하셨다.

"곧 이 때에 자기의 의로우심을 나타내사 자기도 의로우시며 또한 예수 믿는 자를 의롭다 하려 하심이라(로마서 3:26)"

입혀주신 세마포는 '성도들의 옳은 행실'이라고 선포한다. 놀라운 선포이다. "율법의 행위로 그의 앞에 의롭다 하심을 얻을 육체가 없나니(로마서 3:20상)"라는 말씀을 종식시킨 말씀이다.

"율법이 육신으로 말미암아 연약하여 할 수 없는 그것을 하나님은 하시나니(로마서 8:3상)"라고 사람이 할 수 없는 것을 하나님께서 하셨다.

"곧 죄로 말미암아 자기 아들을 죄 있는 육신의 모양으로 보내어 육신에 죄를 정하사 육신을 따르지 않고 그 영을 따라 행하는 우리에게 율법의 요구가 이루어지게(로마서 8:3하-4)" 하셨다.

4) 청함을 받은 자들은 복(19:9-10)

> (19:9) 천사가 내게 말하기를 기록하라 어린 양의 혼인 잔치에 청함을
> 받은 자들은 복이 있도다 하고 또 내게 말하되 이것은 하나님의 참되
> 신 말씀이라 하기로

어린 양의 혼인 잔치에 청함을 받은 자들은 복이 있다고 기록하라
고 하신다. 다윗도 이 복을 노래했다.

"일한 것이 없이 하나님께 의로 여기심을 받는 사람의 복에 대하여 다윗
이 말한 바 불법이 사함을 받고 죄가 가리어짐을 받는 사람들은 복이 있
고 주께서 그 죄를 인정하지 아니하실 사람은 복이 있도다 함과 같으니
라(로마서 4:6-8)"

"내가 하나님의 아들의 이름을 믿는 너희에게 이것을 쓰는 것은 너희로
하여금 너희에게 영생이 있음을 알게 하려 함이라(요한일서 5:13)"

> (19:10) 내가 그 발 앞에 엎드려 경배하려 하니 그가 나에게 말하기를
> 나는 너와 및 예수의 증언을 받은 네 형제들과 같이 된 종이니 삼가
> 그리하지 말고 오직 하나님께 경배하라 예수의 증언은 예언의 영이라
> 하더라

요한은 천사에게 엎드려 경배하려 했다. 그때 천사는 요한과 같이 된 종이니 오직 하나님께만 경배하라는 메시지를 듣는다. 그렇다. 하나님만이 경배의 대상이다.

예수를 증언하는 일도 우리 스스로가 하는 것이 아니기에 하나님만 경배해야 한다.

예수의 증언은 예언의 영이라는 말씀은 예수를 증언하는 것도 성령께서 하신다는 말씀이다. 그러기에 우리의 사역의 결과가 크든지 작든지 사람이 높임을 받아서는 안 된다.

2. 백마 탄 자(19:11-16)

1) 백마 탄 자(19:11-13)

> (19:11) 또 내가 하늘이 열린 것을 보니 보라 백마와 그것을 탄 자가 있으니 그 이름은 충신과 진실이라 그가 공의로 심판하며 싸우더라

"하늘이 열린 것을 보니"라고 했다. 항상 하늘은 열려 있다. "낮에 성문들을 도무지 닫지 아니하리니 거기에는 밤이 없음이라(요한계시록 21:25)"라고 하셨다.

주님이 계신 우리 몸은 열린 문이다. 열린 문은 요한계시록에 여러

군데에서 언급한다. 4장 1절, 11장 19절, 15장 5절에서 나오고 오늘 본문에서 또 나온다.

열린 문이 있음을 아는 사람은 보좌를 볼 수 있다. 항상 백마 탄 자를 본다. 승리하신 예수 그리스도시다.

그 이름이 충신과 진실이다. 신실하게 공의로 심판하며 싸우신다. 싸운다는 말은 이기기 위해 싸우는 것이 아니다. 공의를 나타내시는 일을 하신다는 말씀이다. 공의로 의인은 구원하시고 죄인은 벌하신다.

충신과 진실이란 지금도 충성스럽게 말씀대로 전투하시는 분이심을 말한다. 이기시기 위한 전투가 아니라 이기신 것을 성도와 함께 거두어들이는 전투다.

> (19:12) 그 눈은 불꽃 같고 그 머리에는 많은 관들이 있고 또 이름 쓴 것 하나가 있으니 자기밖에 아는 자가 없고

짐승이 쓴 왕관은 가짜였다.

"내가 보니 바다에서 한 짐승이 나오는데 뿔이 열이요 머리가 일곱이라 그 뿔에는 열 왕관이 있고 그 머리들에는 신성 모독하는 이름들이 있더라(요한계시록 13:1)"

짐승이 쓴 왕관은 모조품이다. 그러나 예수 그리스도께서 쓰신 왕

관은 사탄의 권세를 쳐부수고 승리하신 왕관이다.

그 눈이 불꽃 같다. 적을 파괴하는 놀라운 눈이다. 하나님께서 가지신 심판의 눈이다.

"그의 머리와 털의 희기가 흰 양털 같고 눈 같으며 그의 눈은 불꽃 같고
(요한계시록 1:14)"

자기밖에 모르는 이름이 쓰여있다. 예수의 이름은 비밀이다. 예수라는 이름을 들으면서도 놀라운 능력의 이름인 것을 모르는 것은 비밀이기 때문이다. 예수의 이름으로 무엇이든 할 수 있다는 것을 아는 사람은 극히 드물다. 백마 탄 예수 그리스도는 승리하신 분이다.

(19:13) 또 그가 피 뿌린 옷을 입었는데 그 이름은 하나님의 말씀이라 칭하더라

피 뿌린 옷을 입었다. 구원의 옷이다. 동시에 심판의 옷이다. 이사야는 선포한다.

"에돔에서 오는 이 누구며 붉은 옷을 입고 보스라에서 오는 이 누구냐 그의 화려한 의복 큰 능력으로 걷는 이가 누구냐 그는 나이니 공의를 말하는 이요 구원하는 능력을 가진 이니라 어찌하여 네 의복이 붉으며 네 옷이 포도즙틀을 밟는 자 같으냐 만민 가운데 나와 함께 한 자가 없이 내가 홀로 포도즙틀을 밟았는데 내가 노함으로 말미암아 무리를 밟았고

분함으로 말미암아 짓밟았으므로 그들의 선혈이 내 옷에 튀어 내 의복을 다 더럽혔음이니(이사야 63:1-3)"

그 이름은 하나님의 말씀이다.

"태초에 말씀이 계시니라 이 말씀이 하나님과 함께 계셨으니 이 말씀은 곧 하나님이시니라(요한복음 1:1)"

육신을 입고 이 땅에 오신 예수 그리스도시다.

"말씀이 육신이 되어 우리 가운데 거하시매 우리가 그의 영광을 보니 아버지의 독생자의 영광이요 은혜와 진리가 충만하더라(요한복음 1:14)"

2) 세마포 입고 백마(19:14-16)

> (19:14) 하늘에 있는 군대들이 희고 깨끗한 세마포 옷을 입고 백마를 타고 그를 따르더라

우리는 군대가 되어 백마를 타고 깨끗한 세마포를 입고 그를 따른다. 주님의 승리가 우리의 승리라는 말이다. 어린 양으로 인해 깨끗한 세마포를 입은 성도들이 승리의 상징인 백마를 타고 주님을 따른다.

"무릇 그리스도 예수와 합하여 세례를 받은 우리는 그의 죽으심과 합하

여 세례를 받은 줄을 알지 못하느냐 그러므로 우리가 그의 죽으심과 합하여 세례를 받음으로 그와 함께 장사되었나니 이는 아버지의 영광으로 말미암아 그리스도를 죽은 자 가운데서 살리심과 같이 우리로 또한 새 생명 가운데서 행하게 하려 함이라 만일 우리가 그의 죽으심과 같은 모양으로 연합한 자가 되었으면 또한 그의 부활과 같은 모양으로 연합한 자도 되리라(로마서 6:3-5)"

우리는 이렇게 십자가에서 하나 되었고 함께 부활하여 함께 하나님 우편에 예수와 함께 앉혔다. 우리는 주님과 함께 백마 탄 자다.

> (19:15) 그의 입에서 예리한 검이 나오니 그것으로 만국을 치겠고 친히 그들을 철장으로 다스리며 또 친히 하나님 곧 전능하신 이의 맹렬한 진노의 포도주 틀을 밟겠고

세 가지 방법으로 땅에 속한 악한 자들을 심판하신다.

① **입에서 검인 말씀이 나와서 만국을 심판한다. 구원과 심판을 동시에 선포한다(이사야 11:4 참고)**
② **철장으로 만국을 치고 다스린다. 절대적인 권세로 짐승과 땅의 왕을 다스린다(시편 2:9 참고)**
③ **맹렬한 진노의 포도주 틀을 밟겠다고 한다. 하나님을 대적하는 무리가 완전히 멸망할 것을 말한다(이사야 63:1-6 참고)**

(19:16) 그 옷과 그 다리에 이름을 쓴 것이 있으니 만왕의 왕이요 만주의 주라 하였더라

심판 주는 만왕의 왕이시다. 만주의 주시다.

3. 유황불 붙는 못에(19:17-21)

1) 새의 밥(19:17-18)

(19:17) 또 내가 보니 한 천사가 태양 안에 서서 공중에 나는 모든 새를 향하여 큰 음성으로 외쳐 이르되 와서 하나님의 큰 잔치에 모여

19절부터 21절 사이에 두 환상이 나온다. 17절의 "내가 보니"와 19절의 "내가 보매"가 두 가지 환상이다. 같은 내용을 반복해서 설명하는 것이다.

한 천사가 공중에 나는 새에게 말한다. 이 두 환상 다 완전한 멸망을 말하고 있다. 모두 새의 밥이 되어 다 죽는다. 20장에 가면 또 살아난 것처럼 말씀하는 것은 시간 순서가 아니라는 것을 입증하는 것이다.

> (19:18) 왕들의 살과 장군들의 살과 장사들의 살과 말들과 그것을 탄 자들의 살과 자유인들이나 종들이나 작은 자나 큰 자나 모든 자의 살을 먹으라 하더라

공중에 나는 새에게 "모든 자의 살을 먹으라"라고 외친다. 모든 자가 다 죽는다. 완전한 멸망을 말한다.

이미 19장에서 만국이 다 멸망했는데 20장 3절에서 만국이 아직 남아 있다. 20장에 곡과 마곡의 전쟁이 다시 나오는 것은 시간 순서대로 기록한 것이 아니기 때문이다.

2) 둘이 산 채로 유황불 붙는 못에(19:19-21)

> (19:19) 또 내가 보매 그 짐승과 땅의 임금들과 그들의 군대들이 모여 그 말 탄 자와 그의 군대와 더불어 전쟁을 일으키다가

세상 끝날까지 마귀는 복음을 방해하고 막아선다. 상대가 안 되는 줄 알면서도 위장을 하고 힘이 강한 것처럼 행세한다.

> (19:20) 짐승이 잡히고 그 앞에서 표적을 행하던 거짓 선지자도 함께 잡혔으니 이는 짐승의 표를 받고 그의 우상에게 경배하던 자들을 표적으로 미혹하던 자라 이 둘이 산 채로 유황불 붙는 못에 던져지고

결국 짐승이 잡힌다. 짐승에게 능력을 받아 표적을 행하던 거짓 선

지자도 잡힌다. 이들은 짐승의 표를 받게 하고 우상에게 절하도록 유혹하던 자들이다. 짐승과 거짓 선지자, 이 둘은 산 채로 유황불못에 던져진다.

이 부분을 인위적으로 해석하며 천년 왕국 전에 재림하신 예수 그리스도를 통해 짐승과 거짓 선지자들이 불못에 던져진다고 무리한 주장을 한다. 시간 순서로 기록된 말씀이 아니다. 앞서 계속 말씀하시던 것을 또 반복하여 강조한다. 무서운 심판을 반복해서 설명하므로 구원 얻을 자가 돌아오길 기다리시는 주님이시다.

> (19:21) 그 나머지는 말 탄 자의 입으로부터 나오는 검에 죽으매 모든 새가 그들의 살로 배불리더라

마귀는 말 탄 자의 입에서 나오는 검, 즉 말씀으로 심판을 받는다. 새의 먹이가 되는 불쌍한 존재가 되었다.

애굽을 향해 예언한 에스겔 선지자의 이야기를 들어보라. 비참한 결말을 선포하셨다.

"내가 갈고리로 네 아가미를 꿰고 너의 강의 고기가 네 비늘에 붙게 하고 네 비늘에 붙은 강의 모든 고기와 함께 너를 너의 강들 가운데에서 끌어내고 너와 너의 강의 모든 고기를 들에 던지리니 네가 지면에 떨어지고 다시는 거두거나 모으지 못할 것은 내가 너를 들짐승과 공중의 새의 먹이로 주었음이라(에스겔 29:4-5)"

19장은 에스겔 39장의 내용을, 20장은 에스겔 38장의 내용과 거의 같은 내용인 것을 볼 때 시간순이 아님을 다시 한번 말하고 싶다.

19장 17절 이하부터를 20장에 나오는 곡과 마곡의 전쟁과 연결해서 예수께서 재림하시고 천년 왕국이 시작된 것으로 억지 해석하는 예도 있기에 유념해야 한다.

성경에 천년 왕국이라는 단어는 없다. 만든 것이다. 7년 대환란이라는 단어도 없다.

20장 혼인 잔치(20:1-15)

1. 첫째 부활에 참여하는 자의 복(20:1-6)

1) 잠깐 놓이리라(20:1-3)

> (20:1) 또 내가 보매 천사가 무저갱의 열쇠와 큰 쇠사슬을 그의 손에 가지고 하늘로부터 내려와서

천사가 무저갱의 열쇠와 쇠사슬을 가지고 하늘로부터 내려왔다. 언제 내려왔을까? 어린 양께서 십자가를 지시고 부활하실 때를 말한다.

"내가 너로 여자와 원수가 되게 하고 네 후손도 여자의 후손과 원수가 되게 하리니 여자의 후손은 네 머리를 상하게 할 것이요 너는 그의 발꿈치를 상하게 할 것이니라 하시고(창세기 3:15)"라고 하신 말씀

을 이루신 시간이다. 마귀는 이때 힘을 잃었다. 결박당했다. 무저갱에 갇혔고 큰 쇠사슬에 매였다고 표현하고 있다.

> (20:2) 용을 잡으니 곧 옛 뱀이요 마귀요 사탄이라 잡아서 천년 동안 결박하여

용은 머리가 상했다. 무저갱에 갇힌 것이다. 예수 그리스도의 손에 잡혀 꼼짝 못 한다.

"믿는 자들에게는 이런 표적이 따르리니 곧 그들이 내 이름으로 귀신을 쫓아내며 새 방언을 말하며 뱀을 집어 올리며 무슨 독을 마실지라도 해를 받지 아니하며 병든 사람에게 손을 얹은즉 나으리라 하시더라(마가복음 16:17-18)"

이미 사탄은 예수 그리스도의 십자가의 능력 앞에 잡혔다. 예수께서 승리하셨고 사탄을 영원히 무저갱에 가두어 버릴 수 있지만, 사탄에게 붙잡혀 있는 사람들을 건져 내기 위해 사탄을 아직 심판하지 않으시고 기다리신다.

천년은 사탄의 손에 잡혀있는 자를 건져 내기 위해 기다리시는 기간이다. 성도가 예수 믿고 이 땅을 살아가는 일생이다. 천년 동안 사탄은 결박되어 있다. 이놈은 용이요, 옛 뱀, 마귀, 사탄이다. 사탄의 이름이 많다. 사기꾼이기 때문에 능력이 있는 것처럼 속인다. 그러나 믿는 자가 왕이다. 왜냐하면 믿는 자에게는 왕 같은 제사장으로 왕의

권세가 있기 때문이다.

'결박하여', '데오(δέω)'라는 말은 사탄이 주장할 것이 없도록 했다는 뜻이다. 예수께서 십자가에서 우리 모든 죄를 사하셨기 때문에 이제 참소할 것이 없어졌다는 말이다. 사탄이 참소할 것이 없어진 것을 묶임을 받았다고 하는 것이다.

"이제 이 세상에 대한 심판이 이르렀으니 이 세상의 임금이 쫓겨나리라
(요한복음 12:31)"

예수님께서 모든 죄를 청산하시면 마귀는 참소하지 못하고 쫓겨나는 것이다. 이것을 사탄이 무저갱에 결박되었다고 말한다. 사탄이 무저갱에 갇혀있는 천년 왕국은 이미 예수 그리스도의 초림 때 시작된 것이다.

주의해야 할 점은 천년을 시간으로 보지 말아야 한다는 것이다. 지금까지 숫자를 상징적으로 보았다. 천년은 완전수다. 하나님의 구원 계획이 완벽하게 이루어지는 완전한 기간을 말한다.

> (20:3) 무저갱에 던져 넣어 잠그고 그 위에 인봉하여 천 년이 차도록 다시는 만국을 미혹하지 못하게 하였는데 그 후에는 반드시 잠깐 놓이리라

용은 무저갱에 던져졌다. 그 위에 인봉하여 천년이 차도록 미혹하

지 못한다. 그 후에는 반드시 잠깐 놓이리라고 한다. 여기서 중요한 것은 시간 순서로 생각하면 안 된다. 지금까지 요한계시록을 시간 순서로 보지 않았다. 동시에 일어나는 상황을 설명한 것이다.

어린 양 예수께서 십자가를 지시고 부활할 때 마귀는 잡혀 묶임을 받았다. 이것을 무저갱에 간혔다고 표현한다. 천년이 차도록 믿음이 있는 성도는 미혹하지 못한다. 옛 뱀인 용은 믿는 자에겐 꼼짝 못 하는 놈이다. 우리는 왕 같은 제사장이다.

"그러나 너희는 택하신 족속이요 왕 같은 제사장들이요 거룩한 나라요 그의 소유가 된 백성이니 이는 너희를 어두운 데서 불러내어 그의 기이한 빛에 들어가게 하신 이의 아름다운 덕을 선포하게 하려 하심이라(베드로전서 2:9)"

마귀는 믿는 자가 살아가는 천년 동안 믿는 자를 미혹하지 못한다. 믿음이 있는 자, 예수 그리스도의 이름의 권세를 알고 왕의 권세를 사용하는 자를 절대 미혹하지 못한다. 묶여 있는 개를 두려워할 필요가 없듯이 묶인 사탄을 두려워할 필요가 없다.

"그 후에는 반드시 잠깐 놓으리라"라는 말은 사탄이 권세 있는 것처럼 위장하겠다는 것이다. 마흔두 달 동안 짓밟는 일이 있을 것이다.

"성전 바깥마당은 측량하지 말고 그냥 두라 이것은 이방인에게 주었은즉 그들이 거룩한 성을 마흔두 달 동안 짓밟으리라 내가 나의 두 증인에

게 권세를 주리니 그들이 굵은 베옷을 입고 천이백육십일을 예언하리라
(요한계시록 11:2-3)"

"성전 바깥마당은 측량하지 말고 그냥 두라"라고 하신 기간이 천년
이다. 이 기간 동안 사탄은 "거룩한 성을 마흔두 달 동안 짓밟으리라"
라고 했다. 사탄이 힘이 있는 것처럼 속이는 기간인데 이 기간이 천년
이다.

"두 증인에게 권세를 주리니 그들이 굵은 베옷을 입고 천이백육십일
을 예언"하게 하셔서 복음을 전하게 하시는 기간이 천년이다. 용은 지
금 믿는 자에게는 묶여 있지만, 믿지 않는 자에게는 풀려있다. 믿음의
사람에게는 표적이 있다. 마귀를 넉넉히 이긴다.

"믿는 자들에게는 이런 표적이 따르리니 곧 그들이 내 이름으로 귀신을
쫓아내며(마가복음 16:17)"

2) 천년 왕국(20:4)

> (20:4) 또 내가 보좌들을 보니 거기에 앉은 자들이 있어 심판하는 권
> 세를 받았더라 또 내가 보니 예수를 증언함과 하나님의 말씀 때문에
> 목 베임을 당한 자들의 영혼들과 또 짐승과 그의 우상에게 경배하지
> 아니하고 그들의 이마와 손에 그의 표를 받지 아니한 자들이 살아서
> 그리스도와 더불어 천년 동안 왕 노릇 하니

또 다른 환상이다. 보이지 않는 세계와 보이는 세계는 같은 공간과 같은 시간에 있다. 우리 몸은 하나님의 성전으로 보좌가 있고 천군 천사와 이십사 장로들이 경배하며 찬양하고 있는 곳이다.

본문은 보이지 않는 세계를 볼 수 있어야 이해가 되는 구절이다. 보이는 세계와 보이지 않는 세계는 같은 공간에 있다. 설명하기 위해 분리하는 것뿐이다. 천상교회와 지상교회는 하나다. 예수께서 세우신 교회는 하나이다.

하나님의 백성은 왕 같은 제사장이다. 4절의 내용은 바로 성도를 말한다. 우리는 예수와 함께 죽은 자들이다(로마서 6장 참고).

"그러므로 우리가 그의 죽으심과 합하여 세례를 받음으로 그와 함께 장사되었나니 이는 아버지의 영광으로 말미암아 그리스도를 죽은 자 가운데서 살리심과 같이 우리로 또한 새 생명 가운데서 행하게 하려 함이라 (로마서 6:4)"

"이와 같이 너희도 너희 자신을 죄에 대하여는 죽은 자요 그리스도 예수 안에서 하나님께 대하여는 살아 있는 자로 여길지어다(로마서 6:11)"

성도들이 천년을, 즉 완전한 기간을 왕 노릇 하고 있다. 우리는 예수와 함께하는 왕이다. 알지 못하면 속게 된다.

3) 첫째 부활(20:5-6)

> (20:5) (그 나머지 죽은 자들은 그 천년이 차기까지 살지 못하더라) 이는 첫째 부활이라

5절을 이해할 수 있으면 4절이 쉬워진다. 첫째 부활은 거듭나는 것을 말한다. 사람은 거듭나야 한다. 죽었던 우리가 예수 믿고 생명을 얻어 살았다. 아담 이후 모든 사람은 죽었다. "네가 이것을 따먹는 날에는 정녕 죽으리라"라고 하셨다.

"그러므로 한 사람으로 말미암아 죄가 세상에 들어오고 죄로 말미암아 사망이 들어왔나니 이와 같이 모든 사람이 죄를 지었으므로 사망이 모든 사람에게 이르렀느니라(로마서 5:12)"

"그는 허물과 죄로 죽었던 너희를 살리셨도다 5 허물로 죽은 우리를 그리스도와 함께 살리셨고 (너희는 은혜로 구원을 받은 것이라)(에베소서 2:1, 5)"

첫째 부활을 분명하게 이해하자. 당신은 첫째 부활에 동참한 자다. 예수께서 십자가에서 죽을 때 함께 죽었고 부활하실 때 함께 부활했다.

"만일 우리가 그의 죽으심과 같은 모양으로 연합한 자가 되었으면 또한 그의 부활과 같은 모양으로 연합한 자도 되리라(로마서 6:5)"

"내가 진실로 진실로 너희에게 이르노니 내 말을 듣고 또 나 보내신 이를 믿는 자는 영생을 얻었고 심판에 이르지 아니하나니 사망에서 생명으로 옮겼느니라 진실로 진실로 너희에게 이르노니 죽은 자들이 하나님의 아들의 음성을 들을 때가 오나니 곧 이 때라 듣는 자는 살아나리라(요한복음 5:24-25)"

"그 나머지 죽은 자들은 그 천년이 차기까지 살지 못하더라"에 '그' 천년이라고 했다. 성도가 다스리는 동안을 말한다. 믿는 자들이 왕 노릇 하는 동안 즉, 천년 동안 죽은 자들 즉, 믿지 않는 자들은 살지 못한다. 둘째 사망의 심판을 받고 결국은 영원한 지옥에 떨어지는 것이다.

> (20:6) 이 첫째 부활에 참여하는 자들은 복이 있고 거룩하도다 둘째 사망이 그들을 다스리는 권세가 없고 도리어 그들이 하나님과 그리스도의 제사장이 되어 천년 동안 그리스도와 더불어 왕 노릇 하리라

둘째 사망은 지옥을 말한다. 첫째 부활에 참여한 자, 거듭난 자는 심판에 이르지 않는다. 둘째 사망이 믿는 자를 다스릴 권세가 없다. 믿는 자는 천년을 그리스도와 더불어 왕으로 사탄과 세상을 다스리며 구원 얻을 자를 찾고 기다린다.

그러니 예수 그리스도의 십자가 은혜가 얼마나 큰지를 발견한 사람은 감격할 수밖에 없다. 신앙생활은 감격의 삶이라고 해도 될 것이다.

"하나님이 그들에게 복을 주시며 하나님이 그들에게 이르시되 생육하고
번성하여 땅에 충만하라, 땅을 정복하라, 바다의 물고기와 하늘의 새와
땅에 움직이는 모든 생물을 다스리라 하시니라(창세기 1:28)"

말씀이 땅에 떨어지지 않고 창조가 예수를 통해 그대로 완성되었
다. 하나님의 창조 계획은 완벽하다.

우리는 이 복을 잃어버리지 않을 것이다. 다시 찾은 성령의 불을 품
고 이 땅에 복음 전하는 일을 왕처럼 감당할 것이다. 우리 몸을 성전
삼고 좌정하신 영광의 주님께 화답하며 경배할 때 성전 안은 영광의
구름으로 가득 채워질 것이다. 영광을 돌리며 천군 천사와 함께 이
시간에 화답한다. 할렐루야!

"이같이 화답하는 자의 소리로 말미암아 문지방의 터가 요동하며 성전
에 연기가 충만한지라(이사야 6:4)"

2. 사탄의 종말(20:7-10)

1) 천 년이 차매(20:7-9)

(20:7) 천년이 차매 사탄이 그 옥에서 놓여

천년은 상태를 말한다. 기간이 아니다. 사탄이 옥에서 놓인다는 말은 사랑의 하나님께서 구원받을 자를 찾고 기다리시는 상황을 표현한 것이다. 요한계시록 11장에서 보았다.

"성전 바깥마당은 측량하지 말고 그냥 두라 이것은 이방인에게 주었은
즉 그들이 거룩한 성을 마흔두 달 동안 짓밟으리라(요한계시록 11:2)"

성전 바깥마당은 측량하지 말고 그냥 두라고 하신다. 옥에서 놓아두라는 말이다. 그래야 사탄의 손에 있는 자들을 옥에서 건질 수 있기 때문이다. 사탄은 자기 세상인 줄 알고 그들이 거룩한 성을 마흔두 달 동안 짓밟는다.

(20:8) 나와서 땅의 사방 백성 곧 곡과 마곡을 미혹하고 모아 싸움을 붙이리니 그 수가 바다의 모래 같으리라

곡과 마곡을 미혹하고 싸움을 붙이는데 모인 수가 바다의 모래 같다. 사탄은 언제나 하나님을 흉내 낸다. 하나님께서 약속하신 것을 자기가 흉내 내며 속인다.

모래같이 많아 보이게 하는 것은 아브라함의 복과 비슷하게 보이게 하는 전략이다.

"내가 네게 큰 복을 주고 네 씨가 크게 번성하여 하늘의 별과 같고 바닷
가의 모래와 같게 하리니 네 씨가 그 대적의 성문을 차지하리라(창세기
22:17)"

곡과 마곡에 관한 이야기는 이미 에스겔서 38장에 이미 예언되어 있다.

"인자야 너는 마곡 땅에 있는 로스와 메섹과 두발 왕 곧 곡에게로 얼굴을 향하고 그에게 예언하여 이르기를 주 여호와께서 이같이 말씀하시기를 로스와 메섹과 두발 왕 곡아 내가 너를 대적하여 / 내가 또 전염병과 피로 그를 심판하며 쏟아지는 폭우와 큰 우박덩이와 불과 유황으로 그와 그 모든 무리와 그와 함께 있는 많은 백성에게 비를 내리듯 하리라 이같이 내가 여러 나라의 눈에 내 위대함과 내 거룩함을 나타내어 나를 알게 하리니 내가 여호와인 줄을 그들이 알리라(에스겔 38:2-3, 22-23)"

"내가 또 불을 마곡과 및 섬에 평안히 거주하는 자에게 내리리니 내가 여호와인 줄을 그들이 알리라(에스겔 39:6)"

요한계시록 20장의 그 곡과 마곡의 전쟁과 단어까지 똑같다. 39장 17절 이하로 가면 그 곡과 마곡의 전쟁에 19장에 언급되었던 새들이 등장한다. 단어까지 똑같다.

"주 여호와께서 이같이 말씀하셨느니라 너 인자야 너는 각종 새와 들의 각종 짐승에게 이르기를 너희는 모여 오라 내가 너희를 위한 잔치 곧 이스라엘 산 위에 예비한 큰 잔치로 너희는 사방에서 모여 살을 먹으며 피를 마실지어다 너희가 용사의 살을 먹으며 세상 왕들의 피를 마시기를 바산의 살진 짐승 곧 숫양이나 어린 양이나 염소나 수송아지를 먹듯 할지라 내가 너희를 위하여 예비한 잔치의 기름을 너희가 배불리 먹으며 그 피를 취하도록 마시되 내 상에서 말과 기병과 용사와 모든 군사를 배부르게 먹일지니라 하라 주 여호와의 말씀이니라(에스겔 39:17-20)"

에스겔서의 곡과 마곡의 전쟁을 그대로 옮겨다 놓았다. 19장에서는 짐승의 멸망이라는 관점에서, 20장에서는 사탄의 멸망이라는 관점에서 마지막 전쟁을 묘사하고 있다.

이런 멸망은 앞에서 여러 번 반복한 내용이다. 그러니 무저갱 이야기를 갑자기 한 것이 아니다. 무저갱이라는 단어가 새로 나오니까 혼돈될 뿐이다.

"또 하늘에 크고 이상한 다른 이적을 보매 일곱 천사가 일곱 재앙을 가졌으니 곧 마지막 재앙이라 하나님의 진노가 이것으로 마치리로다(요한계시록 15:1)"

"큰 성이 세 갈래로 갈라지고 만국의 성들도 무너지니 큰 성 바벨론이 하나님 앞에 기억하신 바 되어 그의 맹렬한 진노의 포도주잔을 받으매 각 섬도 없어지고 산악도 간 데 없더라 또 무게가 한 달란트나 되는 큰 우박이 하늘로부터 사람들에게 내리매 사람들이 그 우박의 재앙 때문에 하나님을 비방하니 그 재앙이 심히 큼이러라(요한계시록 16:19-21)"

(요한계시록 20:8)에서 똑같이 싸움이라고 번역이 된 '폴레몬' 앞에 '톤'이라는 정관사가 붙어 있는 것은 앞에서 말한 '바로 그 전쟁'이라는 뜻이다. 그러니까 19장의 그 전쟁이 20장 7절 이후의 곡과 마곡의 전

쟁과 같은 전쟁을 말하는 것이다.

곡과 마곡의 전쟁을 또 다른 전쟁으로 보면 안 된다. 16장의 아마겟돈 전쟁을 말하는 것이고 앞에 기록한 모든 전쟁을 다시 설명하는 것이다.

반복해서 등장하는 마지막 재앙과 바벨론의 멸망, 그리고 아마겟돈 전쟁과 곡과 마곡의 전쟁은 모두 같은 전쟁을 반복해서 설명하는 것이다.

한마디로 예수 믿으라는 전쟁이다. 하나님을 의존하지 않고 자신의 힘을 의존하는 자들을 무장해제 시키시는 전쟁을 하시고 계신 것이다. 예수 믿지 않으면 이런 무서움이 있다고 말씀하시며 예수 믿으라는 소리를 반복해서 목이 터지라고 외치고 계시는 것이다.

> (20:9) 그들이 지면에 널리 퍼져 성도들의 진과 사랑하시는 성을 두르매 하늘에서 불이 내려와 그들을 태워버리고

사탄의 활동 범위는 지면에 널리 퍼져 활동한다. 자세히 보면 곡과 마곡은 심판을 말씀하고 있다.
하늘에서 불이 떨어져 태워버린다. 다니엘이 이야기한 뜨인 돌인 예수 그리스도의 크나큰 심판이다.
바벨론, 메대, 바사, 헬라, 로마가 그렇게 거대한 것 같았지만 멸망했듯이 곡과 마곡의 모임은 완전히 멸망한다.

2) 불과 유황 못(20:10)

> (20:10) 또 그들을 미혹하는 마귀가 불과 유황 못에 던져지니 거기는 그 짐승과 거짓 선지자도 있어 세세토록 밤낮 괴로움을 받으리라

마귀와 짐승과 거짓 선지자들이 불과 유황 못에 던져진다. 지옥은 마귀와 그 사자들을 위해 예비했다고 하셨다.

"또 왼편에 있는 자들에게 이르시되 저주를 받은 자들아 나를 떠나 마귀와 그 사자들을 위하여 예비된 영원한 불에 들어가라(마태복음 25:41)"

지옥만은 절대 가지 말아야 한다. 그곳에 가면 다시는 나올 수 없고 세세토록 괴롭힘을 받는다. 한번 들어가면 다시 나오지 못하는 곳이 지옥이다.

3. 사탄을 따르던 자의 종말(20:11-15)

1) 땅과 하늘이 간 데 없음(20:11)

> (20:11) 또 내가 크고 흰 보좌와 그 위에 앉으신 이를 보니 땅과 하늘이 그 앞에서 피하여 간 데 없더라

땅의 좋은 것들이 허상이라는 말씀이다. 영원한 것이 있다. 영원한 것을 붙잡아야 한다. 하나님이 영원하고 말씀이 영원하다.

2) 생명책(20:12-15)

> (20:12) 또 내가 보니 죽은 자들이 큰 자나 작은 자나 그 보좌 앞에 서 있는데 책들이 펴있고 또 다른 책이 펴졌으니 곧 생명책이라 죽은 자들이 자기 행위를 따라 책들에 기록된 대로 심판을 받으니

하나님 앞에 두 종류의 책이 있다. 하나는 책들이다. 여러 권이라는 말이다. 행위를 기록한 책이다. 하나는 한 권이다. 생명책이다. 첫째 부활에 동참하지 못해 살아나지 못한 자들은 책들의 행위대로 심판을 받고 형벌을 받는다.

> (20:13) 바다가 그 가운데에서 죽은 자들을 내주고 또 사망과 음부도 그 가운데에서 죽은 자들을 내주매 각 사람이 자기의 행위대로 심판을 받고

죽은 자들이 전부 하나님의 심판대 앞에 선다. 어떤 형태로 죽었든지, 어디에 묻혔든지 하나님 앞에 선다. 죽은 자들은 행위대로 심판을 받는다. 둘째 사망을 받게 된다.

> (20:14-15) 사망과 음부도 불못에 던져지니 이것은 둘째 사망 곧 불못
> 이라 15 누구든지 생명책에 기록되지 못한 자는 불못에 던져지더라

불못에 던져진다. 이것을 둘째 사망이라고 한다. 아담으로 인해 첫
사망이 왔다. 이들이 거듭나지 못하고 다시 살지 못한 채로 둘째 사망
을 맞이하게 된다.

심판을 아무도 피할 수 없다. 생명책에 기록되지 못한 모든 사람은
불못에 던져진다.

"선한 일을 행한 자는 생명의 부활로, 악한 일을 행한 자는 심판의 부활
로 나오리라(요한복음 5:29)"

악한 일은 하나님을 거짓말하는 자로 여긴 악이다.

"하나님의 아들을 믿는 자는 자기 안에 증거가 있고 하나님을 믿지 아니
하는 자는 하나님을 거짓말하는 자로 만드나니 이는 하나님께서 그 아
들에 대하여 증언하신 증거를 믿지 아니하였음이라(요한일서 5:10)"

선한 일은 예수 믿는 일이다.

"하나님이 나사렛 예수에게 성령과 능력을 기름 붓듯 하셨으매 그가 두
루 다니시며 선한 일을 행하시고 마귀에게 눌린 모든 사람을 고치셨으니
이는 하나님이 함께 하셨음이라(사도행전 10:38)"

성령님은 선한 일을 하게 하신다.

"내가 아버지께로부터 너희에게 보낼 보혜사 곧 아버지께로부터 나오시
는 진리의 성령이 오실 때에 그가 나를 증언하실 것이요(요한복음 15:26)"

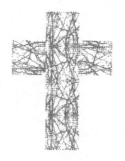

창조의 마무리라고 볼 수 있다.

하나님의 창조는 실패가 아니었다.

완벽한 신부가 하늘에서 내려오는데

새 예루살렘 성이라는 사실이 놀랍다.

신랑 되신 예수께서 준비하시고 단장한 새 예루살렘 성이

어린 양의 신부다.

어린 양께서 준비하시고 맞이하는 신부는 아름답다.

신부(21장 1절~27절)

21장 신부(21:1-27)

I. 이기는 자(21:1-8)

1) 새로운 피조물(21:1-2)

> (21:1) 또 내가 새 하늘과 새 땅을 보니 처음 하늘과 처음 땅이 없어졌고 바다도 다시 있지 않더라

성경 전체의 결론이고 우주의 결론이다. 땅이 혼돈하고 공허하며 흑암이 깊음 위에 있는 가운데서 하나님의 창조가 마무리되는 시간이다. 하나님의 창조를 방해하겠다고 나섰던 사탄은 완전히 멸망했다.

새 하늘, 새 땅, 하늘도 땅도 새것이 되었다. 바다도 없어졌다. 바다는 사탄이 올라오고 짐승이 올라오는 거점이었다. 죄로 인해 망가진

모든 것이 회복되었다. 이제 육신을 따라 알아선 안 된다. 새로운 피조물, 새것이 되었다.

"그러므로 우리가 이제부터는 어떤 사람도 육신을 따라 알지 아니하노라 비록 우리가 그리스도도 육신을 따라 알았으나 이제부터는 그같이 알지 아니하노라 그런즉 누구든지 그리스도 안에 있으면 새로운 피조물이라 이전 것은 지나갔으니 보라 새것이 되었도다(고린도후서 5:16-17)"

> (21:2) 또 내가 보매 거룩한 성 새 예루살렘이 하나님께로부터 하늘에서 내려오니 그 준비한 것이 신부가 남편을 위하여 단장한 것 같더라

거룩한 성 새 예루살렘이 하늘에서 내려온다. 어린 양의 신부가 내려오는 것을 이렇게 표현했다. 하나님께서 준비하신 사랑의 신부이다. 하나님은 열심히 목숨을 바쳐 신부를 단장하며 준비했다. 하나님의 계획은 완벽하다.

하나님께서 예비하신 최고의 작품, 아름다운 ' 라다. ' 라라는 말은 결혼한 여자를 말한다. 일찍 계획하셨다. 이사야를 통해 참지 못하시고 자랑하셨다.

"너는 또 여호와의 손의 아름다운 관, 네 하나님의 손의 왕관이 될 것이라 다시는 너를 버림 받은 자라 부르지 아니하며 다시는 네 땅을 황무지라 부르지 아니하고 오직 너를 헵시바라 하며 네 땅을   라라 하리니 이는 여호와께서 너를 기뻐하실 것이며 네 땅이 결혼한 것처럼 될 것임이라 마치 청년이 처녀와 결혼함 같이 네 아들들이 너를 취하겠고 신랑이

신부를 기뻐함 같이 네 하나님이 너를 기뻐하시리라(이사야 62:3-5)"

2) 함께(21:3-5)

> (21:3) 내가 들으니 보좌에서 큰 음성이 나서 이르되 보라 하나님의
> 장막이 사람들과 <u>함께</u> 있으매 하나님이 그들과 <u>함께</u> 계시리니 그들은
> 하나님의 백성이 되고 하나님은 친히 그들과 <u>함께</u> 계셔서

'함께'라는 말이 한 구절에 세 번 나오는 것을 본다. '함께'는 성경의 황금 띠와 같다. 창세기부터 계시록까지를 묶는 단어다. 나시기 전 주신 이름이 예수이다.

"아들을 낳으리니 이름을 예수라 하라 이는 그가 자기 백성을 그들의 죄
에서 구원할 자이심이라 하니라(마태복음 1:21)"

'예수'는 구원이라는 뜻이다. 구원이 무엇인가? 성경은 성경을 해석하고 있다. 성경 전후 문맥을 보면 성경 자체가 답을 내리고 있는 경우가 많다. 마태복음 1장 23절에 구원이 무엇인지 놀랍게도 예수님의 다른 이름을 주시면서 계시하셨다. 예수는 임마누엘이다.

"보라 처녀가 잉태하여 아들을 낳을 것이요 그의 이름은 임마누엘이라
하리라 하셨으니 이를 번역한즉 하나님이 우리와 함께 계시다 함이라(마
태복음 1:23)"

예수께서 이 땅에 왔다 가신 이유가 임마누엘 하시기 위함이다. 예수는 임마누엘을 위해 오셨다. 구원은 임마누엘이다. 오늘 본문에도 "함께"라는 말이 한 구절 속에 세 번이나 나온다. 천국의 결론이 하나님과 함께하는 것이다.

하나님의 장막이 사람들과 함께 있다. 하나님의 장막은 예수 그리스도시다. 예수께서 사람들과 함께하신다. 하나님께서 함께하시고 성령께서 사람들과 함께하신다. 삼위일체 하나님이 함께하시는 곳이 천국이다. 예수는 임마누엘 하시기 위해 죄를 청산하셨다. 우리를 하나님의 의로 만드셔서 영원히 함께하신다. 성경의 결론이고 창조의 결론이고 영원한 하나님의 계획이다.

"하나님이 죄를 알지도 못하신 이를 우리를 대신하여 죄로 삼으신 것은 우리로 하여금 그 안에서 하나님의 의가 되게 하려 하심이라(고린도후서 5:21)"

> (21:4) 모든 눈물을 그 눈에서 닦아 주시니 다시는 사망이 없고 애통하는 것이나 곡하는 것이나 아픈 것이 다시 있지 아니하리니 처음 것들이 다 지나갔음이러라

임마누엘이 주는 당연한 결과를 말씀하고 있다. 눈물과 사망과 애통과 곡하는 것과 아픈 것은 마귀에게서 온 것이다. 하나님의 아들 예수 그리스도께서 나타나신 것은 이런 마귀의 일을 멸하시기 위함이었다.

"죄를 짓는 자는 마귀에게 속하나니 마귀는 처음부터 범죄함이라 하나님의 아들이 나타나신 것은 마귀의 일을 멸하려 하심이라(요한일서 3:8)"

마귀가 심어놓은 저주는 끝이 났다. 마귀는 심판을 받고 영원한 불못에 던져졌기 때문이다. 이제 처음 것은 다 지나갔다. 당신과 나는 새 생명으로 천국을 산다.

> (21:5) 보좌에 앉으신 이가 이르시되 보라 내가 만물을 새롭게 하노라 하시고 또 이르시되 이 말은 신실하고 참되니 기록하라 하시고

보좌에 앉으신 이가 선포하며 기록하라고 한다. 만물이 새롭게 되었다고 기록하라고 하신다. 당신은 새로운 피조물이다. 이제는 당신과 예수를 육신을 따라 알면 안 된다.

"그런즉 누구든지 그리스도 안에 있으면 새로운 피조물이라 이전 것은 지나갔으니 보라 새것이 되었도다(고린도후서 5:17)"

"그러므로 우리가 이제부터는 어떤 사람도 육신을 따라 알지 아니하노라 비록 우리가 그리스도도 육신을 따라 알았으나 이제부터는 그같이 알지 아니하노라(고린도후서 5:16)"

"내가 이 두루마리의 예언의 말씀을 듣는 모든 사람에게 증언하노니 만일 누구든지 이것들 외에 더하면 하나님이 이 두루마리에 기록된 재앙들을 그에게 더하실 것이요 만일 누구든지 이 두루마리의 예언의 말씀

에서 제하여 버리면 하나님이 이 두루마리에 기록된 생명나무와 및 거룩한 성에 참여함을 제하여 버리시리라(요한계시록 22:18-19)"

3) 샘물과 둘째 사망(21:6-8)

> (21:6) 또 내게 말씀하시되 이루었도다 나는 처음과 마지막이라 내가 생명수 샘물을 목마른 자에게 값없이 주리니

하나님은 처음과 마지막이라고 하신다. 하나님께서 시작하신 일은 반드시 이루신다. 창조하시고 보기에 심히 좋았던 세상을 만들기 시작하셨는데 목적대로 마치셨다.

주님은 샘물을 목마른 자에게 주신다. 목마른 자는 와서 값없이 마시기만 하면 된다. 마신다는 말은 믿는다는 말이다.

기도를 한 시간 이상하고 난 다음에 생수의 생이 생기는 것이 아니다. 당신에게 엄청난 생수의 강이 항상 흐르고 있다. 인정하고 믿는 것이 성령 충만이다. 당신은 항상 성령 충만하다. 성경대로 당신에게 주신 은혜와 권세를 아멘 하고, 변화된 당신을 그대로 받아들여서 믿는 것이 예수 잘 믿는 것이다.

"명절 끝날 곧 큰 날에 예수께서 서서 외쳐 이르시되 누구든지 목마르거든 내게로 와서 마시라 나를 믿는 자는 성경에 이름과 같이 그 배에서 생수의 강이 흘러나오리라 하시니(요한복음 7:37-38)"

당신은 예수를 믿는다. 그렇다면 약속하신 대로 "나를 믿는 자는 성경에 이름과 같이 그 배에서 생수의 강이 흘러나오리라"라고 하신 말씀이 당신에게 이루어진 사실이다. 당신 안에는 언제든지 생수의 강이 흘러넘친다. 나이아가라 폭포보다도 더 큰 성령의 생수의 강이 흐르고 있다. 인정하고 받아들여라. 믿음으로 살자. 생수의 강은 성령을 가르쳐서 하신 말씀이라고 요한복음 7장 39절에서 말씀하셨다. 당신은 성령의 사람이다.

처음 시작하신 이가 끝까지 승리를 안겨 주신다. 언제 어디서나 당신에게 생수의 강으로 충만하게 하신다. 당신은 이제 성령 충만하여 주의 사역을 능력으로 감당할 수 있다.

오늘도 넘쳐나는 생수의 강으로 인해 감격하고 기뻐하자. 믿음으로 성령 충만함을 인정하자. 예수께서 당신을 그렇게 만들어 놓으셨음을 감사하자. 당신은 성령의 사람이다. 당신은 하나님의 사람이다. 당신은 능력의 사람이다.

> (21:7) 이기는 자는 이것들을 상속으로 받으리라 나는 그의 하나님이 되고 그는 내 아들이 되리라

이기는 자는 믿는 자를 말한다. 완벽한 하나님의 뜻이 여기에 있다. 우리는 이기는 자이다. 예수 그리스도께서 이기셨기에 우리도 이겼다. 이기는 자는 둘째 사망의 해를 받지 아니하는 자다(요한계시록 2:11 참고). 생수의 강을 상속받은 자다. 하나님이 우리 하나님이 되셨고 우

리는 하나님의 자녀가 되었다.

> (21:8) 그러나 두려워하는 자들과 믿지 아니하는 자들과 흉악한 자들과 살인자들과 음행하는 자들과 점술가들과 우상 숭배자들과 거짓말하는 모든 자들은 불과 유황으로 타는 못에 던져지리니 이것이 둘째 사망이라

하나님이 우리에게 주신 것은 두려워하는 마음이 아니요 오직 능력과 사랑과 절제하는 마음이다(디모데후서 1:7 참고). 두려워하는 자는 믿지 아니하는 자다. 흉악한 자다. 살인자, 음행하는 자, 점술가, 우상 숭배자, 거짓말하는 자다. 이들은 모두 유황으로 타는 못에 던져진다. 이것이 둘째 사망이다.

이렇게 반복하고 반복하시는 하나님의 마음을 알아 드려야 한다. 하나님은 사랑하는 자녀들이 마귀에게서 빠져나와 하나님의 자녀가 되길 간절히 원하셔서 반복해서 말씀하신다.

2. 신부, 예루살렘 성(21:9-21)

1) 어린 양의 아내(21:9-10)

> (21:9) 일곱 대접을 가지고 마지막 일곱 재앙을 담은 일곱 천사 중 하나가 나아와서 내게 말하여 이르되 이리 오라 내가 신부 곧 어린 양의 아내를 네게 보이리라 하고

일곱 대접을 가진 천사 이야기가 계속되고 있다. 15장에서 시작된 일곱 대접 이야기의 연속이다.

이제 어린 양의 아내, 신부를 보이겠다고 한다.

> (21:10) 성령으로 나를 데리고 크고 높은 산으로 올라가 하나님께로부터 하늘에서 내려오는 거룩한 성 예루살렘을 보이니

성령께서 요한을 데리고 높은 산으로 올라간다. 여호와의 성산이다. 성령께서 하시는 일이 예수 그리스도를 알게 하는 일이다(요한복음 16:15 참고).

성령께서 하나님께로부터 하늘에서 내려오는 거룩한 성 예루살렘을 보여 주신다. 하늘에서 내려오는 거룩한 성 예루살렘은 어린 양의 신부이다. 어린 양의 신부는 하나님께로부터, 하늘에서 내려온다. 사람이 만든 것이 아니라는 말이다. 신부인 우리는 땅의 것이 아닌 하늘의 것이다. 계속해서 하나님의 계획을 말씀하시고 우리에게 약속하셨던 말씀이다.

"내가 너희 조상들에게 준 땅에서 너희가 거주하면서 내 백성이 되고 나는 너희 하나님이 되리라(에스겔 36:28)"

2) 열두 지파(21:11-14)

> (21:11) 하나님의 영광이 있어 그 성의 빛이 지극히 귀한 보석 같고 벽옥과 수정 같이 맑더라

새 예루살렘 성은 하나님의 영광이다. 우리는 빛이 아니다. 예수가 빛이시다. 빛이 우리에게 이르렀다. 하나님의 영광이 우리 머리에 임했다(이사야 60:1 참고).

벽옥은 금강석을 말하는데 금강석과 수정같이 맑다.

> (21:12) 크고 높은 성곽이 있고 열두 문이 있는데 문에 열두 천사가 있고 그 문들 위에 이름을 썼으니 이스라엘 자손 열두 지파의 이름들이라

높은 성곽에 문이 열둘이고 천사가 지킨다. 문 위엔 열두 지파의 이름이 있다. 열두 지파란 하나님을 믿는 사람이다.

이 성을 에스겔은 '여호와 삼마'라 하리라고 했다. '여호와 삼마'는 여호와께서 함께하신다는 말이다. 측량할 수 없을 정도로 거대한 성으로 하나님의 사랑의 크기를 알 수 있다.

"그 사방의 합계는 만 팔천 척이라 그 날 후로는 그 성읍의 이름을 여호와 삼마라 하리라(에스겔 48:35)"

> (21:13) 동쪽에 세 문, 북쪽에 세 문, 남쪽에 세 문, 서쪽에 세 문이니

문에 대한 설명이 계속된다. 열두 문이 동서남북으로 나누어져 있다. 문 되신 예수 그리스도시다. 신부인 새 예루살렘 성은 어느 부분을 봐도 예수 되신 문이 있다.

"내가 문이니 누구든지 나로 말미암아 들어가면 구원을 받고 또는 들어가며 나오며 꼴을 얻으리라(요한복음 10:9)"

절도와 강도는 문이 없다. 신부된 새 예루살렘 성은 어디를 봐도 문이 있다.

"내가 진실로 진실로 너희에게 이르노니 문을 통하여 양의 우리에 들어가지 아니하고 다른 데로 넘어가는 자는 절도며 강도요(요한복음 10:1)"

> (21:14) 그 성의 성곽에는 열두 기초석이 있고 그 위에는 어린 양의 열두 사도의 열두 이름이 있더라

성곽의 열두 기초석 위에는 열두 사도의 이름이 있다. 이름은 보호와 유지를 위해 기록한다. 문 위엔 열두 지파의 이름이 있다고 12절에 말씀했다.

구약의 열두 지파와 신약의 열두 사도의 이름을 언급하는 것은 구속의 연속성을 말씀하시는 것이다. 이 둘을 합해서 이십사 장로라고 부른다. 성도를 지칭하는 말이다. 세 예루살렘 성은 온 천지가 문 되신 예수 그리스도가 있고, 온 천지에 이름이 적혀 있다.

3) 측량(21:15-17)

> (21:15) 내게 말하는 자가 그 성과 그 문들과 성곽을 측량하려고 금 갈대 자를 가졌더라

성곽을 측량하는 이유는 보호하거나 파괴하려는 목적이 있다. 금 갈대 자를 가지고 측량한다. 영원한 보호를 말한다. 하나님은 당신을 확실하게 인도하시고, 틀림없이 보호하신다. 에스겔 43장이 배경이 된 구절이다.

"인자야 너는 이 성전을 이스라엘 족속에게 보여서 그들이 자기의 죄악을 부끄러워하고 그 형상을 측량하게 하라 만일 그들이 자기들이 행한 모든 일을 부끄러워하거든 너는 이 성전의 제도와 구조와 그 출입하는 곳과 그 모든 형상을 보이며 또 그 모든 규례와 그 모든 법도와 그 모든 율례를 알게 하고 그 목전에 그것을 써서 그들로 그 모든 법도와 그 모든 규례를 지켜 행하게 하라 성전의 법은 이러하니라 산 꼭대기 지점의 주위는 지극히 거룩하리라 성전의 법은 이러하니라 제단의 크기는 이러하니라 한 자는 팔꿈치에서부터 손가락에 이르고 한 손바닥 넓이가 더한

것이라 제단 밑받침의 높이는 한 척이요 그 사방 가장자리의 너비는 한 척이며 그 가로 둘린 턱의 너비는 한 뼘이니 이는 제단 밑받침이요 이 땅에 닿은 밑받침 면에서 아래층의 높이는 두 척이요 그 가장자리의 너비는 한 척이며 이 아래층 면에서 이 층의 높이는 네 척이요 그 가장자리의 너비는 한 척이며 그 번제단 위층의 높이는 네 척이며 그 번제하는 바닥에서 솟은 뿔이 넷이며 그 번제하는 바닥의 길이는 열두 척이요 너비도 열두 척이니 네모 반듯하고 그 아래층의 길이는 열네 척이요 너비는 열네 척이니 네모 반듯하고 그 밑받침에 둘린 턱의 너비는 반 척이며 그 가장자리의 너비는 한 척이니라 그 층계는 동쪽을 향하게 할지니라(에스겔 43:10-17)"

> (21:16) 그 성은 네모가 반듯하여 길이와 너비가 같은지라 그 갈대 자로 그 성을 측량하니 만 이천 스다디온이요 길이와 너비와 높이가 같더라

성의 크기는 정방형으로 길이, 너비, 높이가 각각 이천 스다디온이다. 약 2,200km이다. 엄청나게 큰 성이다. 신부인 새 예루살렘 성은 이렇게 크고, 아름답고, 화려하다. 이 크기는 실제 크기를 말하는 것이 아니라 하나님의 큰마음과 신부의 마음이 일치한다는 말씀이다. 정방형으로 같은 크기는 변함없으신 분이심을 나타낸다.

"예수 그리스도는 어제나 오늘이나 영원토록 동일하시니라(히브리서 13:8)"

(21:17) 그 성곽을 측량하매 백사십사 규빗이니 사람의 측량 곧 천사의 측량이라

성곽을 측량하니 백사십사, 12×12=144이다. 완전하고 충만함을 말한다.

4) 성곽, 문, 길(21:18-21)

(21:18-21) 그 성곽은 벽옥으로 쌓였고 그 성은 정금인데 맑은 유리 같더라 19 그 성의 성곽의 기초석은 각색 보석으로 꾸몄는데 첫째 기초석은 벽옥이요 둘째는 남보석이요 셋째는 옥수요 넷째는 녹보석이요 20 다섯째는 홍마노요 여섯째는 홍보석이요 일곱째는 황옥이요 여덟째는 녹옥이요 아홉째는 담황옥이요 열째는 비취옥이요 열한째는 청옥이요 열두째는 자수정이라 21 그 열두 문은 열두 진주니 각 문마다 한 개의 진주로 되어 있고 성의 길은 맑은 유리 같은 정금이더라

성곽의 재료를 소개한다. 말씀한 그대로 읽고 신부의 화려함과 소중함을 보면 되겠다. 이 모습은 하나님의 영광과 거룩이다. 열두 보석으로 나타낸 완전함을 말한다. 대 제사장의 복장에 열두 보석과 이름이 새겨져 있다.

"호마노 두 개를 가져다가 그 위에 이스라엘 아들들의 이름을 새기되 그들의 나이대로 여섯 이름을 한 보석에, 나머지 여섯 이름은 다른 보석에 새기라 보석을 새기는 자가 도장에 새김 같이 너는 이스라엘 아들들의

이름을 그 두 보석에 새겨 금 테에 물리고 그 두 보석을 에봇의 두 어깨 받이에 붙여 이스라엘 아들들의 기념 보석을 삼되 아론이 여호와 앞에서 그들의 이름을 그 두 어깨에 메워서 기념이 되게 할지며(출애굽기 28:9-12)"

또 제사장의 흉패에 열두 보석을 붙이고 이름을 새겼다.

"이 보석들은 이스라엘 아들들의 이름대로 열둘이라 보석마다 열두 지파의 한 이름씩 도장을 새기는 법으로 새기고(출애굽기 28:21)"

대 제사장의 견장과 가슴에 열두 이름이 있다. 견장에 붙인 열두 이름은 하나님의 자랑거리라는 말이다. 제사장의 가슴에 붙인 것은 열두 지파가 하나님의 가슴, 즉 사랑의 대상이 되어 항상 하나님의 마음에 있다는 말이다. 이것이 교회요, 어린 양의 신부다. 우리가 어린 양의 신부요, 새 예루살렘 성이다.

3. 새 예루살렘(21:22-27)

1) 성전을 보지 못함(21:22-25)

> (21:22-23) 성 안에서 내가 성전을 보지 못하였으니 이는 주 하나님 곧 전능하신 이와 및 어린 양이 그 성전이심이라 23 그 성은 해나 달의 비침이 쓸 데 없으니 이는 하나님의 영광이 비치고 어린 양이 그 등불이 되심이라

성 안에서 성전을 보지 못한다. 이제 만든 성전은 필요하지 않다. 성소 안의 등잔도 필요 없다. 구약의 성전은 이제 필요 없다. 그림자였기 때문이다. 임마누엘로 우리 몸이 성전이 되었기 때문이다.

"그 날에는 내가 아버지 안에, 너희가 내 안에, 내가 너희 안에 있는 것을 너희가 알리라(요한복음 14:20)"

하나님의 영광이 비치고 어린 양이 등불이 되신다. 우리는 주님 안에 있고 주님은 우리 안에 계셔서 항상 영광 가운데 살게 되었다.

성전이 없는 이유는 ① **어린 양이 항상 계시기 때문이다.** 또한, ② **성 전체가 정방형으로 지성소가 되어 항상 하나님의 임재가 있기 때문이다.**

> (21:24-26) 만국이 그 빛 가운데로 다니고 땅의 왕들이 자기 영광을 가지고 그리로 들어가리라 낮에 성문들을 도무지 닫지 아니하리니 거기에는 밤이 없음이라 사람들이 만국의 영광과 존귀를 가지고 그리로 들어가겠고

이제 만국이 빛 가운데 다닌다. 우리는 빛이 아니었다. 예수께서 빛이시다. 우리에게 빛이 임했다. 하나님의 영광이 머리 위에 임했다.

"일어나라 빛을 발하라 이는 네 빛이 이르렀고 여호와의 영광이 네 위에 임하였음이니라(이사야 60:1)"

새 예루살렘 성 된 신부의 누림을 보자. 신부의 행복을 알자.

① 만국이 빛 가운데로 다닌다. 이제 어두움이 없다
② 땅의 왕들이 영광을 가지고 들어온다
③ 새 예루살렘 성이 영원히 닫히지 않는다. 이 문을 닫을 자가 없다. 주님이 빛이시기에 염려할 것 없다. 도둑이 들어오지 못한다. 고통의 밤은 끝이 났다. 참 자유가 선포되었다
④ 사람들이 만국의 영광과 존귀로 신부인 새 예루살렘 성으로 들어오게 될 것이다

2) 생명책에 기록된 자들만(21:26-27)

> (21:27) 무엇이든지 속된 것이나 가증한 일 또는 거짓말하는 자는 결코 그리로 들어가지 못하되 오직 어린 양의 생명책에 기록된 자들만 들어가리라

이 풍성함을 아무나 누릴 수 있는 것이 아니다. ① **속된 것**, ② **가증한 일을 하는 자**, ③ **거짓말하는 자**는 결코 그리로 들어가지 못한다. ① **속된 것은 우상 숭배하는 자다.** ② **가증한 일을 하는 자는 배교와 타락한 자다.** ③ **거짓말하는 자는 하나님의 말씀을 말하지 않는 자다. 거짓 선지자도 여기에 포함된다.**

이런 자들은 생명책에 이름이 없는 자들이다. 생명책에 이름이 있는 자만 들어갈 수 있다.

새 예루살렘은 '평화의 터전'이라는 뜻으로 성전이 있고 언약궤가 있는 주님의 임재의 장소이다. 교회다.

"내 이름으로 불려지는 모든 자 곧 내가 내 영광을 위하여 창조한 자를 오게 하라 그를 내가 지었고 그를 내가 만들었느니라(이사야 43:7)"

주님은 속히 오신다. 우리와 영원히 함께하고 싶어 재림하신다.

사탄과 그 졸개와 믿지 않는 자는 절망이다.

절망의 시간이 다가오고 있다.

우리는 이 사실을 외치며 선포하여

많은 자들이 주님의 품으로 돌아오게 할 사명과 열정을 가지고 있다.

3부

속히 오리라

22장 마라나타(22:1-21)

1. 속히 될 일(22:1-7)

1) 생명수의 강(22:1-5)

> (22:1) 또 그가 수정같이 맑은 생명수의 강을 내게 보이니 하나님과
> 및 어린 양의 보좌로부터 나와서

새 예루살렘 안에 있는 하나님과 어린 양의 보좌로부터 수정같이
맑은 생명수의 강이 흘러나온다.

"성 안에서 내가 성전을 보지 못하였으니 이는 주 하나님 곧 전능하신
이와 및 어린 양이 그 성전이심이라(요한계시록 21:22)"

전능하신 이와 및 어린 양이 그 성전이다. 어린 양은 신부 안에 계신다. 신부 안에 항상 흘러넘치는 생명수 강이 있다. 성령의 강이라고 요한은 표현했다. 우리 안에 생수가 흐른다는 것을 알고 믿기만 하면 놀라운 감격이 있게 된다.

"나를 믿는 자는 성경에 이름과 같이 그 배에서 생수의 강이 흘러나오리라 하시니(요한복음 7:38)"

천국 가야 흘러나오는 강이 아니다. 지금 이 강은 흐르고 있다. 놀라운 능력의 강이다.

"그가 나를 데리고 성전 문에 이르시니 성전의 앞면이 동쪽을 향하였는데 그 문지방 밑에서 물이 나와 동쪽으로 흐르다가 성전 오른쪽 제단 남쪽으로 흘러 내리더라(에스겔 47:1)"

이 강물을 측량할 때마다 발목에서 무릎으로, 허리로, 가득하여 헤엄칠 만한 물이 된다. 우리 안에 있는 생수를 묵상할수록 강물은 깊어진다.

> (22:2) 길 가운데로 흐르더라 강 좌우에 생명나무가 있어 열두 가지 열매를 맺되 달마다 그 열매를 맺고 그 나무 잎사귀들은 만국을 치료하기 위하여 있더라

창조하신 후 흐르는 강이 있었다. 그 강이 천국에서도 흐르고 있

다. 창조가 완성되었다. 흐르는 강 좌우에 생명나무가 있어 열두 가지 열매를 맺는다. 열두 가지는 성도다. 성도를 통해 완전한 열매를 달마다 맺는다. 나무 전체가 치료제다. 만국을 치료한다.

아버지는 농부요, 예수님은 참 포도나무다. 우리는 가지다. 참 포도나무에 붙어 있는 가지는 열매를 맺는다.

"무릇 열매를 맺는 가지는 더 열매를 맺게 하려 하여 그것을 깨끗하게 하시느니라(요한복음 15:2하)"

열매 맺는 가지를 더 맺도록 깨끗하게 하신다.

"너희는 내가 일러준 말로 이미 깨끗하여졌으니(요한복음 15:3)"

이미 깨끗하여졌다는 말은 열매를 맺고 있는 자라는 말이다. 우리는 열매 맺으려고 노력하는 자가 아니다. 우리는 열매 맺는 자이다. 달마다 열매를 맺는다. 잎사귀까지 효능이 좋다. 우리 자체가 하나님의 능력이다.

> (22:3) 다시 저주가 없으며 하나님과 그 어린 양의 보좌가 그 가운데에 있으리니 그의 종들이 그를 섬기며

우리는 이런 자가 되었다. 천국의 삶은 먼 미래에 누릴 삶이 아니다. 지금 우리는 그 안에 있다. 성령께서는 이 일을 가르쳐 주신다.

"그 날에는 내가 아버지 안에, 너희가 내 안에, 내가 너희 안에 있는 것을 너희가 알리라(요한복음 14:20)"

우리 안에 저주가 없다. 하나님과 어린 양 보좌가 우리 안에 있다. 우리는 하나님의 성전이다.

"너희는 너희가 하나님의 성전인 것과 하나님의 성령이 너희 안에 계시는 것을 알지 못하느냐(고린도전서 3:16)"

(22:4) 그의 얼굴을 볼 터이요 그의 이름도 그들의 이마에 있으리라

항상 그분의 얼굴을 보며 산다. 성령의 사람으로, 하나님의 사람임을 알고 이 땅을 산다. 그의 이름이 이마에 있어 다른 사람이 볼 수 있다. 우리를 보고 주님을 본다.

(22:5) 다시 밤이 없겠고 등불과 햇빛이 쓸데없으니 이는 주 하나님이 그들에게 비치심이라 그들이 세세토록 왕 노릇 하리로다

어두움이 없다. 삶이 부정부패가 없고, 명랑하고 밝다. ① **다시는 저주가 없다.** ② **이마의 이름을 드러내며 하나님의 빛을 나타낸다.** ③ **하나님이 비추시는 빛을 비추게 되니 사람 냄새가 나지 않는다.** ④ **세세토록 왕 노릇 한다. 지배하는 왕이 아니다. 아가페의 사랑으로 사랑하는 왕이다.**

2) 속히 오리니(22:6-7)

> (22:6) 또 그가 내게 말하기를 이 말은 신실하고 참된지라 주 곧 선지자들의 영의 하나님이 그의 종들에게 반드시 속히 되어질 일을 보이시려고 그의 천사를 보내셨도다

요한에게 속히 될 일을 보이려고 천사를 보냈다. 신실하고 참되신 주시다. 시대마다 선지자들의 영이 되신 하나님이다.

> (22:7) 보라 내가 속히 오리니 이 두루마리의 예언의 말씀을 지키는 자는 복이 있으리라 하더라

속히 오시겠다고 약속하신다. 하나님의 마음을 보자.

"성전 바깥마당은 측량하지 말고 그냥 두라(요한계시록 11:2상)"

사랑의 하나님은 빨리 돌아올 자들이 돌아오길 기다리시고 재림하길 기다리신다. 지금도 임마누엘 하시고 우리를 측량하시고 보호하고 계시지만 속히 오고 싶으시다.

속히 올 테니 두루마리 예언의 말씀을 지키는 자가 되라고 하신다. 임마누엘을 믿고 기다리라는 말씀이다. 예수님께서 이 땅에 왔다 가신 이유를 알고 이루신 것, 예언의 말씀을 지키라는 것이다. 믿으라는 말씀이다. 예언의 핵심은 임마누엘이다. 임마누엘은 무슨 일을 당

해도 이길 수 있는 믿음이다. 이제 주님은 우리에게 흰 옷을 입혀주시고 영원히 천국에서 함께하시려고 오실 것이다.

2. 시작과 마침(22:8-15)

1) 하나님께 경배하라(22:8-9)

(22:8) 이것들을 보고 들은 자는 나 요한이니 내가 듣고 볼 때에 이 일을 내게 보이던 천사의 발 앞에 경배하려고 엎드렸더니

요한은 너무 황홀해 천사에게 경배하려고 했다.

(22:9) 그가 내게 말하기를 나는 너와 네 형제 선지자들과 또 이 두루마리의 말을 지키는 자들과 함께 된 종이니 그리하지 말고 하나님께 경배하라 하더라

천사가 말한다. 천사도 함께 종 된 위치임을 알려 주며 하나님께만 경배하라고 알려 준다. 오직 하나님만 경배하는 중심이 분명해야 한다. 물질 만능주의 시대지만 물질이 아닌 하나님만 섬겨야 한다.

2) 인봉 하지 말라(22:10-13)

> (22:10) 또 내게 말하되 이 두루마리의 예언의 말씀을 인봉 하지 말라 때가 가까우니라

인봉 되었던 두루마리였다.

"내가 보매 보좌에 앉으신 이의 오른손에 두루마리가 있으니 안팎으로 썼고 일곱 인으로 봉하였더라(요한계시록 5:1)"

요한이 크게 운 일이 있다.

"그 두루마리를 펴거나 보거나 하기에 합당한 자가 보이지 아니하기로 내가 크게 울었더니(요한계시록 5:4)"

"장로 중의 한 사람이 내게 말하되 울지 말라 유대 지파의 사자 다윗의 뿌리가 이겼으니 그 두루마리와 그 일곱 인을 떼시리라 하더라(요한계시록 5:5)"

두루마리와 그 인을 뗄 자가 유다 지파의 사자 다윗의 뿌리 예수 그리스도이심을 밝히고 있다. 어린 양 예수께서 두루마리를 펼치셨다. 구원의 길을 여셨다. 놀라운 길이다.

"그 길은 우리를 위하여 휘장 가운데로 열어 놓으신 새로운 살 길이요 휘

장은 곧 그의 육체니라(히브리서 10:20)"

이제 열린 두루마리를 인봉하지 말라고 선포한다. "이 두루마리의 예언의 말씀을 인봉 하지 말라 때가 가까우니라"라고 선포한다. 복음이 열렸다. 길이 열려 있다.

"하나님이 세상을 이처럼 사랑하사 독생자를 주셨으니 이는 그를 믿는 자마다 멸망하지 않고 영생을 얻게 하려 하심이라(요한복음 3:16)"

> (22:11) 불의를 행하는 자는 그대로 불의를 행하고 더러운 자는 그대로 더럽고 의로운 자는 그대로 의를 행하고 거룩한 자는 그대로 거룩하게 하라

구원의 길이 열려 있는데도 더러운 곳에 있는 자는 어쩔 수 없다. 의를 행하는 믿음의 사람은 그대로 믿음을 지키고 거룩한 곳에 있음을 알라는 말씀이다.

"복음에는 하나님의 의가 나타나서 믿음으로 믿음에 이르게 하나니 기록된 바 오직 의인은 믿음으로 말미암아 살리라 함과 같으니라(로마서 1:17)"

> (22:12) 보라 내가 속히 오리니 내가 줄 상이 내게 있어 각 사람에게 그가 행한 대로 갚아 주리라

주님의 마음은 속히 오시고 싶으시다. 오시면 행한 대로 갚아 줄 것이다. 믿지 않는 자들에겐 영원한 불못에 던지실 것이다. 복음을 위하여 산 자들에게 "선지자의 이름으로 선지자를 영접하는 자는 선지자의 상을 받을 것이요 의인의 이름으로 의인을 영접하는 자는 의인의 상을 받을 것이요 또 누구든지 제자의 이름으로 이 작은 자 중 하나에게 냉수 한 그릇이라도 주는 자는 내가 진실로 너희에게 이르노니 그 사람이 결단코 상을 잃지 아니하리라 하시니라(마태복음 10:41-42)"의 말씀대로 칭찬하실 것이다.

> (22:13) 나는 처음과 마지막이요 시작과 마침이라

1장부터 반복한 말씀이다. 하나님은 처음 시작하신 분이시고 마침까지 주관하시는 분이시다. 시작하신 분이 끝까지 이루실 것이다.

3) 두루마기를 빠는 자(22:14-15)

> (22:14) 자기 두루마기를 빠는 자들은 복이 있으니 이는 그들이 생명나무에 나아가며 문들을 통하여 성에 들어갈 권세를 받으려 함이로다

두루마기를 어디에 빠는가? 예수 그리스도의 보혈로 빤다. 십자가와 부활의 결과를 믿고 믿는다는 말이다. 믿는 자는 언제 어디서든지 하나님의 보좌 앞에 나갈 수 있다.

> (22:15) 개들과 점술가들과 음행하는 자들과 살인자들과 우상 숭배
> 자들과 및 거짓말을 좋아하며 지어내는 자는 다 성 밖에 있으리라

지금까지 반복해서 보았던 용과 짐승들의 시종들이다. 다 성 밖에 있을 것이다. 성 밖이란 불과 유황으로 타는 지옥을 말한다.

3. 오시옵소서(22:16-21)

1) 교회를 위하여(22:16-17)

> (22:16) 나 예수는 교회들을 위하여 내 사자를 보내어 이것들을 너희
> 에게 증언하게 하였노라 나는 다윗의 뿌리요 자손이니 곧 광명한 새
> 벽 별이라 하시더라

다윗의 뿌리, 광명의 새벽 별이신 예수를 증언하고 있다.

> (22:17) 성령과 신부가 말씀하시기를 오라 하시는도다 듣는 자도 오라
> 할 것이요 목마른 자도 올 것이요 또 원하는 자는 값없이 생명수를 받
> 으라 하시더라

성령과 신부가 "오라" 하고 외친다. 우리가 해야 할 유일한 사명이다. 생수를 사라고, 예수를 믿으라고 외치며 산다.

2) 더하면, 버리면(22:18-19)

> (22:18-19) 내가 이 두루마리의 예언의 말씀을 듣는 모든 사람에게 증언하노니 만일 누구든지 이것들 외에 더하면 하나님이 이 두루마리에 기록된 재앙들을 그에게 더하실 것이요 19 만일 누구든지 이 두루마리의 예언의 말씀에서 제하여 버리면 하나님이 이 두루마리에 기록된 생명나무와 및 거룩한 성에 참여함을 제하여 버리시리라

십자가 외에 다른 복음을 더하면 안 된다. 다른 복음은 없다.

"다른 복음은 없나니 다만 어떤 사람들이 너희를 교란하여 그리스도의 복음을 변하게 하려 함이라 그러나 우리나 혹은 하늘로부터 온 천사라도 우리가 너희에게 전한 복음 외에 다른 복음을 전하면 저주를 받을지어다(갈라디아서 1:7-8)"

바울도 오직 복음만 전해지길 원했다.

"어리석도다 갈라디아 사람들아 예수 그리스도께서 십자가에 못 박히신 것이 너희 눈앞에 밝히 보이거늘 누가 너희를 꾀더냐(갈라디아서 3:1)"

바울은 예수님께서 십자가에 못 박힌 것이 눈앞에 밝히 보이는데 왜 다른 복음을 쫓느냐는 것이다. 예수께서 십자가 지심만 이해하고 믿는 것이 바른 복음이라는 말을 한다.

다른 복음을 믿으면 생명책에 이름이 올려지지 않는다. 바른 복음을 전해야 한다. 교회당에 출석하면서도 구원받지 못한 사람이 있을

수 있다. 안타까운 일이다.

요셉은 애굽에 팔려 갈 때 성경책을 갖고 가지 않았다. 다니엘도 그랬다. 그들이 가지고 간 것이 무엇이었을까? 성경의 핵심을 가지고 갔다. 임마누엘이다. 두루마리에 기록된 것이 임마누엘 회복의 복음이다. 예수께서 십자가를 지신 이유가 임마누엘 때문이다.

우리가 회개하면 죄용서 받아 영원한 임마누엘이 된다. 십자가에서 죄 용서하시고 부활하심으로 의롭게 됨을 믿는 것만이 임마누엘을 누리는 길이다(로마서 4:25 참고). 두루마리엔 복음이 적혀 있다.

3) 속히 오리라(22:20-21)

(22:20-21) 이것들을 증언하신 이가 이르시되 내가 진실로 속히 오리라 하시거늘 아멘 주 예수여 오시옵소서 21 주 예수의 은혜가 모든 자들에게 있을지어다 아멘

우리와 영원히 함께하고 싶으셔서 주님은 곧 오실 것이다. 할렐루야!